Die Legende vom Absturz eines Sterns

von
Dolores Cannon

Übersetzung: Rolf Meyer-Heidenreich

©1994 von Dolores Cannon
Erste deutsche Übersetzung gedruckt-2021

Alle Rechte vorbehalten. Kein Teil dieses Buches, weder ganz noch teilweise, darf in irgendeiner Form oder mit irgendwelchen Mitteln, elektronisch, fotografisch oder mechanisch, einschließlich Fotokopieren, Aufzeichnen oder durch ein Informationsspeicherungs- und Abrufsystem ohne schriftliche Genehmigung von Ozark Mountain Publishing, Inc. reproduziert, übertragen oder verwendet werden, außer für kurze Zitate, die in literarischen Artikeln und Rezensionen enthalten sind.

Für Erlaubnis, Serialisierung, Verdichtung, Anpassungen oder für unseren Katalog anderer Publikationen schreiben Sie an Ozark Mountain Publishing, Inc., P.O. Box 754, Huntsville, AR 72740, ATTN: Permissions-Department.

Bibliothek der Kongresskatalogisierung in der Publikationsdatenbank
Cannon, Dolores, 1931 - 2014
    Die Legende vom Absturz eines Sterns
Informationen, die durch regressive Hypnose über ein außerirdisches Raumschiff erhalten wurden stürzte vor Tausenden von Jahren in Alaska-Kanada ab.

Bibliothek des Kongresses Katalogisierung-in-Publikationsdaten
1. Hypnose 2. Reinkarnation 3. Außerirdische 4. Nordamerikanische indianische Legenden
I. Cannon, Dolores, 1931-2014 II. Reinkarnation III. Titel

Bibliothek des Kongresskatalogs Kartennummer: 2021931750
ISBN: 978-1-950608-28-7

Cover Art und Layout: Lyle Vasser & Travis Garrison
Buch eingestellt: Times New Roman
Buchgestaltung: Nancy Vernon
Tierillustration: Jenelle Johannes
Übersetzung: Rolf Meyer-Heidenreich

Veröffentlicht von

Postfach 754
Huntsville, AR 72740

WWW.OZARKMT.COM
Gedruckt in den Vereinigten Staaten von Amerika

Die Geschichte ist eine Glorifizierung von Märchen. Dort gibt es keine Sache, von der du weißt, dass sie korrekt ist, aber trotzdem ist es besser etwas zu wissen, das falsch ist, als nichts zu wissen. Ich weiß nichts.

Joseph Kane

Ein Faktensammler und Enthüller der irrtümlichen Geschichte.

Der Autor dieses Buches gibt keine medizinischen Ratschläge und verschreibt auch nicht die Verwendung von Techniken als Behandlungsform bei körperlichen oder medizinischen Problemen. Die in diesem Buch enthaltenen medizinischen Informationen stammen aus Dolores Cannons individuellen Beratungen und Sitzungen mit ihren Klienten. Es ist nicht für medizinische Diagnosen jeglicher Art oder als Ersatz für medizinische Beratung oder Behandlung durch Ihren Arzt gedacht. Daher übernehmen der Autor und der Herausgeber keine Verantwortung für die Interpretation oder Verwendung der Informationen durch eine Person.

Es wurden alle Anstrengungen unternommen, um die Identität und die Privatsphäre der an diesen Sitzungen beteiligten Klienten zu schützen. Der Ort, an dem die Sitzungen abgehalten wurden, ist übereinstimmend, aber es wurden nur Vornamen verwendet, und diese wurden geändert.

Inhaltsverzeichnis

Kapitel 1	Die Entdeckung der Legende	1
Kapitel 2	Die Geister rufen	19
Kapitel 3	Das Dorf	35
Kapitel 4	Die Legende der Alten	53
Kapitel 5	Das erste Volk	63
Kapitel 6	Als der Mond einen anderen Weg nahm	75
Kapitel 7	Das Tuch-Design	89
Kapitel 8	Die Werkzeuge des Jägers und die Tiere	99
Kapitel 9	Die Kindergeschichten	115
Kapitel 10	Die Legenden der Schöpfung	124
Kapitel 11	Das Haus des weisen Mannes	135
Kapitel 12	Das Leben von Tuin, dem Jäger	143
Kapitel 13	Tuin´s Tod und die Konsequenzen	164
Kapitel 14	Der Ursprung der Alten	174
Kapitel 15	Überleben	184
Kapitel 16	Die Artefakte	196
Kapitel 17	Die Magie der Alten	211
Kapitel 18	Forschung	226
Kapitel 19	Das Ende des Abenteuers	258

Autorenseite ... 265

Kapitel 1

Die Entdeckung der Legende

SEIT MEHR ALS FÜNFZEHN JAHREN durfte ich die Geschichte durch regressive Hypnose erforschen. Während dieser Zeit wurde ich immer mehr davon überzeugt, dass die Geschichte, die Geschichte, der wir in der Schule ausgesetzt sind, nur minimal stimmen sein kann. Mittlerweile ich bin sogar misstrauisch geworden gegenüber dem kleinen prozentualem Anteil geworden, der auf Fakten beruhen könnte. Die Geschichte, wie wir sie kennen, ist trocken und leblos, ohne Form und Substanz, meist leblose Fakten und Zahlen. Fakten, die sich selten mit den Menschen, die in dieser Zeit lebten, und den Emotionen, die sie empfanden, befassen. Ich fühle, dass die Geschichte auch durch unsere Literatur, Filme und das Fernsehen romantisiert wurde, bis sie nur noch wenig Ähnlichkeit mit dem hat, was tatsächlich in der Vergangenheit passiert ist. In meiner Arbeit unternehme ich regelmäßig Reisen durch Zeit und Raum, um Menschen zu besuchen, während sie in diesen vergangenen Zeiten leben, und höre die Geschichte aus ihren eigenen Mund, während sie gelebt wird. Nicht durch die Gedanken eines Autors, sondern während es tatsächlich erlebt wird. Ich habe die reale Substanz gefunden, aus der die Geschichte besteht, nicht die, die in den Geschichtsbüchern zu finden ist.

Ich bin eine Regressionistin, eine Hypnotiseurin, die sich auf die Therapie des vergangenen Lebens, die Reinkarnation und die Erforschung und Untersuchung dieses Phänomens spezialisiert hat. In meiner Arbeit habe ich entdeckt, dass die Vergangenheit weit davon entfernt ist, romantisch zu sein, und oft von Hunger, Verzweiflung und Frustration geprägt war. Vor unserem heutigen Wissen über Hygiene und Keime war die Welt schmutzig und ignorant. Ich will damit nicht unsere längst verstorbenen Vorfahren niederzumachen, denn ich vermute, dass unsere Nachkommen in den nächsten hundert Jahren ebenfalls mit der gleichen Bestürzung auf uns zurückblicken könnten. Diese Leute haben das Beste aus dem gemacht, was ihnen zur Verfügung stand, und es konnte nicht erwartet werden, dass sie etwas anderes tun, da sie es mit dem Wissen ihrer Zeit zu tun hatten, so wie wir unseres nutzen. Aber ich glaube, dass meine Abenteuer in der Vergangenheit ein genaueres Bild vom Leben dieser Menschen ergeben haben, als ein populärer romantischer Roman oder eine Fernsehsendung. Eines Tages möchte ich meine Erkenntnisse über die Geschichte in ein Buch einfließen lassen und das reale Bild zeigen, wie es von denen erzählt wird, die es gelebt haben.

Aber dieses Buch wird sich auf das Leben eines Mannes konzentrieren, der so weit in der Vergangenheit gelebt hat, dass alles Wissen über seine Zeitperiode völlig verloren ging. Die Wissenschaftler würden uns glauben lassen, dass es, wenn es in dieser fernen Zeit Menschen gäbe, es sicherlich Wilde oder primitive Höhlenbewohner gewesen sein müssten. Zumindest wären sie niemand, mit dem wir kommunizieren könnten. Die Experten behaupten selbstgefällig, dass wir heute intellektuell weit überlegen sind. Um ihnen gerecht zu werden, habe ich in prähistorischen Zeiten, in denen die Subjekte (Klienten) das Leben in einer animalischen Natur durchlebten, die von Emotionen, natürlichen Trieben und Begierden dominiert wird, vergangene Leben erkundet. Ich habe auch Fälle untersucht, in denen sich die Subjekte in der vormenschlichen Entwicklungsphase befanden. Ich habe festgestellt, dass sich die ewige Seele an ihre Umgebung anpasst und lernt, innerhalb ihrer Grenzen zu funktionieren. Die Bedeutung eines jeden Lebens ist die Lektion, die daraus gelernt wird. Aber ich glaube, diese Geschichte zeigt, dass sich der Mensch seit Anbeginn der Zeit nicht wirklich stark verändert hat. Seine äußeren Merkmale, seine Welt, verändern sich, aber nicht der wesentliche Kern, der göttliche Funke, der ihn zu einem Menschen macht. Die gleichen Gefühle und Emotionen waren schon immer da. Nur die Art und Weise, wie wir auf sie reagieren und von ihnen lernen, hat sich verändert.

Die Historie ist relevant. Sie wird uns so weitergegeben, wie sie vom Reporter, dem Berichterstatter, dem Schreiber wahrgenommen wurde. Von keinem Menschen kann jemals erwartet werden, dass er bei der

Meldung eines Ereignisses völlig objektiv ist. Er muss zulassen, dass der eigene oder der Standpunkt oder die Meinungen seines Vorgesetzten in den Artikel einfließen. Um zu verstehen, was ich meine, muss man nur beobachten, wie Reporter zweier verschiedener Fernsehsender über das gleiche Nachrichtenereignis berichten. Ich habe dies immer wieder in meiner Regressionsarbeit erlebt. Die Gedanken des Bauern sind anders als die des Königs, und die Ansichten des Soldaten sind anders als die des Generals. Was gibt das wahrheitsgetreueste Bild des Ereignisses wieder? Jede Ansicht ist für das Individuum, das sie wahrnimmt, die Richtige. Es gilt für sie, auch wenn es im Widerspruch zu der verbreiteten Sichtweise steht, die als historische Tatsache festgehalten wird.

Aber was ist mit der Geschichte, die nicht an uns weitergegeben wurde? Sicherlich können wir nicht so naiv sein zu glauben, dass das, was aufgezeichnet wird, alles ist, was es gibt. Wir können nicht glauben, weil wir keine Aufzeichnungen über etwas haben, dass es nicht passiert ist. Ich glaube, es muss mehrere große Zivilisationen mit Tausenden von Menschen gegeben haben, die lange vor dem Aufkommen unserer heutigen Geschichte existierten. Eines Tages werden hoffentlich konkrete Beweise dafür gefunden. Mit Hilfe meiner Subjekte (Klienten) bin ich in die Zeit der alten Azteken und Mayas zurückgekehrt, die in den dichten Dschungeln leben. Ich habe auch den verlorenen Kontinent Atlantis erkundet und den Terror erfahren, als ihr Land unter den wütenden Flutwellen verschwand. Nur weil sie aus dem Gedächtnis verschwunden sind, bedeutet das nicht, dass diese Menschen nicht gelebt und geliebt haben und ebenso hofften und träumten, so wie wir es in unserer heutigen Zeit tun.

Ich glaube, dass diese Geschichte, die ich aufgedeckt habe, und über die in diesem Buch berichtet wird, einer dieser kleinen vergessenen Vorfälle ist, die vor unserer bekannten Geschichte liegen. Auch wenn es sich um Reisende von den Sternen handelt und es an Science Fiction erinnert, glaube ich, dass es wirklich eine unbekannte Geschichte von Menschen ist, die unsere eigenen Vorfahren sein könnten. Menschen, deren Anwesenheit uns bisher verborgen blieb. Sie wäre weiterhin verborgen geblieben, wenn sie nicht durch die regressive Hypnosetechnik aus den dunklen Tiefen des Unterbewusstseins eines jungen Mädchens hervorgebracht worden wäre.

Ich arbeite ständig mit vielen verschiedenen Menschen zusammen, die aus den unterschiedlichsten Gründen eine Rückführung in vergangene Leben erleben wollen. Diese Gründe können von einfacher Neugierde bis hin zur Suche nach Antworten auf Probleme in ihrem gegenwärtigen Leben reichen. Ich habe viele Therapien in Bezug auf die Ursachen von Phobien, Allergien, Krankheiten und karmischen Beziehungen durchgeführt. Viele dieser Menschen haben von meiner Arbeit gehört und sich mit mir in Verbindung gesetzt, und andere wurden an mich verwiesen. Ich musste noch nie nach Klienten suchen. Das Interesse an diesem Phänomen ist viel größer, als die Menschen glauben. Ich bin Hunderte von Kilometern gereist, um diese Sitzungen in der Privatsphäre der Klienten zu Hause durchzuführen. Ich zögere immer, jemanden abzulehnen, denn ich weiß nie, welches das nächste Thema sein wird, nach dem ich suche; ob jemand mir eine neue spannende Reise ins Unbekannte anbietet. Diese Menschen sind nie an ihrem äußeren Erscheinungsbild zu erkennen, also habe ich keine Möglichkeit zu wissen, über welches Wissen ihr Unterbewusstsein verfügt, bis sie in Trance versetzt werden. Das Alltägliche vergangene Leben wird viel häufiger erlebt als das Aufregende. Das Beispiel in diesem Buch zeigt, dass ich nie wirklich weiß, wonach ich suche, bis ich es finde. Ich weiß nie, was meine unersättliche Neugierde wecken und meine Forschung zu mehr Wissen inspirieren wird.

Ich hatte keine Ahnung, dass eine faszinierende Klientin sozusagen in meinem eigenen Hinterhof schlummern würde. Ich kannte Beth schon seit einigen Jahren, weil sie zur gleichen Zeit wie meine eigenen Kinder die Schule besucht hatte. Sie war nun fast 30 Jahre alt und arbeitete in einem Büro an der örtlichen Universität. Obwohl ich während dieser Zeit immer Kontakt zu ihr hatte, hatten wir nie über metaphysische Themen diskutiert. Ich hatte erst vor kurzem entdeckt, dass sie sich für meine Art von Arbeit interessiert. Sie wollte vor allem aus Neugierde eine Regression versuchen. Bei unserem ersten Termin vermutete ich, dass sie einem Muster folgen würde, das bei so vielen auftritt.

Ich entdeckte dieses sich wiederholende Muster bei 90 Prozent der „Ersthypnotisierten". Das ist eine Form des Beweises für mich, zumal der Einzelne nicht weiß, was das Muster ist, und nicht wissen kann, was ich erwarte. Die anderen 10 Prozent, die diesem Muster nicht folgen, suchen normalerweise nach etwas Bestimmtem, und wenn wir Glück haben, können wir uns auf dieses Ziel konzentrieren. Die Mehrheit meiner Probanden hat kein solches Ziel im Sinn, und so entsteht das Muster.

Eine Besonderheit dieses Musters ist, dass beim ersten Mal, wenn ihr Unterbewusstsein es ihnen erlaubt, ihren Erinnerungs-Speicher zu erforschen, normalerweise ein langweiliges und alltägliches Leben gezeigt wird. Ein unbedeutendes Leben, in dem ein Tag so ziemlich wie der nächste ist, definitiv kein Fantasy-Material. Ich sage nicht, es ist nicht wichtig, nur weil es mir nichts bedeutet. Aber ich bin oft überrascht, dass das Material für die Person, die es durchlebt, eine tiefere Bedeutung hat, meist eine wichtige Bedeutung, die ich nie hätte ahnen können. Ich habe viele Kisten dieser Art von Material, das nie wichtig und interessant genug für ein Buch wäre, es sei denn, es handelt sich um eine Sammlung der Sichtweise dieser Menschen auf historische Zeiten. Ich durchwandere hoffnungsvoll hunderte von diesen alltäglichen Leben und warte darauf, dass eine Geschichte passiert, die es wert ist, genauer untersucht zu werden.

Der Somnambulist ist die Hauptanforderung für die Art der Forschung. Ich brauche ihn, weil er in der Lage ist, buchstäblich die andere Persönlichkeit in jedem Detail zu werden. Dieser Typ tritt in eine Tranceebene ein, die so tief ist, dass er sich beim Erwachen an nur sehr wenig erinnert. Was sie betrifft, so denken sie, dass sie eingeschlafen sind. Ihre einzigen Erinnerungen sind meist Bruchstücke von Szenen, ähnlich wie Träume. Diese Art von Subjekten ist nicht üblich, und ich schätze mich glücklich, diejenigen gefunden zu haben, über die ich in meinen Büchern geschrieben habe. Dieser Idealtyp kann in eine sehr tiefe Trance gehen und das Leben virtuell erleben. Alles andere, insbesondere das Leben, das sie in der heutigen Zeit führen, hört dann für sie auf zu existieren. In dieser Hinsicht ist es sehr ähnlich wie die Fahrt durch einen Zeittunnel. Also betrachte ich mich als Zeitreisende und Entdeckerin. Als solche habe ich das Gefühl, dass ich jede erdenkliche Frage stellen muss, die mir einfällt. Dadurch glaube ich, dass ich viel Wissen aufgedeckt habe, was dem Durchschnittsmenschen und möglicherweise auch den Obrigkeiten für Geschichte unbekannt ist.

In meiner ersten Sitzung mit Beth wurde sofort klar, dass sie ein Somnambulist war. Es war höchst ungewöhnlich, dass bei der ersten Sitzung mit einem Subjekt eine so hervorragende Materialqualität auftauchte. Vielleicht lag es daran, dass das Vertrauensniveau (das sehr wichtig ist) bereits hergestellt war, da ich ihr nicht fremd war. Normalerweise wird vor und während der ersten Sitzung viel Zeit damit verbracht, diese Art von Beziehung aufzubauen, die für den Erfolg entscheidend ist. In Beths Fall war dies nicht notwendig. Ich war überrascht, mit welcher Leichtigkeit sie in den tiefen Trancezustand eintrat. Sie ging sofort in ein vergangenes Leben zurück und begann, vergrabene Informationen ans Tageslicht zu bringen. Sie war in den ersten fünf Minuten erst eine Beobachterin und verschmolz dann völlig mit der anderen Persönlichkeit, und diese Welt hier hörte für sie auf zu existieren.

Ihr erster Blick galt einem großen Feld, das teilweise von Pinien umgeben war. Die einzigen Anzeichen des Lebens waren einige Ochsen, die sich auf dem Feld zusammenschlossen. Dann sah sie einen Weg und hatte den Wunsch, ihm zu folgen. Der Weg führte sie in ein kleines Dorf mit etwa 15 oder 20 Häusern. Es waren Häuser, die ihr oder mir nicht bekannt waren. Sie waren aus Holz mit Grasdächern und Fensterläden gebaut. Ein Gebäude hob sich von anderen ab; es war anders, weil es das einzige mit zwei Stockwerken war. Das erste Stockwerk war aus Stein und das zweite aus Holz gebaut. Sie kommentierte: "Es scheint vielleicht ein Gasthaus zu sein. Da hängt ein Schild über der Vordertür. Ich kann die Form erkennen. Aber die Sonne scheint so darauf, dass ich es nicht lesen kann."

Ich bat sie, an sich selbst herabzusehen und ihre Kleidung zu beschreiben, und sie war überrascht, als sie entdeckte, dass sie ein Mann war. Sie war barfuß und trug eine beigefarbene lockere Hose aus ungefärbter Wolle mit einem dunkelbraunen Stoff, der mehrmals um die Taille gewickelt war. Sie trug auch eine Lederweste, die vorne geschnürt war. Sie bemerkte: "Ich muss ein Mann sein. Ich habe keine Brüste." Es war der Körper eines jungen Erwachsenen mit dunkler Haut und kurzen schwarzen Haaren. Es ist erstaunlich, dass dies die Subjekte selten stört, sich im Körper des anderen Geschlechts zu befinden. Sie akzeptieren es schnell und setzen das, was sie sehen oder erleben, fort. Sie schien eine Kappe auf dem Kopf zu haben, also fing sie an sie zu untersuchen. "Es ist eine Lederkappe. Sie hat eine mittelgroße Haube und einen Rand, der nach oben oder unten gedreht werden kann. Und ich habe den Rand vorne nach unten gedreht, um meine Augen vor der Sonne zu schützen. Die Sonne scheint sehr hell. Es ist ein warmer Tag." Dann setzte sie die Kappe wieder auf und rieb ihre Hand über ihr Kinn: "Und mein Gesicht ist glatt rasiert."

Während dieser Sitzungen muss ich viele Fragen stellen, um zu versuchen, Zeit und Ort auszumachen, bevor wir weitermachen. Oftmals kann schon die einfachste Antwort diese Dinge begründen. Da seine Kleidung so unscheinbar war, fragte ich, ob die Kleidung irgendwelche Verzierungen hätte oder ob er Schmuckstücke bei sich trägt. Beth entdeckte dann, dass sie eine Art von Amulett um den Hals hatte. Es war eine kleine Ledertasche, die an einem Band hing. Sie machte sich daran es zu öffnen und zu untersuchen, was in ihm war und kündigte überrascht an: "Da ist ein Stein drin. Eine Art Juwel, unfertig, irgendwie rau. Ich möchte Quarz sagen, aber es sieht nicht aus wie Quarz. Es ist ein Feuer drin. Ein Teil davon ist bewölkt und ein Teil davon hat eine klare schwarzblaue Farbe. Man kann hineinschauen; es funkelt darin blauweiß, und die Kanten des Steins sind schwarzblau. Er liegt leicht in der Handfläche."

An dieser Stelle trat das seltsame Phänomen auf, das ich viele Male beobachtet habe. Ihre gegenwärtige Persönlichkeit verschwand und sie begann, mit dem Geist und den Erinnerungen des Mannes zu verschmelzen. "Ich fand ihn an einem Bach. Es war anders. Er schien einen Funken zu enthalten. Ich kannte es nicht. Das wurde mir dann von dem weisen Mann erklärt. Er sagte mir, dass es einen Geist enthielt, den ich um Führung bitten könnte, indem ich auf den Stein schaute. Es ist wie ein Freund, der dich führt. Du schaust auf den Stein, Ideen kommen."

Wenn dies geschieht, weiß ich, dass ich weitermachen kann, um konkretere Fragen über das Leben zu stellen, das die Persönlichkeit führt. Ich fragte, ob er im Dorf wohnt.

"Manchmal. Ich bin ein Jäger. Ich bleibe draußen. Ich mag es nicht, unter einem Dach zu sein. Ich verbringe die meiste Zeit in den Bergen. Ich jage, was auch immer kommt. Was das Dorf braucht. Hauptsächlich Hirsche."

Er sagte, er benutzte einen Bogen und Pfeile, aber die Beschreibung der Kleidung und des Hauses deutete nicht auf einen Indianer hin. Ich fragte, ob er ein guter Jäger sei.

"Ja. Ich bin sehr vorsichtig. Das macht mich gut. Du bewegst dich nicht zu schnell oder bist so laut wie.... ein läufiges Schwein. Sei vorsichtig. Sei geduldig. Lass den Stein dir helfen und du wartest. Du bist eins mit dem Wald. Du bist eins mit dem Wind. Der Hirsch kommt. Du entschuldigst dich bei den Hirschen, dass du ihr Leben genommen hast, aber es wird für das Dorf gebraucht. Du tötest den Hirsch. Du bringst ihn ins Dorf. Wir teilen mit allen. Es gibt einen, der geschickt darin ist, das Reh zu zerschneiden. Ein anderer ist gut darin, die Haut zu bearbeiten und ein anderer schnitzt die Knochen. Es ist gut für alle. Es gibt einige, die Getreide anbauen können. Es gibt genug für alle… Es gibt andere, die gut im Angeln sind. Ich bin der Jäger."

Der einzige Anführer, den das Dorf hatte, war der weise Mann. Das erklärte er: "Er wird als der Weise bezeichnet, weil er Probleme zum Wohle aller lösen kann. Und er ist gut darin, mit den Geistern zu kommunizieren. Er weiß von Dingen, die normalerweise nicht bekannt sind."

Es war jetzt offensichtlich, dass sie in eine tiefe Trance eingetreten war, und ich konnte weiter nach Namen, Daten und Orten fragen. In den leichteren Stadien ist diese Art von Informationen schwieriger zu erhalten. Er sagte, sein Name sei Tuin. Ich ließ den Namen wiederholen, weil es seltsam klang und ich Schwierigkeiten damit hatte. Es wurde schnell ausgesprochen, so dass die beiden Silben zusammenliefen. Ich hatte mehr Schwierigkeiten damit, einen Namen für den Standort zu finden.

Er erklärte: "Es ist nur das Dorf. Es sind nur wir, die hier leben. Wir haben einige Felder. Wir bauen auf den Feldern Getreide an, es ist von Wäldern umgeben und es gibt Berge in der Nähe. Aber es gibt niemanden sonst. Es ist nur das Land."

Ich habe diese Antwort viele Male erhalten, wenn ein Subjekt zu einem primitiven Leben zurückgekehrt ist. Sie sind einfach die "Menschen" und wo sie leben, ist das "Land". Was könnte natürlicher sein? Warum müssen sie Namen haben? Sie sind sich bewusst, wer sie sind und wo sie leben.

Eine Möglichkeit, Informationen zu erhalten, die den Standort bestimmen können, ist die Frage nach den verzehrten Lebensmitteln. Ich fragte, was auf den Feldern angebaut wurde.

"Getreide.... Weizen. Ich bin mir nicht sicher, wie die Körner heißen. Ich bin ein Jäger. Sie schmecken gut, wenn sie gekocht werden. Solange ich für das Dorf jage, teilen wir alles. Es gibt noch einige andere Dinge, die angebaut werden: Gemüse, verschiedene Arten von Bohnen. Einige Wurzeln, in bisschen orange-farben, rot. Sie gibt es in verschiedenen Formen, mal lang, mal rund. Ich weiß nicht, wie sie heißen. Auf den Bäumen befinden sich saftige Früchte, die an einem heißen Sommertag sehr gut zu essen sind. Die Frauen bereiten das Essen für alle zu. Wir haben einen zentralen Standort, wo es große Kessel gibt. Sie bereiten Eintöpfe zu, die wirklich gut sind. Jede Frau hat einen Gemüsegarten, nehme ich an, für ihre Kräuter."

Es gab immer noch nicht genügend Informationen, um den Standort zu identifizieren, also fragte ich nach der Kleidung der Frauen.

Er lieferte die Beschreibung: "Die meisten von ihnen haben einen langen Rock. Eine Art Hemd mit Ärmeln, das sich um die Brust wickelt, um ihre Brüste zu stützen und sie zu bedecken. Ich weiß nicht, wie sie diese engen Kleider tragen. Ich hatte noch nie mit diesen Kleidungsstücken zu tun. Sie haben im Grunde genommen verschiedene Brauntöne, aber ein paar Frauen haben einige hellblaue und rote Steine gefunden. Sie nähen diese in die Kleidung ein oder tragen sie oben drauf, um dem Ganzen Farbe zu verleihen. Ihr Haar ist lang und sie halten es auf verschiedene Weise gebunden. Sie haben Dinge in ihren Haaren stecken.... so etwas wie ein doppeltes Messer. Aber es ist kein Messer, weil es nicht schneidet. Es hat Steine, die am Griff befestigt sind, so dass sie es durch ein Haarbündel stecken und es hält das Haar an seinem Platz und es sieht hübsch aus. Die meisten Dorfbewohner tragen Schuhe, denn sie sind im Dorf. Wenn du auf der Jagd bist, musst du barfuß sein. Die Damenschuhe, sie passen eng an die Füße, sind aber flexibel. Sie sind aus dem Leder hergestellt, das ich mit meiner Jagd besorge. Sie werden an der Seite befestigt, oder manchmal schnüren sie sich. Die Männer.... irgendwie machen sie die

Sohle steifer, damit sie nicht zerbricht, wenn sie auf dem Feld sind. Bei Frauen gehen sie weit über die Knöchel, bis dorthin wo der Rock geht. Der Rock geht bis knapp über die Knöchel und ihre Schuhe gehen bis unter den Rock. Ich bin mir nicht sicher, wie weit genau. Ich könnte geschlagen werden, wenn ich frage. Ich würde nicht wollen, dass das passiert."

Wo Tuin lebte, wurde es im Winter scheinbar sehr kalt, also zog er sich in dieser Zeit anders an. Er trug dickere Hosen und eine Art Pullover mit langen, lockeren Ärmeln. Bei kälterem Wetter trug er auch eine Art Kapuze, um Kopf und Ohren zu schützen. Und darüber kam ein größeres lockeres Kleidungsstück, das wie eine Art Poncho wirkte. Dann wickelte er sich die Felle um die Hände und zog widerwillig Pelzstiefel an. Obwohl er es vorzog, barfuß zu gehen, sagte er, dass er bei kaltem Wetter seine Zehen auch nicht verlieren wolle. Alle diese Kleider wurden in der Regel aus verschiedenen Arten von Tierhäuten gefertigt. Die Frauen konnten Kleidung aus irgendeiner Art von Faser herstellen, aber er dachte, die Haut sei wärmer. Da das Überleben des Dorfes von Tuins Jagdfähigkeiten abhing, musste er bereit sein, sich bei schlechtem Wetter zu behaupten, ob er es wirklich wollte oder nicht. "Es hängt von der Nahrungsversorgung ab", sagte er. "Wenn wir genug zu essen haben, bleibe ich zu Hause und bin warm. Wenn wir anfangen zu hungern, dann ist es meine Pflicht, zu jagen."

Tuin hatte kein normales Haus, in dem er wie die anderen leben konnte. Er zog es vor, im Freien zu bleiben. Aber in diesem Klima würden die Winter mit viel Schnee sehr kalt werden und er müsste hineinkommen, sehr zu seiner Abneigung. Wenn er es brauchte, hatte er also ein kleines Zimmer im zweistöckigen Gebäude. Es gab einen großen Kamin in diesem Gebäude, sodass es warm war. Er hatte ein Bett gebaut, indem er Hirschleder zwischen den Stangen genäht und gespannt hatte. Dieses stand auf Beinen, etwa 30 cm vom Boden entfernt, und eine Decke aus Bärenhaut machte es sehr bequem. Die einzigen anderen Möbel im Raum waren ein Tisch und eine Bank, wo er normalerweise Wasser und einen Laib Brot aufbewahrte. Er erklärte, dass es im Dorf neben Wasser noch ein anderes Getränk gäbe.

"Es gibt ein Getränk, das die Bauern aus der Frucht machen, das sehr gut ist. Es macht wach und schmeckt dazu noch gut. Wenn man zu viel trinkt, wird man sehr entspannt und lacht viel. Ich trinke nicht viel davon, weil ich gerne in Harmonie bin, und ich fühle mich nicht in Harmonie, wenn ich zu viel lache. Und einige von ihnen beschweren sich darüber, dass sie am nächsten Morgen Schmerzen im Kopf haben und sich nicht gut fühlen. Das würde die Jagd stören." Er beschrieb offensichtlich eine Art Wein, aber das Getränk schien hauptsächlich bei Feierlichkeiten konsumiert zu werden.

Es schien auch der Fall zu sein, dass Tuin keine Familie hatte.

"Ich bin ganz allein. Ich bin ein Jäger. Ich habe keine dauerhafte Familie. Natürlich hatte ich Eltern; das haben alle. Meine Mutter, sie ist sehr alt. Sie wird vielleicht nicht mehr lange leben. Mein Vater… sie war sich nicht sicher, wer mein Vater war."

Als ich fragte, ob er jemals geheiratet hatte, verstand er das Wort nicht. Dies ist ein weiterer interessanter Aspekt der Regression vergangener Leben. Es zeigt die vollständige Absorption des Somnambulisten in die andere Persönlichkeit. Ich verwende oft Wörter und Konzepte, die in unserer heutigen Zeit perfekt verständlich sind. Aber wenn sie fremd oder in der Zeitspanne des anderen Wesens nicht vorhanden sind, dann können sie sie sie überhaupt nicht verstehen. Dies zeigt am deutlichsten, dass sie überhaupt nicht mit dem Geist ihrer jetzigen Persönlichkeit in Verbindung gebracht werden, sonst könnten sie sich auf diese Informationen stützen und sie anwenden. Das bringt mich oft in eine unangenehme Lage. Ich muss versuchen, eine einfache Definition für ein gemeinsames Wort zu finden, damit die Person es versteht. Dies ist auf die Schnelle oft schwierig.

Dolores: Ich denke, du hast es "unter einem Dach leben" genannt. "Heirat" ist, wenn man mit einer Frau zusammenlebt.
Beth: Wir leben mit Frauen zusammen. Du hast Kinder, und dann, wenn du entscheidest, dass du dein Leben ändern musst, oder die Frau entscheidet, dass sie ihr Leben ändern muss, dann lebst du unter einem Dach mit jemand anderem. Und jemand anderes zieht bei der Frau ein.

Das war aus seiner Sich so nahe an unserer Definition von Ehe, wie er kommen konnte.

D: Dann hast du das nie getan?
B: Nein. Ich mag es nicht, unter dem Dach zu bleiben. Ich bin draußen. Es gibt eine junge Frau, mit der ich befreundet bin. Wir reden. Ich kann ihr Dinge erzählen, die ich anderen nicht sagen kann. Aber sie will, dass jemand im Dorf lebt und dort bleibt, und ich lebe nicht gerne unter dem Dach, aber es ist gut, jemanden zum Reden zu haben. Normalerweise spreche ich mit den Tieren.

Ich habe nun Fragen zum Essgeschirr gestellt, weil manchmal Antworten aus diesem Bereich gefunden werden können.

D: Haben die Leute im Dorf irgendwelche bestimmten Dinge, mit denen Nahrung gegessen wird?
B: Ja. Der Zimmermann macht Holzstücke. Es sind flache Holzstücke, aber er hat Werkzeuge, um eine Vertiefung in sie einzuarbeiten, um das, was wir essen, haltbar zu machen. Also, falls es Saft gibt, wie beim Eintopf, tropft er nicht. Wir verwenden unsere Messer, um Dinge auf die richtige Größe zu schneiden. Die Frauen haben Stöcke, die am Ende ausgehöhlt sind, um das Essen zu rühren, damit es nicht klebt. Die Frauen neigen dazu, diese zu benutzen; ich denke, sie werden Löffel genannt.

Diese Antworten halfen mir nicht, den Zeitraum oder das Gebiet zu finden. Es handelte sich anscheinend um ein Volk, das schon sehr einfach lebte, aber nicht primitiv war.

D: Aus was bestehen die Töpfe, aus denen das Essen gekocht wird?
B: Normalerweise aus Ton. Es gibt einen Topf, den der weise Mann benutzt. Ich weiß nicht, woher er ihn hat. Er ist aus etwas Hartem gemacht, nicht aus Stein, sondern wie Metall, das glänzt.

Dies war die erste Einführung eines seltsamen Elements in diese Regression, ein Hinweis darauf, dass alles nicht so einfach und gewöhnlich war, wie es zuerst erschien. Das klang nicht nach dem üblichen Kochtopf.

D: Er glänzt? Er hat keine dunkle Farbe?

B: Es kommt auf den Geist an. Manchmal hat er eine glänzende rötlich-goldene Farbe. Manchmal ist er schwarz. Ich vermute, dass er zwei verschiedene Töpfe hat, aber sie sehen beide gleich aus und er sagt, dass sich die Farbe durch die Geister ändert. Vielleicht ist es wie mein Stein. Die Legenden sagen, dass die Dinge, die wir haben, von den Alten vor langer Zeit mitgebracht wurden.

Ich habe von den Alten gehört, die in vielen anderen Regressionen erwähnt wurden. Der Begriff hat verschiedene Bedeutungen. Es bezieht sich in der Regel auf Vorfahren, die viel Wissen hatten oder die die alten Götter verehrten. Normalerweise waren diese Menschen verschwunden, ausgestorben oder so wenige, dass sie sich versteckten und geschützt waren. Sie gelten als sehr speziell, und normalerweise wird nur zögerlich von den "Alten" gesprochen. Ich hatte diese Art von Schutzantwort erwartet, als ich fragte, was er mit diesem Begriff meinte. Ich war von seiner Definition wirklich überrascht.

B: Sie kamen.... die Legenden sagen, dass sie durch die Leere gereist sind. Es war dunkel und leer, und ihr Schiff sie waren in einem Schiff etwas ging schief und es heißt, sie sind abgestürzt, aber unser Fluss ist nicht groß genug für irgendwelche Boote. Ich verstehe es nicht genau, aber das ist es, was die Legenden sagen. Dieses Schiff hatte viel Metall an sich, und wir benutzten das Metall für unsere Messer und für unsere Töpfe.

Das war eine ziemliche Überraschung. Ich habe mich gefragt, wo sie die Kunst der Metall-Verarbeitung gelernt haben, aber ich hätte nie erwartet, dass dies die Antwort ist.

Bis zu diesem Zeitpunkt war die Sitzung wie erwartet verlaufen, eine erste Regression: alltäglich, eine einfache Person, die ein einfaches Leben führt. Ich hatte bereits Hunderte von diesen erlebt. Da zu wenig Informationen geliefert wurden, um eine Fortsetzung zu rechtfertigen, wäre es sicherlich eine einmalige Regression gewesen, und die Aufnahme wäre in eine Box mit hunderten anderer gelegt worden. Und Tuin, der Jäger, wäre in den Nebeln der Zeit verschwunden und wäre nicht mehr gerufen worden. Bis auf..., dass er diese unerwartete und ungewöhnliche Bemerkung machte, die den Funken meiner Neugierde entfachte. Wenn das passiert, weiß etwas in mir, dass es eine Geschichte gibt, die es wert ist, verfolgt zu werden, und mein unersättlicher "Wunsch zu wissen" wird ausgelöst. Beth zeigte die Qualitäten eines Somnambulisten und ich wusste, dass ich weiterhin mit ihr zusammenarbeiten wollte. Aber diese spezielle Geschichte wäre fallen gelassen worden, wenn es nicht diese eine zufällige Bemerkung gegeben hätte. Ohne die, wäre dieser Einblick in unsere längst vergessene Geschichte für alle Zeiten begraben geblieben.

Es war offensichtlich, dass Tuin die wahre Bedeutung seiner Aussage für mich nicht wissen konnte. Er zitierte nur aus seinem Wissen um eine Legende. Er dachte, es bezog sich auf ein Schiff, das Flüsse hinuntersegelte, und er verstand nicht, wie das hätte passieren können. Ich müsste meine Fragen auf die Ebene seiner Mentalität und seines Verstandes abstimmen.

D: Ist das Schiff noch da?
B: Nein, es ist schon lange her. Alles, was wir jetzt haben, sind die Messer und die Töpfe. Wir kümmern uns um sie, weil wir nicht mehr davon bekommen können. Der Schamane, der weise Mann, er hat noch einige Metallstücke in seinem Haus, die er für geheime Dinge benutzt. Er formt sie so, wie es für Ketten, Amulette oder heilige Dinge benötigt wird.
D: Hast du diese Stücke schon mal gesehen?
B: Einmal. Er wusste nicht, dass ich sie gesehen hatte. Ich habe es niemandem gesagt. Ich sollte sie nicht sehen. Eines war groß, wie ein Tier, wie ein Vielfraß. (Er hatte Schwierigkeiten, die Worte zu finden, um es zu beschreiben, und benutzte die ihm vertraute Terminologie.) Welche Form? Ich kann die Form nicht beschreiben. Es lag flach auf dem Boden, und die Seiten kamen geradewegs wie ein hoher Baum hoch. Aber auf dem vorderen Teil kam es hoch und dann neigte es sich nach hinten und dann war es flach auf der Spitze, wie ein flacher Stein. Es war aus Metall gefertigt, eine Art matte silbergraue Farbe. Auf dem schrägen Teil ragten Dinge heraus, die dunkler gefärbt waren. Ich wusste nicht, welchen Zweck sie haben.
D: Gab es viele dieser seltsamen Dinge, die herausragten?
B: Ja. Einige waren lang und dünn. Etwa so lang (Handbewegungen zeigten etwa zwei bis drei Zentimeter) und einige waren rund.
D: Und das war ein seltsames Teil. Haben sich diese Dinge bewegt, weißt du das?

B: Ich weiß es nicht. Ich habe nur einen Blick darauf geworfen.

In dem Ort, den er als einem einfachen, abgelegenen Dorf beschrieben hatte, konnte er sich nichts Ungewöhnlicheres vorstellen. Anscheinend wusste er nicht, was es sein könnte. Er hatte kaum die sprachlichen Voraussetzungen, um es zu beschreiben, also war es definitiv etwas Fremdes für ihn. Aber es klang ähnlich wie eine Art Bedienfeld oder vielleicht eine Art Maschine.

D: Gab es noch mehr von diesen seltsamen Dingen?
B: Nein. Es gab nur eines. Aber in der Nähe stapelten sich Metallstücke. Sie waren alle durcheinander, so dass ich die Formen nicht erkennen konnte.
D: Vielleicht benutzt er die für die Amulette.
B: Ich glaube schon.
D: Glaubst du, er würde dieses seltsam aussehende Objekt für alles benutzen?
B: Ich weiß es wirklich nicht. Man sagt, dass es auf dem Schiff solche Dinge gab, die abgestürzt sind. Aber es wäre zu schwer für ein Schiff. Es würde es im Fluss versinken lassen. Ich verstehe es nicht.

Es war offensichtlich, dass Tuin aus seiner Perspektive sprach und nicht aus der Sicht von Beth´s modernem Leben. Deshalb musste ich mit ihm in solchen Begriffen kommunizieren, die er verstehen würde. Ich müsste vor allem meine Fragen in einem einfachen Rahmen und bewusst nicht suggestiv stellen, bis ich mehr über diese Legende herausgefunden hatte.

D: Was ist mit der Legende? Stand da, wie die Alten aussahen?
B: Sie sahen aus wie wir, aber sie waren größer. Sie konnten wundersame Dinge tun.
D.:Dann lebten einige von ihnen? Sie starben nicht alle, als das Schiff abstürzte?
B: Deshalb sind wir hier. Wir kommen von den Alten. Wir sind die Einzigen.
D:Dann blieben sie da und bauten das Dorf?
B: Ja. Ihr Schiff konnte nicht mehr weiterfahren. Sie waren auf dem Weg zu einem anderen Ort. Ich weiß nicht genau, welcher.
D: Sagen die Legenden, ob sie anders gekleidet waren?

B: (Nachdenken) Die Legenden sagen, dass sie zuerst weiße Kleidung trugen, silberweiß, und sie war nicht abgenutzt oder gerissen. Aber dann, im Laufe der Zeit, hatten einige ihrer Nachkommen den Brauch, sie in ihrer Kleidung zu begraben, so dass wir jetzt keine mehr davon haben, falls sie jemals existierte. Vielleicht lässt mich die Tatsache, dass ich im Wald war die Sache zu viel hinterfragen.

D: *Es könnte sein. Aber du sollst von diesen Leuten abstammen. Verlassen deshalb deine Leute dieses Gebiet nicht?*

B: Teilweise. Wir sind so wenige. Nicht viele. Es gibt niemanden sonst. Wenn einige von uns das Gebiet verlassen würden, gäbe es nicht genug, damit sie überleben könnten, oder für uns. Es würde uns auch wehtun.

D: *Dann werdet ihr alle gebraucht. Jeder hilft sich gegenseitig.*

B: Ja, es gibt nicht viele. Wir sind vorsichtig. Die Legenden sagen, wenn man nicht aufpasst, wird die Mutter Erde, die Mutter, unzufrieden sein und die Ernte nicht wachsen lassen.

D: *Das macht Sinn. Kennst du irgendwelche anderen Dörfer oder Personengruppen?*

B: Es gibt keine anderen. Wir sind die Einzigen.

D: *Bist du jemals gereist, um zu sehen, ob es noch andere irgendwo gibt?*

B: Das bin ich. Ich bin ein Jäger. Manchmal gehe ich weiter, als es für die Jagd eigentlich nötig ist.

D: *Hast du jemals andere Gruppen von Menschen gesehen?*

B: Nein. Was mich betrifft, so gibt es nur Wälder und noch mehr Wälder und Berge.

Sehr hohe Berge mit Gipfeln, die ständig von Schnee bedeckt sind. Die Tiere des Waldes, sie wissen das, sie sind zottelig. Ich habe niemanden hier gesehen.

Ich wusste, dass meine Zeit für diese Sitzung abläuft. Normalerweise kann ich in der ersten Stunde die wichtigen Ereignisse eines Lebens vollständig durchgehen, da die meisten dem Muster folgen und sehr gewöhnlich sind. Ich wusste jetzt, dass ich auf der Spur von etwas war, und es müsste mehr Sitzungen geben, um diese Legenden zu verifizieren, von denen Tuin sprach. Wenn ich weiter an einer Geschichte arbeiten möchte, bitte ich immer um die Erlaubnis der Person/des Wesens, zurückzukehren. Ich glaube, wenn ich ihnen diese

Höflichkeit nicht als eigenständige Persönlichkeit zeige, werden sie meine zukünftigen Fragen nicht beantworten. Dies hilft auch, das Vertrauen und die Beziehung zu vertiefen, die bei der Informationsbeschaffung so wichtig sind. Normalerweise ist die Person/das Wesen nur zu gerne bereit, mit mir zu sprechen. Tuin war zum Glück keine Ausnahme.

B: Ja, ich erzähle dir gerne mehr von meinen Leuten. Wir sind stolz. Wir sind gute Leute. Es ist interessant, mit jemandem zu sprechen, der uns nicht kennt. Es ist, als würde man einem Kind Dinge erklären.
D: Du erklärst die Dinge sehr gut und ich lerne sehr gern. Dann werde ich mit deiner Erlaubnis irgendwann wiederkommen und wir können uns weiter unterhalten. Und ich werde deine Arbeit und deine Jagd nicht stören?
B: Nein, du störst nicht. Ich werde nach dir suchen.

Wir vereinbarten ein Schlüsselwort, bevor ich sie wieder zurück zum vollen Bewusstsein brachte. Ich arbeite gerne mit Schlüselwörtern (die alles sein können), weil es mir viel Zeit erspart und ich mich auf die Geschichte konzentrieren kann, die ich erforsche.

Als sie erwachte, fragte ich Beth, was sie sich über die Sitzung dachte. Ihre einzigen bewussten Erinnerungen waren die, an viele Bäume.

Als ich ihr von der Regression erzählte, sagte sie, dass sie nur wenige bewusste Verbindungen zu dieser Art von Leben herstellen könne. Sie liebt kaltes Wetter, je kälter desto besser. Sie geht gerne barfuß, und selbst im Winter trägt sie viel weniger Kleidung als normal. Sie muss ein offenes Fenster in ihrem Zimmer haben, besonders im Winter. Sie liebt die Wälder und macht mit einer Gruppe von Menschen hobbymäßig Höhlenerkundungen.

Viele Male, sobald das Unterbewusstsein dazu angeregt wurde, ein vergangenes Leben zu erforschen, wird es anfangen, kleine Informationsbrocken durch Träume, Intuitionen oder Eindrücke zu enthüllen. Ich bat sie, wachsam zu sein, damit dies geschehen kann.

In der nächsten Woche hatte sie den sehr lebhaften Traum, durch einen Pinienwald zu wandern. Der Boden war mit dicken Kiefernnadeln bedeckt und sie konnte den Wind durch die Bäume rauschen hören. Es schien zu versuchen, ihr etwas zu sagen. Der Traum hinterließ bei ihr ein sehr glückliches und angenehmes Gefühl.

Kapitel 2

Die Geister rufen

NAIV UND UNSCHULDIG hatte Tuin begonnen, die Geschichte seiner Vorfahren zu erzählen. Er hatte es auf eine bescheidene Art und Weise erwähnt, als hätte er es einem Kind erzählt. Aber was für ihn nur eine alte Geschichte zu sein schien, hatte für mich eine ganz andere Bedeutung. Es klang, als wäre ein Raumschiff in der Nähe seines heutigen Dorfes abgestürzt. Es ist durch die "Leere" zu einem unbekannten Ziel geflogen, als es nicht weiterfliegen konnte. Anscheinend konnten die Bewohner dann die Erde nicht wieder verlassen, und Tuin und die Dorfbewohner waren dann ihre Nachkommen. Eine unglaubliche Geschichte, aber wegen der Art und Weise, wie sie mir präsentiert wurde, hatte sie den unauslöschlichen Klang der Wahrheit. Ich wollte mehr über diese Legende erfahren, da ich glaube, dass die meisten Legenden eine gewisse Grundlage haben. Ich stand nun vor zwei Rätseln, die ich aufspüren und irgendwie überprüfen wollte. Zuerst wollte ich alles über die "Alten" herausfinden. Zweitens wollte ich versuchen herauszufinden, wo und wann der Unfall stattgefunden hat. Ich müsste tatsächlich wie ein Detektiv nachforschen, wenn ich diese Dinge zusammensetzen wollte, um meine Antworten zu finden. Aber ich liebe Geheimnisse und die Herausforderung, und ich hatte gerade eine wunderbare bekommen.

Mir waren noch nicht genügend Hinweise gegeben worden. Der Ort von Tuins Dorf war lückenhaft beschrieben und konnte sich auf viele Orte auf der Erde beziehen. Er lebte an einem abgelegenen Ort in einem Flusstal, umgeben von Bergen, die mit ewigem Schnee bedeckt waren. Dies deutete auf ein nördliches Klima hin, aber auf welchem Kontinent? Die Kleidung und die Behausung klangen nicht nach den Indianern. Ich dachte, die Zeitspanne könnte nicht allzu weit entfernt sein, da sie nicht allzu primitiv waren. Sie kannten die Kunst des Webens, da einige ihrer Kleidungsstücke aus Stoff gewebt waren. Sie benutzten Metallurgie, was ein komplizierter Prozess ist. Menschen, die isoliert sind und glauben, dass sie die einzigen Menschen auf der Welt sind, hätten kein Gefühl für Zeit, wie z.B. Jahre, mit denen wir uns identifizieren könnten. Durch die Befragung müsste ich herausfinden, welche Art von Kultur sie hatten und wann sie hätte existieren können. Um diese Antworten zu finden, würde es schlußendlich viel Recherche erfordern, aber das hat mich noch nie gestört. Ich liebe es, in Bibliotheken nach diesem schwer auffindbaren Informationen zu suchen, sobald ich eine Geschichte habe, die es wert ist, gehört zu werden.

Tuin hatte ein von den Bauern hergestelltes Getränk erwähnt, das hauptsächlich während der Feierlichkeiten konsumiert wurde. Eine Möglichkeit, eine Kultur zu identifizieren, besteht in ihrer Glaubensstruktur. Als Beth und ich uns in der folgenden Woche trafen, um mit dieser Geschichte fortzufahren, wollte ich diese Art der Befragung untersuchen. Das Schlüsselwort funktionierte wunderbar und sie trat sofort in einen tiefen schlafwandlerischen Trancezustand ein, und ich begann.

D: Welche Art von Feierlichkeiten hattet ihr?
B: Wir haben mehrere Zeremonien. Es gibt wichtige und kleinere. Und diese Zeremonien halten die Jahreszeiten am richtigen Platz und helfen den Jahren zu vergehen, von einem Jahr zum anderen, im fließenden Kreislauf des Lebens: die Ernte, der Frühling. Und im Winter, wenn die Sonne wieder scheint, das Mittwinterfest.

Ich bat um eine Beschreibung der Feierlichkeiten.

B: Für die Ernte holen wir die Kessel von dort, wo wir normalerweise kochen, und bauen ein großes Lagerfeuer. Und wir fangen an zu tanzen, um uns zu entspannen. Du versuchst, dir keine Sorgen um kranke Kinder zu machen, oder um die Käfer, die Getreide essen. Du tanzt, du entspannst dich. Und dann beginnt der weise Mann die besonderen Lieder zu singen. Diejenigen, die die Geister herabrufen.

Ich fragte, ob sie bei diesen Feierlichkeiten irgendeine Art von Musikinstrumenten benutzen. Er sagte, sie hätten ein paar, aber sie wurden für den privaten Gebrauch und Gruppenunterhaltung im Gasthaus verwendet. Er sagte: "Wir mögen Spaß. Wenn was getan werden muss, wird es getan, aber warum weiterarbeiten, wenn man es nicht muss?" Er beschrieb eine kleine Handtrommel, die mit einer dünnen Haut bedeckt war. Sie wurde nicht geschlagen; sie wurde mit den Fingerspitzen gestrichen, um weiche Klänge zu erzeugen. Es gab eine Reihe von Stöcken, die geschüttelt oder gerieben wurden, um ein klapperndes Geräusch zu machen. Tuin erwähnte einen Zimmermann im Dorf, der mit verschiedenen Holzformen und Darm experimentierte und versuchte, ein Saiteninstrument herzustellen. Tuin fand die Versuche des Mannes lustig, weil die Streicher immer wieder abrutschten und die erzeugten Klänge nicht melodiös waren. Tuin zog es viel lieber vor, dem Gesang der Vögel zuzuhören.

Während wir beim Thema Musik waren, fragte ich nach den Liedern, die gesungen wurden. In anderen Regressionen konnte ich das Subjekt dazu bringen, in der Muttersprache zu singen. Das ist selten, aber es passiert gelegentlich. Manchmal kann man von den Melodien viel lernen, ohne die Worte zu hören.

B: Es hängt vom Zweck der Lieder ab. Die Lieder sind kraftvoll. Sie enhalten Geister. Du musst vorsichtig sein, wenn du singst. Du kannst den falschen Geist rufen. Die Geister sprechen, aber nicht wie du und ich. Sie singen. Deshalb sprechen sie manchmal im Wind mit dir. Der Wind ist ein mächtiger Geist. Du musst vorsichtig mit der Musik sein. Du musst respektvoll sein.

D: Dann singst du diese Lieder nur in einer Gruppe?

B: Es kommt darauf an. Manchmal singt nur der weise Mann. Wenn er anfängt zu singen, sitzt du ruhig da. Wir beobachten entweder die Flammen oder wir schauen in die Sterne.

D: Du kannst nicht tanzen?

B: Nicht, wenn er singt. Das Tanzen ist, um den Geist für die richtige Gesangshaltung zu entspannen. Du kannst dich nicht um gewöhnliche Dinge kümmern, wenn du singst. Fast jedes Lied ruft eine Art Geist hervor. Die Schlaflieder, die die Frauen für ihre Kinder singen, damit sie schlafen können? Auch wenn sie sie ziemlich oft singen, sind ihre Lieder ein Schutz. Und sie rufen kleine Geister auf, um ihre Kinder vor Schaden zu bewahren, während sie schlafen.

D: Ich habe mich gefragt, ob ich es hören könnte, wie deine Musik klingt. Könntest Du etwas für mich singen?

B: Ich singe nicht gut. Die meisten der jungen Frauen, egal wie charmant sie sind, sagen, dass sie lieber hören würden, wie ich Geschichten erzähle anstatt Lieder zu singen. Es ist mir unangenehm geworden, mit Menschen zu singen. Ich singe hauptsächlich für Tiere. Es gibt einige Lieder, die ich zu den Bäumen singe. Sie haben nicht wirklich Worte, aber der Klang ist das, was zählt, wegen des Zwecks des Liedes. Ich rufe die Bäume auf, mir zu helfen, mich zu verstecken und in Harmonie zu sein. Und so, da der Wind durch die Bäume singt, verwendet der Wind nicht unbedingt immer Worte. Also singe ich ohne Worte zu den Bäumen. Wenn ich leise singen muss, kann ich es auch. Und wenn es eine Melodie ist, die mir besonders gefällt, erinnere ich mich daran. Aber normalerweise mache ich weiter und suche mir beim nächsten Mal eine andere aus.

D: Dann hört sie niemand sonst.

B: Der Baum, vergiss nicht den Baum, für den ich singe.

Sie demonstrierte, indem sie mehrere Takte sang, die wie das pusten des Windes klangen: ein oooooo Geräusch.

B: Ich kann es nicht sehr lange machen.

D: Das klingt tatsächlich nach dem Wind. Aber wenn die Frauen den Babys die Schlaflieder singen, erinnerst du dich, wie das klingt?

B: Ich erinnere mich an die Melodie, kann aber nicht die Worte für dich singen, weil sie die Geister anrufen würden.

D: Aber das ist ein guter Geist.

B: Stimmt, aber wenn du sie ohne Grund anrufst, mögen sie es nicht, wenn mit ihnen herumgealbert wird. Es wird gesagt, dass die Frauen am besten darin sind, die Geister zu rufen. Ich bin mir nicht sicher, wie sie es machen. Ich denke, es ist ähnlich wie bei Tieren bei denen ich mich entschuldige. Jeder hat etwas, das er besser kann. Es gibt einige alte Frauen, von denen gesagt wird, dass sie in der Lage sind, Dinge im Feuer zu sehen. Manchmal haben sie Recht.

D: Wenn sie diesen Ruf der Geister ausüben, ist es nur während der Feiern?

B: Nein. Jeder hat einen persönlichen Geist, auf den er zurückgreifen kann. Einige der Frauen, die das Feuer sehen können -ihre Geister zeigen ihnen dadurch, was sie wissen müssen. Meine Geister sprechen im Wind mit mir. Die Geister singen, weißt du. Ich kann den Wind hören, sie singen für mich. Es klingt wie der Wind, aber es scheint ein höheres Pfeifen über dem Wind zu sein, und das Pfeifen macht irgendwie Sinn. Es ist, als würden sie die Worte sagen, während sie richtig hoch singen. Und es ist weich und nur wer den Wind hört, kann die Worte hören und verstehen. Für andere klingt es nur so, als ob der Wind weht. Es wird gesagt, dass die Geister bei einigen Menschen vom Wasser aus mit ihnen sprechen. Einige können den Fluss hören, der ihnen Dinge erzählt. Einige können ins Wasser schauen und ihre Geister sehen, die ihnen Dinge zeigen. Die Geister sprechen zu manchen Menschen auf mehr als nur eine Art und Weise. Aber normalerweise findet jeder den Weg, der für ihn am besten ist.

D: Kennst du das, was ich eine "Religion" nennen würde? Weißt du, was das ist?

B: Nein. Was ist eine Religion?

D: Es bedeutet einen Glauben zu haben... nun, einen Glauben an diese Dinge, von denen man spricht, die Dinge, die man nicht sehen kann. Und einige Leute glauben an eine Macht über allem, die sie "Gott" nennen. Hast du einen solchen Glauben?

B: Nicht so, wenn ich dich richtig verstehe. Die Geister sind da, um uns zu helfen. Es wird gesagt, dass die Fähigkeit, die Geister zu hören oder mit ihnen zu kommunizieren, wie wir es tun, von der Lebenskraft kommt. Jeder hat diese Fähigkeit, irgendwie oder anders. Manchmal wird es ein Kind geben, das nicht mit den Geistern kommunizieren kann, und es tut uns sehr leid. Sein Verstand, ist verschlossen für diese Erfahrung.

D: Ja. Obwohl jeder diese Fähigkeit hat, erkennen einige Leute sie einfach nicht und sie benutzen sie nicht.

B: Oh? In unserem Volk hat jeder das, außer bei einigen der Kindern manchmal. Wenn sie manchmal langsam sind, ist es für sie schwieriger zu erkennen, wann die Geister zu ihnen sprechen. Alle haben Mitleid mit ihnen, bis sie es lernen.

D: Hast du einen Namen für die Sprache, die du sprichst?

B: Es ist die Sprache, die wir sprechen.

D: Sie hat keinen Namen?

B: Nun.... es ist die Sprache von hier. Wie sollten wir sie nennen?

D: *Ich habe an manchen Stellen weit über die Berge hinaus gehört, dass Menschen andere Worte sprechen und andere Menschen sie nicht verstehen können.*
B: Aber wir sind das einzige Volk. Es gibt nur eine Sprache. Es gibt keine anderen. Wir sind das Volk, das ist das Land.

Ich kehrte zu den Fragen über die Festivitäten zurück.

D: *Magst du die Festivitäten, die Feste?*
B: Ja. Wenn ich mit Menschen zusammen sein muss, ist es schön, mit Menschen bei den Festivitäten zusammen zu sein. Ich bin aber lieber bei den Tieren. Sie sind harmonisch. Männer müssen daran arbeiten, harmonisch zu sein.
D: *Hast du ein Lieblingsfestival oder eine Lieblingsfeier?*
B: Es ist schwer zu sagen. Sie sind alle etwas Besonderes. Sie haben ihre eigene Bedeutung. Du rufst die Geister herab und Dinge passieren. Manchmal, wenn der weise Mann singt, wird sich seine Stimme um das Feuer bewegen, aber er sitzt immer noch da, wo er ist. Das ist ein Zeichen dafür, dass ein Geist gekommen ist. Manchmal wechselt das Feuer die Farbe oder die Form. Bestimmte Wege bedeuten bestimmte Geister. Es ist sehr real. Niemand zweifelt daran, was passiert.
D. *Sind das gute Zeichen, wenn die Geister kommen?*
B: Es kommt darauf an, auf welchem Festival sie sich befinden. Wenn der falsche Geist kommt, bedeutet das, dass jemand nicht harmonisch ist. Und du musst ihnen helfen, harmonisch zu werden, damit der richtige Geist kommt. Es gibt Wintergeister, es gibt Sommergeister. Wenn ein Wintergeist im Sommer, kommt tut er dir nicht viel Gutes. Wenn du Ratschläge bekommst von einem Wintergeist im Sommer, wird das nicht so gut funktionieren. Aber die Sommergeister geben Ratschläge, wie man die Pflanzen bearbeiten kann, sie tun Gutes.
D: *Wie man anpflanzt und so weiter?*
B: Wann gepflanzt werden soll. Sie sagen es dem weisen Mann. Man kann sie singen hören, aber manchmal kann man sie nicht verstehen. Der weise Mann sagt es jedem der es wissen muss, oder er sagt es der ganzen Gruppe. Es gibt noch eine andere Zeremonie, bei der Tag und Nacht perfekt aufeinander abgestimmt sind.
D: *(Ich dachte an den Frühling.) Ist das der Beginn, wenn es anfängt zu wachsen?*

B: Nein. Die das hat bis dahin bereits begonnen. Alles wächst gut und die Bäume wachsen, und die Tiere haben die Möglichkeit herauszukommen. Siehst du, wenn diese Zeremonie ist, war zuerst Winter und dann hat die Wachstums-Saison begonnen. Wer etwas über die Überlieferung des Pflanzens weiß, dass hart daran gearbeitet wird, die Ernte zu erhalten. Es wird gepflanzt und so weiter. Und ich war mit der Jagd beschäftigt und wir alle brauchen eine Pause, also feiern wir und haben viel Spaß. Es ist eine Zeit des Feierns, weil wir den Schlaf des Winters abgeschüttelt haben. Ich war sehr beschäftigt mit der Jagd, um eine Vielzahl von Dingen für das Fest zu erhalten, die die Festivität begleiten. Und ein paar waren schon draußen in den Wäldern, um dort Dinge zu sammeln, die gekeimt sind, Grünzeug und Pilze und so weiter. Wir haben bei dieser Festivität viel zu essen, und alle sind wirklich glücklich. Sie dekorieren Dinge, wie das Auftragen von neuem Besatz auf ihre Kleidung und so, um alles neu aussehend und besonders zu machen.

D: *Wie feiert ihr?*

B: Es kommt darauf an, wie alt du bist. Wenn du sehr alt bist, sprichst du darüber, dass dieser vergangene Winter nicht so schlimm war wie diejenigen, an die du dich erinnerst, als du 12 Sommer alt warst. Wenn sie etwas jünger sind, sprechen sie darüber, welche neuen Dinge wir alle versuchen könnten, um die Produktion von Getreide zu erhöhen. Und wenn du etwas jünger bist, sagen wir in meinem Alter, machst du Pläne, was du für den Sommer tun wirst. Und diejenigen, die etwas jünger sind, nun ja (lächelnd), neigen dazu, sich in den Wald zu schleichen und sich zu vergnügen. Es gibt eine Zeremonie, die die Feier einleitet. Es ist eine Zeremonie, um sicherzustellen, dass wir in Harmonie mit den Geistern sind, damit die Pflanzen wachsen. Und die entsprechenden Lieder werden gesungen. Danach feiern alle beim großen Fest.

D: *Gibt es irgendwelche Legenden, die erzählt werden?*

B: Ja, meist Legenden, die sich mit dem Anbau befassen oder dass die Ernte der Alten, als sie damit anfingen, sehr gut war. Legenden darüber, wie sie ihre Ernten anbauten und wie sie gelernt haben, in Harmonie mit der Erde zu leben, und so weiter. Und Legenden darüber, warum die Dinge bei den Ernten gemacht werden, wie sie gemacht wurden und wann. Wann man anpflanzt, wie man anpflanzt, wo es gut ist. Wann man sich bereit machen sollte, um zu ernten. Solche Dinge. Die Bauern wissen, was sie es wissen müssen. Ich bin ein Jäger, ich weiß nicht wirklich, wie sie das machen. Um in Harmonie zu sein, muss man mit den Jahreszeiten gehen. Das ist der einzig ausgewogene Weg, dies zu erreichen. Die nächste große Festivität ist, wenn der Tag am längsten ist, und die Nacht fast gar nicht da ist. Wenn die Sonne untergeht, aber bevor es dunkel wird, es trotzdem hell ist. Nun, der längste Tag des Jahres ist die ganze Nacht so. Und in den Nächten davor und danach wird es auch nicht wirklich dunkel.

D: *Etwa drei Tage hintereinander?*

B: Länger als das eigentlich, denn für den zentralen Teil des Sommers ist es nicht wirklich dunkel. Aber in dieser Nacht geht die Sonne am frühesten auf und spät unter. Man kann die ganze Nacht lang sehen; es ist kein Problem.

D: *Wird es in dieser Jahreszeit sehr heiß?*

B: Ähm .... was nennst du heiß? Es ist Sommerzeit.

D: *Ich habe gehört, dass es einige Orte gibt, an denen es sehr heiß wird und man nicht einmal gerne Kleidung trägt. Ist das so?*

B: Nein, so ist das nicht. Auf den Bergen liegt noch Schnee. Und der Wind weht aus den Bergen und ist immer kühl.

D: *Gibt es am längsten Tag des Jahres besondere Legenden?*

B: Ja. Die Legenden, die am längsten Tag des Jahres erzählt werden, handeln vom Leben. Warum die Dinge so sind, wie sie sind, und wie sie so geworden sind. Außerdem ist es die Jahreszeit, dass, wenn jemand eine neue Art und Weise gelernt oder entdeckt hat, zu den Geistern zu singen, die effektiv zu sein scheint, zeigen sie den anderen Menschen, wie es funktioniert. Wir entscheiden dann, ob das nur ein persönliches Lied sein soll oder vielleicht ein Lied, das für andere Zwecke übernommen werden kann. Und wenn etwas Neues über den Anbau von Pflanzen oder dergleichen entdeckt wurde, erzählen die Bauern davon, um sicherzustellen, dass es nicht vergessen wird.

Ich habe Regressionen erlebt, bei denen die Einheimischen bei Zeremonien drogeninduzierte Zustände benutzten, um ihr spirituelles Bewusstsein zu stärken. Also fragte ich, ob sie tranken oder etwas Besonderes in dieser Zeit gegessen haben.

B: Nein, nur das, was für diese Jahreszeit angemessen ist. Jedoch hat der weise Mann bestimmte Arten von Kräutern und Pulvern, die er ins Feuer legt. Der ganze Rauch verändert Farbe und Geruch.

Er setzt viel ein, um sicherzustellen, dass wir alle etwas von dem Rauch einatmen können, denn er hilft uns, uns zu entspannen und uns auf die Legende vorzubereiten. Einige der Kräuter öffnen den Geist, so dass wir uns weiter zurückerinnern können, und so können wir uns auch an mehr von dem erinnern, was in dieser Nacht gesagt wird. Wir sind vielleicht nicht unbedingt in der Lage, uns bereits am nächsten Tag daran zu erinnern, aber wir wissen, dass das Wissen da sein wird.

So schien es, dass sie tatsächlich eine Art eines Halluzinogenen verwendeten.

D: *Trägt der Weise etwas, das anders ist bei den Zeremonien?*
B: Er hat verschiedene Kopfbedeckungen, die er für die verschiedenen Festivitäten trägt. Im Sommer bekommt er einige der Weizenstiele ohne den Weizen und webt sie, bis sie zusammenkleben, und versteift sie mit Ton in verschiedenen Farben. Er legt Blätter und dergleichen auf sie und verwendet verschiedene Arten von Ton, um Entwürfe zu machen.
D: *Ich kann die Symbolik sehen, die sie darstellen soll. Es ist aus den Dingen der Felder gemacht.*
B: Und der Weise malt darauf Designs mit verschiedenen Tonfarben. Es bedeutet den Geistern etwas, um uns später beim Erntefest eine gute Ernte zu ermöglichen.
D: *Welche Art von Designs setzt er darauf?*
B: Verschiedene Formen. Einige sind wie eine dreiseitige Figur, aber mit einer Art Schnörkeln, als ob sie an die dreiseitige Figur gebunden wären. (Sie machte Handbewegungen eines Dreiecks, etc.) Als hätte man einen Pfeil mit einem verschnörkelten Schaft.
D: *Aus dem Boden dieser dreiseitigen Figur kommend?*
B: Ja. Manchmal macht er einen runden Kreis mit Linien, die aus ihm herauskommen, wie – als ob die Sonne scheint. Sie bedeuten besondere Dinge, und da sie mir nichts zu bedeuten scheinen, ist es schwer, sich daran zu erinnern, was sie sind. Es bedeutet den Geistern etwas. Er macht es in rot und dunkelrotbraun auf weiß. Alle unsere Töpferwaren sind aus rotem Ton gefertigt. Der weiße Ton ist etwas Besonderes, er ist heilig. Alle Frauen wissen, wo der Ton zu finden ist. Wenn sie weißen Ton finden, bringen sie ihn zu ihm.

D: *Du sagtest, es gibt einige Zeremonien, bei denen sie nur die Legenden wiederholen?*
B: Das ist nicht alles, aber.... wie soll ich das erklären? Jeder weiß, wie es geht.
D: *Außer mir.*
B: Außer dir. Du bist sehr seltsam. Haben wir die Rituale? (Er war sich dieses Wortes nicht sicher.) Die Zeremonie wird beginnen. Zu bestimmten Zeiten des Jahres, so wie das Gleichgewicht zwischen der Dunkelheit der Nacht und der Leichtigkeit des Tages, helfen sie zu bestimmen, wann bestimmte Zeremonien stattfinden sollen. Und zu diesem Zeitpunkt werden aus bestimmten Gründen bestimmte Teile der Legenden nacherzählt. Wie im Winter, da gibt es einen Punkt, an dem die Sonne sehr zurückhaltend ist, wie es scheint. Die Sonne ist überhaupt nicht viel da und die Nacht scheint sehr, sehr mächtig zu sein. So sind die Geister zu diesem Zeitpunkt im Gleichgewicht. In der Nacht, die am längsten ist, haben wir die Winterzeremonie, und dann müssen bestimmte Legenden erzählt und weitergegeben werden. Dann ist der nächtliche Teil der Harmonie an seiner mächtigsten Stelle, denn die nächste Nacht wird nicht ganz so lang sein. Der weise Mann ist derjenige, der den Überblick darüber behält. Im Winter ist die Nacht viel länger als der Tag. Die Tageszeit wird sehr kurz. Es scheint, dass du schon lange wach bist, bevor die Sonne endlich aufgeht. Und du isst deine Mittagsmahlzeit, du fängst an, Tagesaktivitäten zu unternehmen, und die Sonne ist noch nicht lange aufgegangen, wenn sie wieder untergeht.
D: *Ich nehme an, dass man an solchen Tagen schnell arbeiten muss.*
B: Das Licht des Feuers hilft. Im Winter gibt es nicht viel zu tun. Du hast nach den vielen Feiern gefragt. Es gibt eine, die du vermisst hast.
D: *Was war das für eine?*
B: Die nach dem Sommerfest. Im Herbst, wenn Tag und Nacht wieder ausgeglichen sind, haben wir ein weiteres Fest. Es geschieht gegen Ende der Ernte, wenn wir eine gute Ernte feiern, oder, wenn es keine gute Ernte war, singen wir Lieder für die Geister, um uns zu helfen, den Winter zu überstehen. Zu diesem Zeitpunkt, da die Nächte länger werden und die Arbeit des Sommers zu Ende ist, beginnen wir, den Kindern des Dorfes die Dinge beizubringen, die sie wissen müssen. Wir geben das Wissen weiter. Dann offenbart der Weise bei der Feier, welche Fähigkeiten die Kinder, die das

richtige Alter erreicht haben, zu haben scheinen, damit sie im Winter mit dem Lernen beginnen können. Der Winter, wenn es ruhig ist, ist gut, um gelehrt zu werden und sich zu entwickeln, wie z.B. um zu lernen, dem Wind zuzuhören oder das Feuer zu sehen oder was auch immer .

D: Das wäre ein guter Zeitpunkt, um zu lernen, -wegen der langen Nächte. Und er weiß, welches der Kinder er in der Lage sein wird, verschiedene Dinge zu tun?

B: Ja, er hat sie beobachtet und er ist der weise Mann. Er weiß, wie man die Entscheidungen trifft. Für das Winterfest wird der Kopfputz des Weisen aus der Haut einer Kreatur gemacht, die ich einmal gefangen habe. Ich habe so etwas noch nie zuvor oder seitdem gesehen.

D: Oh? Es war keine echte Kreatur?

B: Sie war echt, als ich sie getötet habe. Ich entschuldigte mich dafür. Ich war sehr vorsichtig damit. Ich wusste nicht, wie sich der Geist der Kreatur fühlte, als ich sie tötete. Aber das Dorf war damals sehr hungrig. Es war Winter und wir brauchten Nahrung.

D: Du meinst, es war ein Tier, das du noch nie zuvor gesehen hast?

B: Ja. Die Farbe war nicht so ungewöhnlich. Es hatte langes, zotteliges, braunes Fell, aber der Kopf war anders. Die Ohren waren sehr spitz und auch etwas zottelig. Und in der Mitte seiner Schnauze hatte es ein Horn, das sich leicht zusammenrollte. Das Horn war etwa so lang (etwa dreißig cm), etwa so breit (etwa fünf cm) und es krümmte sich nach oben. Und es war zerklüftet wie das Horn eines Widders. Es hatte lange Reißzähne und eine Art Bart. Ich wusste nicht, wie ich es nennen sollte.

D: Es war nicht wie ein Bär?

B: Nein, überhaupt nicht. Ein Bär ist friedlich; dieses Tier war ein Fleischfresser.

D: (Ich dachte an mögliche Tiere, auf die das zutreffen könnte) Es war nicht wie ein Widder oder so ähnlich?

B: Nein, ein Widder hat zwei Hörner, die aus der Oberseite des Kopfes kommen. Dieses, zwischen den Augen und den Nasenlöchern, in der Mitte kam dieses Horn heraus. Und ich kenne den Zweck dieses Horns nicht. Es könnte benutzt werden, um etwas aus dem Weg zu räumen, aber es konnte nicht andere damit verwunden, weil es nicht lang genug war. Wenn es etwas länger gewesen wäre, vielleicht. Ich habe das Tier getötet. Ich habe es ins Dorf gebracht. Und der weise Mann, der Schamane, sagte, es sei ein Zeichen.

D: *Hatte er jemals ein solches Tier gesehen?*
B: Nein. Dem Metzger und dem Häuter wurde gesagt, dass sie besonders vorsichtig sein sollten, was sie auch taten. Und so behielten sie den Kopf. Sie haben es ausgeweidet, aber sie haben die Knochen an Ort und Stelle gelassen und jetzt trägt der weise Mann das für das Winterfest.

Das klang tatsächlich wie ein seltsames Tier. Ich fühlte mich gezwungen mehr Fragen zu stellen.

D: *Ist es aufrecht oder auf vier Beinen gelaufen?*
B: Auf vier Beinen. Es ging bis zur Hüfte.
D: *Dann war es kein großes Tier.*
B: Hmm, irgendwie breit und lang, aber es war mächtig. Ich möchte mich nicht damit einlassen.
D: *Was war mit dem Hinterteil?*
B: (Pause) Ja. Ein Schwanz hing hinten am Körper. Er war auch zottelig, wie der Schwanz eines Bären.
D: *Ich versuche mir vorzustellen, wie es aussah. Hast du schon mal ein Pferd gesehen? (Ich dachte an die Möglichkeit eines Einhorns) Kennst du dieses Wort?*
B: Ähm... das Wort, ich kenne das Wort. Ähm... ich habe nicht.... ich erinnere mich nicht, dass ich so ein Tier gesehen habe.
D: *Auch wenn das nicht wie ein Pferd klingt, dachte ich, dass es vielleicht so ähnlich sein könnte.*
B: Nein. Ein Pferd frisst Gras, nicht wahr?
D: *Ja, das tut es, wie die Ochsen.*
B: Nein, das war kein Pflanzenfresser.
D: *Es fraß Fleisch und hatte lange Reißzähne. Wie waren seine Füße?*
B: Ähm, ja. Die Krallen waren herausgezogen und man würde sich nicht mit ihnen anlegen wollen, wenn das Tier wütend wäre. Aber als ich auf das Tier stieß, war es nicht wütend.
D: *Es hatte Klauen wie ein Bär?*
B: Ähm... eher wie eine Katze, aber sie gingen nicht in die Finger wie die Krallen einer Katze. (Er meinte, sie haben sich nicht zurückgezogen.)
D: *Hmm. Es klingt nach etwas Seltsamem. Ich glaube nicht, dass ich jemals so ein Tier gesehen habe.*

B: Es ist das lustigste, das ich je gesehen habe.

D: Kein Wunder, dass der weise Mann beeindruckt war.

B: Er bat mich, ihm alle Details der Jagd zu erzählen, in welcher Richtung der Wind wehte, ob es Schnee gab, denn er dachte, es sei eine Botschaft der Geister. Er musste alles wissen, um zu wissen, was die Geister uns zu sagen versuchten. Der weise Mann kann der Einzige sein, der das Geheimnis versteht. Das tue ich nicht. Ich weiß nur, dass es das Dorf vor dem Hunger bewahrt hat. Es muss von den Geistern gesandt worden sein. Das ist die einzige Antwort.

Als sie erwachte, fragte ich Beth, was sie sich über die Sitzung dachte.

B: Ich erinnere mich an diesen Mann mit dem Kopfschmuck. Er war weiß, hatte eine Art Dreiecksform.

Sie machte Bewegungen und ich sprach sie auf das Tonbandgerät.

D: Der Kopfschmuck war wie ein Dreieck über der Stirn, das an den Seiten leicht abfallend war?
B: Ähnlich wie ein Dreieck mit einem Kurventeil.
D. Und es kommt zu einem Punkt an der Spitze.

B: Ja, sagen wir über 30 cm oder so über dem Kopf. Mal sehen, da sollten ein paar Designs drauf sein. So ähnlich wie ein stilisiertes Bild ihres Samens.

D: *Du hast etwas beschrieben, das so aussah. Wie eine Pfeilspitze, die einen verschnörkelten Stiel hatte. Aber es war runder als eine Pfeilspitze?*

B: Nein. Es war so ähnlich wie die geschwungene Dreiecksform, aber auf einer Seite flach.

Sie sagte, sie könne die Entwürfe zeichnen, also holte ich einen Zettel und einen Stift, und sie skizzierte, woran sie sich erinnern konnte.

B: Und ich sehe ihn mit einem anderen Kopfschmuck, der eine Art zotteliges braunes Tier ist.

D: *Wie der Kopf eines Tieres oder was?*

B: Ja, und es sieht auch aus wie ein Teil der Haut, weil ich ein paar Pfoten auf seinen Schultern sehen kann. Und der Kopf hat Reißzähne. Ein wütend aussehendes Tier; ich würde es hassen, mich mit diesem Ding zu beschäftigen.

D: *Du hast viel darüber gesprochen. Sieht es aus wie etwas, was du jemals gesehen hast?*

B: Nicht wirklich. Es sieht irgendwie seltsam aus. Ich denke, ich könnte es zeichnen.

D: *Ich habe eine gute Beschreibung, aber es würde helfen, wenn du sie zeichnen würdest. (Sie hat eine Skizze davon gezeichnet) Was fällt dir sonst noch ein?*

B: Ein großes Feuer, aber das ist es auch schon. Und ein Feld in der Sonne.

Das waren alles ihre bewussten Erinnerungen an die Sitzung. Oft kommt es vor, dass die lebhaftesten Erinnerungen die Szenen sind, die gerade passiert sind, bevor sie aus der Trance kam, ähnlich wie die Überreste der letzten Träume vor dem Erwachen.

Während einige meiner Fragen darauf zielten, den Standort zu bestimmen, kam wieder die Möglichkeit der nordischen Länder des europäischen Kontinents in Betracht. Ich erinnere mich, dass ich von den Basken gehört habe, die behaupten, sie hätten Tausende von Jahren vor der Ankunft der Europäer in den Pyrenäen gelebt. Ihre Wurzeln sind seit langem ein Geheimnis, auch für sie selbst, vor allem, weil ihre Sprache anders ist als jede andere verbale Kommunikation auf der Erde. Ihre Legenden behaupten, dass von Adam und Eva gesprochen wurde, und dass sich einer der Söhne Noahs in den Bergen niederließ, bevor die Verwirrung der Sprachen am Turm von Babel einsetzte. Die Kleidung schien auch eher auf eine Rasse dieser Art als auf Indianer oder Eskimos hinzudeuten. Ich musste die Basken bald eliminieren, weil Tuins Klima darauf hindeutete, dass er im Polarkreis lebte. Seine Beschreibung der Länge der Tage zu verschiedenen Zeiten des Jahres brachte ihn definitiv in den hohen Norden. Aber wir hatten immer noch keine Ahnung, in welcher Zeitspanne er lebte. Wenn sich das Klima der Welt über mehrere Jahrhunderte dramatisch verändert hätte, könnte der Ort woanders liegen. Ich musste mehr über das Tierleben und alles, was helfen könnte, die Möglichkeiten einzuschränken, fragen.

Kapitel 3

Das Dorf

DAMIT ICH den Standort von Tuins Dorf bestimmen konnte, musste ich versuchen, so viele Informationen wie möglich über sie und die Lebensgewohnheiten der Menschen herauszufinden. So wie ein Detektiv alle Hinweise zusammenträgt, um eine geeignete Lösung zu finden, müsste ich alle Informationen über Tuins Leben zusammenführen, die ich finden konnte. Dies war der einzige Weg, wie ich den Ort des Absturzes des alten Raumschiffes feststellen konnte.

Das Dorf schien nach einem sozialistischen Prinzip zu funktionieren. Damit meine ich, dass alle Menschen einen Job zu haben schienen, der dem ganzen Wohle aller nützen würde. Jeder von ihnen schien vom anderen abhängig zu sein, sie alle waren für das Wohlergehen des anderen unentbehrlich. Dies war der Hauptgrund, warum sich noch nie jemand sehr weit weg gewagt hatte. Sie wussten, dass das Dorf jede Person brauchte. Ihre individuellen Fähigkeiten waren für den Lebensunterhalt der Gruppe als Ganzes unerlässlich. Wenn auch nur einer von ihnen gehen würde oder sein Wissen oder seine Fähigkeiten verloren gingen, würde das Dorf enorm leiden. Dies gab jedem Einzelnen eine einzigartige Verantwortung. Sie waren eine sehr eng verknüpfte Gemeinschaft. Jeder hatte seinen Platz und seine Rolle darin, so dass sie als zusammenhängende Einheit agierten. Dies kann auch ihre Fähigkeit erklären, die Gedanken des anderen zu lesen und die Emotionen des anderen zu spüren. Es kann auch ihren Mangel an Gewalt und Negativität erklären. Sie funktionierten in völliger Harmonie miteinander. Sie lebten anscheinend schon seit vielen Generationen so. Die völlige Isolation, von jeglichem äußeren Kontakt von der Welt abgeschnitten zu sein, hat wahrscheinlich einen

Großteil ihrer wohlwollenden Harmonie verursacht. Sie hatten keine störenden Einflüsse von anderen Lebensweisen oder Denkmustern. Sie lebten einfach auf ehrliche, respektvolle Art und Weise miteinander und in engem Kontakt zur Natur. Sie hatten keine Wahl, weil sie von keiner anderen Möglichkeit zu leben wussten. Das erklärt auch, warum einige meiner Fragen für Tuin keinen Sinn ergaben. Er konnte sich einfach keine anderen Lebensbedingungen vorstellen.

D: Gibt es viele Menschen in deinem Dorf?
B: Was nennst du mit „viele"? Es sind genug da. Manchmal sind die Winter hart und einige sterben. Dann ist es schwierig, bis einige der jüngeren aufwachsen und ihren Platz einnehmen können.
D: Ich habe mir gedacht, dass es seit dem Kommen der Alten, sehr viele Menschen dort geben würde.
B: Nein, da... nun, ich kenne die Zahlen dafür nicht, aber wir haben, äh, 20, 30 Häuser. Das ist genug für uns alle, um darin zu schlafen. In jedem Haus gibt es mehrere Personen. Und jeder Mensch schläft in jedem Haus, in dem er sich wohl fühlt.
D: Das könnten dann zwischen 40 und 60 Leuten sein, wenn du solche Zahlen kennst (sie runzelte die Stirn). Nicht so viele Leute?
B: Vielleicht ein wenig mehr. Ich bin mir nicht sicher.
D: Dann ist das Dorf gewachsen, seit die Alten gekommen sind.
B: Das ist schwer zu sagen. Man sagt, es gab viele Alte, aber viele starben.
D: Ich denke, du hast mir gesagt, dass jeder einen Job hat, um der Gemeinschaft zu helfen. Was ist mit den alten Menschen?
B: Die alten Leute... ihre Aufgaben sind leichter. Sie werden geehrt. Sie halfen dem Dorf ihr ganzes Leben lang. Und jetzt, wo sie zu alt sind, um das zu tun, was sie ihr ganzes Leben lang getan haben, lassen wir sie in Frieden leben. Normalerweise machen sie Dinge mit den Händen, Körbe und dergleichen. Auch wenn sie alt sind und nicht arbeiten können, wollen sie beschäftigt bleiben.
D: Das Dorf kümmert sich um sie?
B: Natürlich, denn sie haben auch die Legenden und das Wissen in sich. Sie haben sie ihr ganzes Leben lang gehört und so helfen sie, die Legenden weiterzugeben. Das ist wichtig. Wir dürfen das Wissen nicht verlieren. Ich sorge dafür, dass sie Fleisch bekommen. Kaninchen, Hirsch, aber sie brauchen keinen ganzen Hirsch.
D: Kannst du beschreiben, wie die kleineren Behausungen aussehen?

B: Sie sind unterschiedlich, je nachdem, wer dort wohnt, je nachdem, wie sie es innen haben wollen. Wenn die dort lebende Frau besonders Erfahren im Weben ist, hätte sie die Werkzeuge dafür zur Hand, während ein anderes Haus das nicht unbedingt haben muss.

An dieser Stelle der Regression ereignete sich ein ungewöhnlicher Vorfall. Die Sitzung fand bei meinem Freund Kay zu Hause statt. Ihr Hund war in einem anderen Teil des Hauses und plötzlich fing er laut zu Bellen an. Normalerweise hört der Klient in der unmittelbaren Umgebung nichts. Wenn die Klienten in Trance sind, sind sie normalerweise so sehr in das vertieft, was sie beobachten, dass Geräusche in unserer Zeit sie nicht zu stören scheinen. Ich habe einen Telefonanruf bekommen, der mich erschreckt hat, aber der Klient zeigte keine Reaktion. Ich habe auch laute Geräusche wie Außenverkehr oder Rasenmäher gehört, die so laut sind, dass sie die Sprache auf dem Tonbandgerät fast überschreiben, und der Klient sagt dann später, dass er nichts davon gehört hat. In diesem Fall reagierte Beth bei dem bellenden Hund seltsam. Ich nehme an, Tuins Jagdohren waren so auf Tiere abgestimmt, dass er den Klang vernahm und nicht erkannte, dass er aus einer anderen Zeitperiode kam. Beth schien verwirrt zu sein. Sie hörte auf zu reden und hörte aufmerksam zu, die Instinkte des Jägers wurden geschärft. "Ich höre ein Tier!" bemerkte sie. Kay ging hin, um zu sehen, warum der Hund bellte. Beths Verhalten war von Bereitschaft sowie von Verwirrung geprägt. Ich wünschte, ich hätte ihn da gefragt, für welche Art von Tier er es hielt, denn ich glaube nicht, dass es in Tuins Gebiet Hunde gab. Stattdessen machte ich Vorschläge, dass sie dies nicht stören würde. Nach einer kurzen Pause fuhren wir fort.

B: Normalerweise bestehen unsere Häuser aus Bäumen, die gefällt wurden. Natürlich werden die Zweige abgeschnitten. Und dann schnüren sie die Enden mit grüner Haut zusammen. Wenn es trocknet, ist es sehr fest. Und sie legen Ton, um ihn zu versiegeln. Man müsste es jeden Herbst reparieren, aber das ist normal. Der Ton hält im Winter. Im Winter, wenn es schneit, weht der Wind und das kann dazu führen, dass sich etwas löst. Es ist schwer zu sagen, was man dann tun will. Du bleibst drinnen.
D: Gibt es irgendwelche Möbel?

B: Normalerweise nicht so viele, denn wir sitzen lieber auf dem Boden. Aber man kann einen Sitz machen, indem man einen Rahmen baut und eine Haut darauf streckt. Die alten Leute neigen dazu, das zu tun; sie sagen, der Boden ist für sie zu hart, um darauf zu sitzen. Die Böden sind in der Regel nur die reine Erde. Jemand wird entweder ein Haus auf einem flachen Felsen bauen, oder wenn es nur die Erde ist, gibt es eine Möglichkeit, den Schmutz bis dorthin zu packen, wo er sehr hart ist. Du wirst nicht so dreckig wie draußen. Manchmal werden die Frauen, wenn sie gut im Weben sind, Dinge weben, um sie auf den Boden zu legen, damit es nicht nur Dreck gibt. Die Häuser sind so groß, wie sie für die dort lebende Familie sein sollten. Es gibt den Hauptsaal. Und für das sommerliche Schlafen gibt es einen kleinen Nebenraum, der offen ist, damit die Kleinen an der frischen Luft schlafen können, ohne sich um Tiere kümmern zu müssen. Es gibt ein wenig Mauer, um die Tiere fernzuhalten, und dann ist es offen. Es ist unter der Traufe des Daches, so dass, wenn es regnen sollte, sie nicht nass werden.

D: *Worauf schlafen sie?*

B: Ein Rahmen mit einer darüber gestreckten Haut. Dieser Rahmen ist normalerweise etwa so hoch wie der Boden. (Handbewegungen von etwa 30 cm Höhe.) Und er ist breit genug für ein oder zwei Personen. Wenn die Frauen gut mit dem Weben umgehen können, flechten sie Decken zum Schlafen. Und dann benutzen sie oft Felle von den Tieren, die ich mitbringe.

D: *Essen sie auf dem Boden?*

B: Nein. Es gibt einen niedrigen.... (versuchte, das Wort zu finden) Tisch. Du kannst auf dem Boden sitzen und an diesem Tisch essen, wenn du willst. Oder du setzt dich auf den Boden und isst auf dem Boden, was immer du willst.

D: *Ich habe mich gefragt, wie sie im Winter drinnen kochen. Gibt es ein Feuer im Haus?*

B: Ja, die Hitze ist da, damit du nicht kalt wirst. Normalerweise wird an einem Ende des Hauses ein Platz im Boden aus Steinen und Ton für das Feuer gebaut, damit die Kinder nicht hineinfallen. Es gibt eine Öffnung im Dach, um den Rauch abzugeben, ohne den Regen hereinzulassen.

D: *Ich habe mich gefragt, wie der Rauch austreten würde, wenn das Feuer im Haus wäre.*

B: Der weise Mann hat uns gezeigt, wie es geht. Am Ende des Hauses, bei der Wand, nun… ein wenig von der Wand entfernt, damit dein Haus nicht Feuer fängt, baust du hier ein Feuer (Handbewegungen) und legst dort viele Schichten Ton auf die Wand, um das Holz vor dem Feuer zu schützen. Das Feuer lässt den Ton sehr hart werden. Danach - wie in einem neuen Haus - dauert es eine Weile, bis man das Haus fertig hat. Nachdem dies getrocknet ist, kann man ein Rohr aus Ton und Unkraut herstellen, so etwa wie ein hohler Baumstamm, das zur Öffnung geht. Es ist über dem Feuer und der Rauch geht darauf zu. Es hilft dem Rauch, zur Öffnung hinauf- und herauszugehen, ohne zu sehr ins Haus zu gehen.

Es klang, als würde er versuchen, eine grobe Version eines Schornsteins zu beschreiben.

Ich fragte, ob er in der Lage sein würde, die Häuser zu zeichnen, damit ich die Form erkennen konnte. Er sagte, er würde es versuchen, aber keine Garantien dafür geben. Ich ließ Beth ihre Augen öffnen und reichte ihr Zettel und Stift. Ihre Augen hatten einen glasigen Blick, der typisch war. Ich habe sie gebeten, ihre Augen in Trance zu öffnen. Sie staunte über die mysteriöse Substanz, die ich "Papier" nannte, und versuchte zu verstehen, wie man den Stift hält und zum Funktionieren bringt. Ich habe dieses Verfahren bei jedem Subjekt in Trance auf diese Weise angewandt, die ich um Aufzeichnungen gebeten habe. Sie betrachten diese Objekte als ungewohnt und seltsam. Ich muss ihre Aufmerksamkeit wieder auf das lenken, was sie tun sollen, sonst sind sie weiterhin abgelenkt.

B: (Sie fing an auf dem Papier zu malen.) Es ist blau wie der Himmel.
D: Ja, und es ist in der Lage, Designs zu erstellen. Kannst du mir die Form deiner Häuser zeigen, in denen du wohnst?
B: Ich werde versuchen, sie wie Häuser aussehen zu lassen, anstatt nur Figuren. Weißt du, was ich meine?

Sie zeichnete ein Haus, das einem Blockhaus ähnelte. Sie zeigte auf die Zeichnung und bezog sich scheinbar Bindungen, die die Stämme zusammenhielten.

D: Woraus werden diese hergestellt?

B: Leder. Es wurde hin und her gereicht, bis alles eingepackt war.

D: Sind die Bindungen nur an den Enden so oder sind sie ganz quer?

B: Sie sind im Grunde genommen an den Enden. Wenn die Stämme genau dort geschnitten werden, wo sie ausbalanciert sind, ist das die einzige Stelle wo du sie brauchst. Aber wenn eine Seite besonders lang ist, sind manchmal in der Mitte zusätzliche Bindungen. Und dazwischen wurde es mit Ton und Blättern gefüllt, um die Lücken auszufüllen. Das Dach ist mehr rund als quadratisch. Eher wie eine Kuppel als wie ein Punkt.

D: Welche Stützen gibt es, die das Dach hochhalten?
B: Normalerweise Stäbe. Sie sind nicht verbogen. Sie treffen sich einfach oben und wenn man das Gras darüber legt, rundet es das ab, wohin der Schnee rutschen würde und einige Leute versuchen gerne, Ton auf die Innenseite zu legen, um Regen fernzuhalten. Einige tun es und andere nicht. Es kommt darauf an, wie du die Dinge magst. Wir legten die langen Gräser auf das Dach und dann legten wir noch Stangen auf, um die Gräser festzuhalten. Und normalerweise an der Seite wäre die Öffnung, damit der Rauch herauskommen kann. Die Türen werden normalerweise entweder mit Haut oder Rinde bedeckt, normalerweise mit Haut, weil man sie fest anheften kann. Es gibt Öffnungen in den Wänden (Fenster), so dass Sie sie öffnen und Licht und frische Luft hereinlassen können, und sie dann schließen können, um die Kälte fernzuhalten. Diese werden entweder mit Holz- oder Hautplatten abgedeckt.

Als nächstes fragte ich, ob der Bau des größeren zweigeschossigen Gebäudes abgeschlossen sei, wie die kleineren Häuser.

B: Ja. Das zweistöckige Haus ist unten breiter und oben schmaler, bis zu dem Punkt, an dem das zweite Stockwerk kleiner ist als das erste. (Sie hat es gezeichnet) Es ist schräg gestellt, damit die Wände zusammenhalten.

Sie hatte die Zeichnungen fertig gestellt. Ich nahm Stift und Zettel an mich und sagte ihr, sie solle ihre Augen wieder schließen.

D: Wofür wird das größere Gebäude genutzt?
B: Verschiedene Dinge. Bei schlechtem Wetter, wie im Winter und wenn Menschen Geschichten erzählen wollen, treffen sie sich in dem großen Gebäude. Die Winterabende werden lang. Die ganze Zeit in deinem eigenen Haus zu wohnen, ist nicht so gut. Dort gibt es einen Kamin. In der Kälte ist es notwendig. Manchmal treffen sich die Bauern und entscheiden über die Ernte für das nächste Frühjahr, wo sie was anbauen sollen. Manchmal treffen sich Menschen, einfach nur um Spaß zu haben.
D: Gibt es im Winter Probleme mit dem Essen?
B: Wir lagern Lebensmittel. Das Fleisch, das ich jage, ist getrocknet und wird dann verwendet. Ein Teil des Gemüses wird gelagert -

der Teil, der gelagert werden kann. Im Winter essen wir viel Eintopf.

D: *Einmal hast du mir gesagt, dass manchmal in einem großen Topf draußen gekocht wird.* Und jeder isst die Mahlzeit zusammen, außer es gibt vielleicht eine Dame, die will, dass du nur mit ihr isst. (Lachen) Aber was machst du im Winter? Du isst dann nicht draußen, oder?

B: Oh nein, nein, nein. Viele Menschen bereiten die Mahlzeiten jeweils in ihrer eigenen Behausung zu. Oder, wenn sie wollen und das Wetter nicht zu schlecht ist, werden sich ein paar Familien in dem großen Gebäude versammeln und gemeinsam essen. Manchmal muss ich draußen essen, wenn ich auf der Jagd bin.

D: *Du sagtest, das größere Gebäude hätte zwei Stockwerke. Was ist im oberen Stockwerk?*

B: Schlafräume. ... Ein Meditationsraum. Es gibt eine Palette, auf der man sitzen oder liegen kann. Und es gibt Fensterläden, die du öffnen kannst, um über die Berge hinauszublicken. Und da ist eine Metallschale in der du ein kleines Feuer machen kannst, falls du mit der Flamme meditieren willst. Die Menschen gehen dorthin, um allein zu sein. Sie durchdenken Sachen.

D: *Machst du das manchmal?*

B: Manchmal. Ich mache meine meistens im Wald.

D: *Haben die Menschen schon immer an Meditation geglaubt?*

B: Ja, ich glaube schon. Es ist bekannt, dass es von Vorteil ist.

D: *Du hast gesagt, unten sei der Kamin und ein Besprechungsraum, und dass du manchmal das Schlafzimmer im hinteren Teil benutzt. Sind die anderen Schlafzimmer für Menschen, die kein normales Zuhause haben?*

B: Ja, oder für junge Leute, die sich treffen wollen.

Während einer weiteren Sitzung stieß ich auf Tuin, als er nicht im Dorf war. Er beobachtete den Fluss von oben an einem Berghang. Da der Fluss ein wesentlicher Bestandteil des Dorflebens war, wollte ich mehr darüber erfahren.

B: Ich bin oben am Hang und lehne mich an einen Felsbrocken an. Der Fluss ist ziemlich weit unten. Ich höre das Lied vom Fluss. Es ist in Harmonie mit dem Gesang der Erde, und es hilft mir, in Harmonie zu sein.

D: *Was ist deine Lieblingszeit im Jahr?*

B: Ich mag alle Zeiten des Jahres. Sie folgen einander in Harmonie auf dem Weg, den sie gehen sollten. Jede Zeit ist schön für sich selbst. Der Frühling ist etwas Besonderes, weil man die Häuser wieder verlassen kann. Du kannst nach draußen gehen und wieder der Erdenmutter nahe sein. Im Winter wird es kalt, also bleibt man drinnen.

D: Kann ich dir ein paar Fragen stellen?

B: Du bist diejenige, die die Fragen stellt.

D: Ja. Fließt dieser Fluss das ganze Jahr über?

B: Nein. Man merkt, dass der Herbst kommt, weil er anfängt zu frieren. Zuerst ist das Eis dünn und dann wird es dicker. Im Winter fließt es ziemlich schnell, aber unter dem Eis. Und im Frühjahr gibt es viel Lärm, wenn das Eis aufbricht. An manchen Stellen ist es einen Steinwurf breit, an anderen Stellen ist es enger und schneller. Im Frühjahr stürmt er schneller von den Regenfällen und dem schmelzenden Schnee. An einer Stelle ist er teilweise durch Felsen und einige Bäume blockiert. Da oben ist etwas Wasser gebündelt. So ist es schon seit langem. Ich erinnere mich nicht, wie das passiert ist.

D: Was ist Eure Wasserquelle, wenn der Fluss im Winter gefriert?

B: Oh, es liegt viel Schnee. Du bringst den Schnee hinein, er schmilzt und schmilzt und du trinkst. Man muss viel reinbringen, denn der Schnee schmilzt zu sehr wenig Wasser.

D: Hast du Boote?

B: Äh, wir haben ein paar, die wir im Sommer benutzen: mal zum Spaß, mal zum Angeln. Einige der Bauern fischen gerne, wenn sie sich von der Landwirtschaft erholen wollen.

D: Wie fangen sie die Fische?

B: Es kommt darauf an. Normalerweise locken sie sie mit einer Blume oder einem Käfer oder so. Oder wenn sie keine Zeit zum Sitzen und Warten haben, machen sie so etwas wie ein Netz, das unter Wasser getan wird und die Fische einfängt.

D: Wie sehen die Boote aus?

B: Ähm... sie sehen aus wie Boote.

D: Ich meine, sind sie groß? Wie viele Menschen könnten in ihnen sitzen?

B: Achso, zwei oder drei. Sie sind aus Holz gefertigt, weil Holz schwimmt. Sie sind flach, wie ein Floß, aber mit Seiten. Du kannst sie nicht dazu bringen, dorthin zu gehen, wo du hin willst. Sie sind schwer zu handhaben. Du hast ein langes Bäumchen und schiebst es auf den Grund des Flusses, und gehst in den Strom hinaus. Manchmal bekommen die kleinen Jungs ein Bäumchen und ein Floß und im Frühjahr, wenn die Strömung schnell fließt, gehen sie in die Mitte und lassen das Floß einfach dort, wo es hingehört.

D: Das klingt nach Spaß.

B: Ja, du wirst nass dabei.

D: Angelst du gerne?

B: Das könnte ich, aber ich bin immer im Wald. Ich sehe sie gerne.

D: Hat jemand jemals daran gedacht, dem Fluss zu folgen, um zu sehen, wohin er führt?

B: Nicht weit weg. Wo er herkommt - er kommt aus den Bergen. Dort gibt es nichts als Schnee. Und wo er hingeht, gibt es einen Wasserfall. Es ist sehr schön. Er ist.... äh, etwas größer als ein großer Baum. Und er kracht, bummt und knallt. Du kannst nicht über die Wasserfälle gehen. Aber wenn man dort steht, geht der Fluss weiter und es gibt nichts anderes. Ich weiß nicht, wohin er führt.

D: Gefriert der Wasserfall jemals und stoppt dann?

B: Manchmal friert er in den Tiefen eines besonders kalten Winters ein. Aber normalerweise tritt noch etwas Wasser aus. Es ist sehr schön, wenn er gefroren ist. Aber er könnte im Winter alle möglichen Dinge tun, und ich weiß es nicht, denn normalerweise gehe ich nicht so weit. Es ist etwa drei Tage Reisezeit.

D: Oh, ich dachte, es wäre nah. Und du sagtest, du wärest nie viel weiter gegangen als das?

B: Nein, nicht in diese Richtung.

D: Ich fragte mich, ob jemals jemand neugierig geworden war und dem Fluss folgen und sehen wollte, wo er hinführt.

B: Oh, ja. Die kleinen Jungen gibt es immer zu einer Zeit, in der sie dem Fluss bis zum Ende folgen wollen. Also gehen sie und folgen einem Weg. Aber dann sehen sie, dass die Jagd nicht so einfach ist, wie es scheint, wenn sie sehen, wie ich es tue. Und es gibt keine Pflanzen auf dem Weg, die sie essen können. So werden sie hungrig und gehen zurück. Sie sagen, dass es weiterging, dass sie das Ende nicht gefunden haben.

D: Dann hat niemand das Dorf wirklich verlassen, um es herauszufinden.

B: Nein, nicht so lange wir denken können.

Bisher hatte meine Befragung nur wenige Hinweise ergeben. Die Leute waren positiv, dass es keine anderen Menschen auf der Erde gab, außer ihnen, hauptsächlich wegen ihrer Isolation. Ich dachte, jemand könnte eine Reise den Fluss hinunter versucht haben, und lokalisierte dann andere, weil sich im Laufe der Geschichte Gruppen von Menschen immer in der Nähe von Wasser angesiedelt haben. Aber der Wasserfall machte dies unmöglich, es sei denn, man reise zu Fuß, und Tuin war der Einzige, der in der Lage war, eine solche Reise zu unternehmen. Da alle Menschen ihre Pflichten hatten und ein wesentlicher Bestandteil des Überlebens des Dorfes waren, war es nicht ratsam, sich lange von der Gruppe zu entfernen. Die Hinweise gaben noch immer Anzeichen darauf, dass sie sich irgendwo auf der Nordhalbkugel befinden würden. Die Häuser gaben keine Hinweise. Die Zeichnungen ähnelten keiner Art von indianischen Behausungen oder Häusern, die von Eskimos benutzt wurden. Sie schienen auf ihre Weise einzigartig zu sein. Ich begann mich zu fragen, ob eine meiner Fragen die Lage von Tuins Dorf ergeben würde.

Eine andere Methode ist die Befragung über Lebensmittel, welche gegessen werden, und ihre Zubereitungsmethoden. Einige sind in bestimmten Teilen der Welt einzigartig.

D: Du hast nicht das, was wir Monate nennen würden, oder?
B: Die Zyklen des Mondes.
D: Hast du Namen für die Zyklen des Mondes?
B: Nein. Jeder Mensch verwendet die Beschreibung, die ihm am besten gefällt; jeder weiß, wann er davon spricht. Die Bauern verwenden normalerweise einige Namen, und diejenigen von uns, die andere Dinge tun, verwenden andere Beschreibungen. Da ist der Mond, den die Bauern den Ernte-Mond nennen. In dieser Zeit des Jahres ernte ich selber nicht. Ich bin beschäftigt, man könnte wohl sagen, dass ich Tiere für den Winter ernte, aber ich beschreibe es nicht so. Da ist der Pflanzmond. Es gibt den Fischermond, wenn die Fische zurückkommen. Das ist im Frühjahr.
D: Hast du nicht gesagt, dass du Früchte isst, die auf den Bäumen wachsen? Wonach sehen sie aus?
B: Ja, einige sind lila, andere sind braun oder golden.
D: Ich glaube, du hast mir gesagt, dass sie auch sehr saftig sind. Sind sie auch süß?

B: Ähm, manchmal. Manchmal verriegelt sich dein Kiefer.

D: *Hast du irgendeine Möglichkeit, diese für den Gebrauch im Winter aufzubewahren?*

B: Die Bauern kennen Wege. Manchmal trockne ich einige, um sie mit getrocknetem Fleisch zu vermischen, das ich mitnehmen kann, wenn ich auf die Jagd gehe. Die Leute würden krank werden, wenn wir im Winter nur Fleisch hätten. Wir wären nicht in Harmonie mit der Erde.

D: *Weißt du, was Salz ist?*

B: (Nachdenken) Nein.

D: *Es ist... äh, ich schätze, es ist so etwas wie ein Kraut, nur kommt es aus dem Boden. Es ist weiß und wird verwendet, um Lebensmittel zu würzen.*

B: Es gibt eine Pflanze, die wir haben. Sie ist auf den Feldern zu finden. Wir verbrennen die Pflanze und was mit der Asche übrig bleibt, ist weiß, und wir fügen das der Nahrung hinzu.

D: *Nein, das wäre etwas, das man aus dem Boden ausgraben würde. Manchmal liegt es auf dem Boden.*

B: Ich habe das manchmal im Wald gefunden. Die Hirsche mögen es. Was wir von dieser Pflanze bekommen, ist das Gleiche.

D: *Gibt es irgendwelche Bäume in den Wäldern, die etwas zu essen produzieren?*

B: Ja. Da ist die Eiche. Wir sammeln im Herbst Eicheln. Ich sammle ein paar selbst, aber das große Sammeln wird von den kleinen Jungen und Mädchen durchgeführt. Die Eichen befinden sich in der Nähe des Dorfes, nur einen angenehmen Spaziergang entfernt. Es hilft, das Getreide zu ergänzen. Wir braten sie. Wir verwenden das Fleisch in der Suppe und mahlen es zu Eichelmehl, um es mit dem Getreide zu mischen und Kuchen und Brot herzustellen.

D: *Gibt es noch eine andere Art von Samen oder Nüssen, die du isst?*

B: Einige der Kiefern produzieren essbare Nüsse. Sie sind sehr süß.

D: *Oh? Ich bin es gewohnt, Tannenzapfen zu sehen.*

B: Ja. Die Pinienkerne stammen von Pinienzapfen. Einige Bäume produzieren kleine Kiefernkegel und andere größere Kiefernkegel. Zu einer bestimmten Jahreszeit, normalerweise im Frühjahr, kannst du die Pinienkerne aus den größeren Pinienzapfen sammeln. (Pause) Lass mich nachdenken. Normalerweise sind es die Kiefern und die Eichen, von denen wir essen. Manchmal, wenn ich jage, finde ich einen anderen Baum mit Nüssen. Die Schale ist so dick und das Fleisch so klein, dass es die Mühe nicht wirklich wert ist. Ich möchte es Hickory-Nuss nennen? Sie schmeckt gut, aber es gibt nicht sehr viele.

D: Ich habe gehört, dass es eine Art von Baum gibt; du hast ihn vielleicht nicht dort, wo du wohnst. Aber man kann die Rinde durchschneiden und sie hat dort etwas Süßes dran. (Ich dachte an Ahornsirup.)

B: Einige Bäume… du kannst den Saft für verschiedene Dinge verwenden. Und der Saft hat verschiedene Geschmacksrichtungen, wenn du den Geschmack des Saftes wünschst. Bei Kiefern und anderen immergrünen Bäumen, Fichten, Zedern, kann man das Gummi aus der Rinde holen und es kauen. Wenn du es zum ersten Mal kaust, platzt es in deinem Mund. Dann, wenn es sich erwärmt, wird es weicher und klebt wieder zusammen, und es wird rosa und man kann es kauen. Und es schmeckt wie der Baum riecht, also sehr gut, wenn man den Geruch von Kiefern mag. Es ist sehr beliebt. Die alten Leute können es nicht essen, weil es ihnen die Zähne herausreißt. Wir verwenden hauptsächlich den Saft der immergrünen Bäume. Es gibt einen Baum, der einen süßen Saft hat, aber er ist flüssig und wenn man etwas davon haben will, muss man eine Haut bekommen, um das aufzufangen, und es ist eine Menge Arbeit. Es ist so flüssig und es ist langsam. Du musst die Haut speziell behandeln, um sicherzustellen, dass sie nicht durchsickert, wenn du ihn bekommst. Er ist so schwer zu bekommen. Wir bekommen selten sehr viel davon. Wenn du etwas Süßes willst, ist es einfacher, Honig zu erhalten. Du kannst den Honig im Wald in hohlen Bäumen und so weiter finden.

D: Was ist mit den Bienen?

B: Es gibt Möglichkeiten, sich um die Bienen zu kümmern. Wenn man ein Feuer um den Baum herum macht, treibt Rauch und Hitze die Bienen weg oder lässt sie schlafen, sodass man den Honig holen kann. Eine andere Sache, die du tun kannst, wann immer es ein warmer Tag ist, nimmst du das Blatt dieses Krautes, und der Geruch ist sehr frisch und sauber, und der Geschmack ebenfalls. Du kaust auf einem der Blätter und lässt diesen Geschmack in deinem Mund. Wenn du zum Bach gehst und Wasser trinkst, fühlt sich das Wasser aufgrund dieses besonderen Geschmacks extrem kalt an. Das Blatt ist im Allgemeinen etwa so lang (etwa 5 cm), spitz mit kleinen Zacken um den Rand. Normalerweise hat es am Ende des Stiels eine Gruppe von Blüten, eine Art Stachel, wie eine

Speerspitze. Er ist unten breit und oben schmal mit kleinen Blüten.
D: Welche Farbe hat es?
B: Manchmal weiß, manchmal hellviolett.

Meine Recherchen zeigten, dass er sich wahrscheinlich auf eine Art von Minze bezog.

D: Hast du jemals etwas anderes zu trinken als Wasser?
B: Nun, du kannst Wasser holen und Blätter darin einweichen, oder Wasser auf dem Feuer erhitzen und Blätter hineinlegen und so etwas zu Trinken zubereiten.
D: Ist das gut?
B: Kommt darauf an. Manchmal. Wenn es um Medizin geht, nein. (Ich lachte) Aber normalerweise, wenn man Kräuter benutzt, die gut riechen, wird es gut schmecken. Du kannst auch ein paar Blumen hineinlegen. Einige Leute benutzen es oft als Leckerbissen.
D: Du hast mir einmal von einem Getränk erzählt, das die Bauern herstellen.
B: Oh, das da. (Er lächelte breit) Einige der Getreidebauern brechen gerne das Getreide und lassen es in Wasser einweichen. Nach einer Weile gärt es, obwohl ich nicht wirklich weiß, was das verursacht. Die anderen denken, dass es ein wirklich gutes Getränk ist, und sie haben es manchmal auf dem Frühlingsfest, aber es macht, dass sich mein Kopf lustig anfühlt. Das gefällt mir nicht.

Meine Freundin Kay hatte eine Liste von Fragen über diese Leute aufgeschrieben und an mich weitergeleitet. Bei einigen von ihnen wusste ich, dass Tuin diese nicht beantworten konnte, da die Dorfbewohner die einzigen Menschen waren, die er je gesehen hatte, es gab für ihn keinen anderen Vergleichsmaßstab. Aber da es sich um Fragen handelte, an die die meisten Menschen, die mit diesem Phänomen nicht vertraut sind, stellen würden, werde ich sie hier aufführen.

D: Hat jeder im Dorf die gleiche Hautfarbe?
B: Die Hautfarbe ist im Allgemeinen die gleiche. Es gibt Schattierungen. Einige sind etwas heller, andere etwas dunkler. Und normalerweise sind die Haare der meisten Menschen

schwarz wie meine. Manchmal wird ein Kind mit Haaren in der Farbe des Sonnenuntergangs geboren. Aber das passiert nicht sehr oft.

D: Was ist mit den Augen. Gibt es verschiedene Farben bei deinen Leuten?
B: Normalerweise sind sie entweder braun oder... nun, es gibt violett gefärbte. Verdunkle die Farbe bis in die Dunkelheit der Mitternacht.

Kay fragte sich, ob sie schräge Augen hatten. Ich wusste, wenn sie die einzigen wären, hätten sie nichts zum vergleichen. Aber ich habe trotzdem gefragt.

D: Sind deine Augenlider unterschiedlich geformt?
B: Sie sind so geformt, wie sie geformt sind.

Ich kicherte innerlich, weil dies die Art von Antwort war, die ich erwartet hatte.

D: Ich habe mich nur gefragt. Hat jemand Augen in der Farbe des Himmels, blau?
B: Nein. Das würde sehr seltsam aussehen.
D: Ich habe schon von solchen Dingen gehört. Deshalb habe ich mich gefragt.
B: Nun, wenn du Fragen stellst, musst du zu allem Fragen stellen, nehme ich an.
D: (Lacht) Ich finde überall viel Wissen. Aber du sagtest, Leute tragen ihr Haar lang oder zusammengebunden auf dem Rücken. Und sie hatten eine Art von von einem zackigen Ding, das sie in ihr Haar stecken, um es zusammenzuhalten. Aus welchem Material besteht das?
B: Mal aus Knochen, mal aus Holz.
D: Es hält das Haar in einen Knoten auf der Rückseite?
B: Ja, irgendwie verdreht. Manchmal verwenden bestimmte Familien die gleiche Methode, um es zu tun, und manchmal tun verschiedene Frauen es auf unterschiedliche Weise, je nachdem, wie sie sich fühlen.
D: Ist das ganze Haar glatt?
B: Nun, es hängt.
D: Weißt du, was lockig bedeutet?

B: Nein.

D: Es ist verdreht. Du hast manchmal Tiere gesehen, die Haare haben, die anders aussehen,

B: Das Schaf hat zotteliges Haar, das nicht gerade ist.

D: Okay. Haben die Leute solche Haare?

B: Nein, das sind Schafhaare.

D: (Kay hat mir eine weitere Notiz gegeben) Deine Leute sind so sehr in Harmonie miteinander. Aber hast du jemals Fälle, in denen eine Person eine andere in deinem Dorf verletzen würde?

B: Manchmal aus Versehen. Wie wenn ein Kind beim Spielen sorglos ist und versehentlich auf jemand anderen trifft.

Das war definitiv nicht das, wonach Kay gesucht hatte. Sie hat versucht einen Fehler bei diesen Leuten finden. Es war schwer für sie zu glauben, dass eine Gruppe von Menschen so unkompliziert und harmonisch sein könnte.

D: Hast du jemals einen Fall, bei dem jemand absichtlich jemandem wehgetan hat?

B: Manchmal, wenn der Begleiter eines anderen stirbt und auch viel von dem Saft trinkt, den der Bauer herstellt. Sie sind traurig und sie sind taub und sie spüren nicht die Harmonie der Erde. Sie sind fertig, weil sie ihren Begleiter vermissen. Aber wir verstehen es, weil sie gerade nicht in Harmonie sind. Die Zeit vergeht und sie sind wieder in Harmonie.

D: Hast du etwas, das man Bestrafung nennt, in deinem Leben? Deinem Dorf?

B: Ist es wie das Korrigieren eines Kindes?

D: So etwas in der Art, ja.

B: Wenn ein Kind etwas tut, was es nicht tun sollte, was es gefährden würde oder eine Gefahr für das Dorf darstellt, korrigieren wir es.

D: Wie macht man das?

B: Unterschiedliche Wege, je nachdem, welche Familie.

D: Musst du jemals einen Erwachsenen korrigieren?

B: (Überrascht) Warum, nein! Warum sollten wir? Sie wissen, wie man lebt.

Ich lachte innerlich, weil ich vermutete, dass dies die Antworten sein würden, die Tuin auf Kays Fragen geben würde.

B: Wenn du in Harmonie mit der Erde bist, wenn dein Lied in Harmonie mit dem Lied der Erde ist, weißt du, was zu tun ist. Und wenn du weißt, was zu tun ist, ist es richtig.

D: *Das ist sehr gut, aber einige Orte sind nicht so glücklich. Einige Leute sind nicht* in Harmonie und sie geraten in alle möglichen Schwierigkeiten.

B: Sie wurden als Kinder nicht gut unterrichtet.

D: *Das ist durchaus möglich. Deine Art ist eine viel bessere Art zu leben, eine glücklichere Art.*

B: Es ist so, wie es sein sollte.

D: *Was machst du in deinem Dorf, wenn jemand krank wird? Hast du eine Krankheit?*

B: Nicht viele. Dies gilt, wenn du in Harmonie mit der Erde bist. Krankheit ist, wenn man nicht in Harmonie ist. (Das Wort "Krankheit" wurde getrennt: "Krank-heit.") Und alle sind in Harmonie. Wenn es passiert, ist es normalerweise im Winter, entweder einer der alten Leute oder jemand sehr junges. Manchmal gibt es Verletzungen, wie z.B. wenn Sie ihren Arm oder ihr Bein verletzen oder was auch immer, manchmal muss der Knochen wieder in Position gezogen und gefesselt werden, bis er verheilt ist. Der Arm wird danach steif, vielleicht schief, aber du kannst ihn benutzen. Du lernst einfach, wie man damit umgeht. Jeder der alten Leute kann diese Dinge behandeln. Sie, besonders die Frauen, wissen von Kräutern und so weiter. Ich helfe ihnen manchmal. Wenn einige der Frauen wissen, dass ich in eine bestimmte Richtung zur Jagd gehen werde, bitten sie mich, nach einem bestimmten Kraut Ausschau zu halten, das nicht in der Nähe des Dorfes wächst. Dabei helfe ich gerne aus. Der weise Mann, er ist manchmal derjenige der konsultiert wird, wenn es sich um eine mysteriöse Krankheit mit Fieber handelt. Das passiert manchmal im späten Winter.

D: *Weiß der weise Mann, wie man das behandelt?*

B: Normalerweise. Manchmal, wenn das Kind zu jung ist oder wenn die Person zu alt ist, sterben sie. Aber das ist Teil der natürlichen Ordnung der Dinge.

D: *Oh ja. Aber es ist gut, dass du nicht viel Krankheit hast. Ihr seid gesunde Menschen.*

B: Wir versuchen es. Wir bleiben in Harmonie mit den Geistern, und die Geister helfen uns, gesund zu bleiben. Wenn wir in Harmonie mit ihrem Gesang bleiben, wenn unser Leben in Harmonie mit dem Gesang der Geister singt, bleiben wir gesund.

D: Wenn jemand stirbt, würdest du ihn begraben?

B: Ja. Wir bauen ein Feuer und erinnern uns an die Person und die Dinge, die sie getan hat. Die guten Dinge, die lustigen Dinge. Wie die Dinge in ihrem Leben geschahen. Über ihre Familie. Der weise Mann erzählt uns von einigen ihrer Vorfahren. Dann rufen wir die Geister auf, sie in diesem Teil des Lebens willkommen zu heißen. Und wir sagen ihnen, dass sie dort glücklich sein werden.

D: Viele Leute denken, dass es ein sehr trauriger Anlass ist, wenn jemand stirbt.

B: Es ist traurig für Kinder, wenn ihre Mutter stirbt. Und ja, wir werden ihre tägliche Gesellschaft vermissen. Sie werden anfangen, mit den Geistern zu singen. Aber vielleicht werden sie mit ihrem Geist zu uns sprechen.

D: Wenn jemand in deiner Gemeinschaft stirbt, ist der Weise oder sind die Leute in der Lage, mit ihm zu sprechen, nachdem sie gestorben sind?

B: Sicherlich. Ihre Geister haben sich wieder mit dem Geist der Erdenmutter verbunden. Und manchmal wollen sie ihrer Familie etwas sagen, was sie wissen sollten, aber sie haben vergessen, es ihnen zu sagen, bevor sie gegangen sind.

D: Ich erinnere mich, dass du gesagt hast, dass dein Volk sehr im Einklang mit den Geistern sei.

B: Ja. So ist es nun mal.

D: Es ist sehr natürlich. Du hast großes Glück, dass deine Leute so sind - offen für diese Dinge. Viele Menschen haben all diese Dinge abgeschlossen.

B: Ich möchte nicht über diese zu traurigen Dinge sprechen.

Kapitel 4

Die Legende der Alten

D: Ich habe mit dir gesprochen, du hast mir einige deiner Legenden erzählt. Ich fand sie äußerst interessant.
B: Ja? Jeder kennt die Legenden.
D: Aber für mich sind sie neu. Ich würde gerne noch mehr davon hören.
B: Worüber?
D: Kannst du mir mehr über die Dinge erzählen, die überliefert wurden?
B: Wenn du willst, kann ich das. Möchtest du wissen, warum ich mich entschuldige, wenn ich jage? Es gibt eine Legende, die besagt, dass die Tiere einst wie Menschen sprechen konnten. Und es war sehr beunruhigend für den Jäger, zu versuchen zu jagen, weil das Tier um Mitleid betteln würde. So entschuldigte sich der Jäger und sagte: "Es tut mir leid, ich brauche dich; ich brauche dein Fleisch für mein Volk, sonst werden wir sterben. Du hast ein erfülltes Leben gelebt, du hast Kinder. Deine Kinder werden leben. Es ist Zeit für dich, auf die andere Seite zu gehen. Darf ich dich für dein Fleisch töten?" Die Tiere würden um Gnade betteln und es wäre sehr schwirig für den Jäger. Der Jäger muss für die Menschen einige Tiere töten, aber nicht zu viele, denn die Tiere müssen auch leben. Und so wurde schließlich mit Hilfe der Geister eine Einigung erzielt, dass die Tiere nicht mehr sprechen würden - um es dem Jäger leichter zu machen. Aber um dem Tier zu zeigen, dass sich der Jäger an die Abmachung erinnert, entschuldigen wir uns bei den Tieren, als könnten sie noch sprechen.
D: Einige Leute denken, dass es nicht schadet, einfach nur zu töten. Ich denke, es ist gut, das Tier als fühlend zu betrachten. Das zeigt,

dass du eine sehr mitfühlende Person bist. Das ist gut, dann tötest du nur gerade genug, um zu essen, nie zu viel.

B: Nun, einige zum Aufbewahren für den Winter. Aber..... (absichtlich und ernsthaft) ich kann mir nicht vorstellen, ein Tier zu töten und es einfach dem Ungeziefer zu überlassen.

D. *Einige Leute tun das. In anderen Teilen der Welt.*

B: Ihr Geist muss mit ihnen unzufrieden sein. Deshalb sind die Geister bei uns.

D: *Ja, weil sie wissen, dass du es richtig machst. Hast du noch andere Legenden?*

B: Ja, wir haben über alles eine Legende. Du fragst immer wieder so, wie es ein Kind tun würde. Das ist interessant.

D: *Ich habe eine große Neugierde. Auf diese Weise kannst du mir helfen zu lernen. Gibt es in deinem Dorf Menschen, die als Lehrer bekannt sind?*

B: Nun, die alten Leute, die nicht mehr arbeiten können; sie kennen die Legenden. Sie erzählen sie den kleinen Kindern. Die kleinen Kinder mögen die alten Leute und es hilft ihren Müttern, etwas zu weben, oder was auch immer, ohne die Kinder im Weg zu haben. So lernen wir unsere Legenden kennen. Der weise Mann kennt sie alle. Er sorgt dafür, dass sie korrekt weitergegeben werden. Einige der alten Leute mögen es, dass es besser klingt als das, was es war, und so können die Dinge sehr leicht verändert werden. Der Weise sorgt dafür, dass dies nicht geschieht, denn es wurde gesagt, dass die Legenden wahr bleiben müssen, damit wir wissen, wer wir sind. Eine der Aufgaben des Weisen ist es, dafür zu sorgen, dass sie korrekt bleiben.

D: *Aber das ist schwierig, wenn viele Zeiten vergehen. Haben deine Leute ein System des Schreibens? Weißt du, was das ist?*

B: Ja, ich weiß, was das ist. Einige tun es, andere nicht. Ich tue das nicht. Ich glaube, wenn ich die Zeichen der Tiere lesen kann, warum sollte ich mich dann um die Zeichen der Menschen kümmern? Einige der Bauern schreiben, um ihre Ernte zu verfolgen und wie viel sie haben, damit sie wissen, wie man sie im Winter verteilt.

D: *Das bedeutet, dass sie Zahlen kennen?*

B: Ich nehme es an. Sie haben Markierungen, um darzustellen, wie viel sie von den Dingen haben.

D: *Würde der weise Mann eine Möglichkeit haben, die Legenden aufzuschreiben?*

B: Wahrscheinlich. Das ist Teil seines Lebens. Vielleicht hat er die Dinge aufgeschrieben. Ich weiß es nicht. Ich finde es am besten, nicht zu neugierig zu sein.

D: Erzähl mir eine andere Legende, die bei den Menschen sehr beliebt ist.

B: Sie sind alle bei verschiedenen Personen beliebt. Also ...... Ich erinnere mich, dass du dich für den Absturz des Schiffs interessiert hast.

D: Ja, das habe ich. Das fand ich sehr interessant.

B: Das ist eine lange Legende. Bei einigen unserer Festivitäten braucht der weise Mann die ganze Nacht, um sie zu erzählen.

D: Könntest du mir ein paar Teile davon erzählen?

B: Ja, das kann ich. Der Teil, der mich interessiert, ist, wie die Leute nach dem Absturz angefangen haben, wie es der Legende nach heißt. Denn wir stammen von ihnen ab. Das ist es, was der weise Mann sagt.

D: Es ist Teil deiner Geschichte.

B: Ja. Sie fanden heraus, dass sich die Welt von dem unterschied, was sie gewohnt waren. Sie kannten die Pflanzen nicht. Sie kannten die Tiere nicht. Manchmal gab der weise Mann Beispiele dafür, wie sie die Dinge nannten. Es ist sehr amüsant, aber ich denke, das wurde für die Kinder nachgemacht. Zum Beispiel sagten sie: "Es gibt ein Ding, das fliegt, die Farbe des Himmels, das den Lärm wie ein plätschernder Bach macht." Jeder weiß, dass das eine Drossel ist. Sie hatten diese langen Beschreibungen der Dinge. "Da ist das Tier mit einem Baum auf dem Kopf." (Ich lachte.) Das wäre ein Hirsch. Einige der Beschreibungen sind sehr lustig. "Es gibt das Tier, das nicht stillstehen kann", denn der Legende nach ist dieser Teil für Kinder "es hat Angst vor Ameisen. Und es macht immer einen Sprung, um von den Ameisen wegzukommen." Das wäre das Kaninchen. (Ich lachte.) Die Legenden sagen, dass sie zunächst auf ihrem Schiff lebten. Das ist seltsam; unsere Boote sind offen. Aber der Legende nach war dieses offenbar nicht offen. Und sie wurden es leid, im Schiff zu leben, als das Schiff kaputt war. Also fällten sie Bäume und bauten Häuser. Früher benutzten sie auch Holz für das Dach. Aber aus irgendeinem Grund haben sie damit aufgehört, und jetzt benutzen wir Gras für unser Dach, was besser ist. Ich denke, sie wollten nicht zu viele Bäume verwenden. Aus irgendeinem Grund hielten sie das für schlecht.

D: *Vielleicht dachten sie, sie würden sie alle verbrauchen.*
B: Es gibt so viele von ihnen, so viele Bäume.
D: *Diese Leute, hatten sie Werkzeuge, um die Bäume zu fällen und die Häuser zu bauen?*
B: Angeblich waren diese im Schiff. Es muss ein großes Schiff gewesen sein. Zu groß für unseren Fluss.
D: *Sind diese Werkzeuge weitergegeben worden?*
B: Ich weiß es nicht. Einige der Werkzeuge, die wir haben, sind weitergegeben, andere sind hergestellt. Wenn diese Werkzeuge echt wären, könnte ich mir vorstellen, dass der weise Mann sie haben würde oder wissen würde, was mit ihnen passiert ist. Ich erinnere mich, dass einige der kleineren mit den Alten begraben wurden.
D: *Waren das die gleichen Häuser, die du auch benutzt?*
B: Nein. Als sie die Häuser zum ersten Mal bauten, wie die Legenden sagen, benutzten sie manchmal Dinge vom Schiff. Das Schiff wurde so konstruiert, dass es auseinander genommen werden konnte. Ich nehme an, sie mussten es tun, wenn es zu groß ist, um es tragen zu können. Und sie nahmen es auseinander und benutzten Dinge von ihrem Schiff. Das ist es, was die Legenden sagen.
D: *Welche anderen Dinge vom Schiff haben sie für das Haus benutzt?*
B: Ich weiß es nicht. Ich habe gehört, wie die Frauen den Kindern erzählt haben, dass sie Dinge zum Kochen hatten, die Dinge tun konnten, von denen jeder weiß, dass diese Dinge normal nicht möglich sind. Es sind nur Dinge, die man Kindern sagt, um sie zu amüsieren. Es gibt eine Legende über einen wundersamen Topf, der ohne Feuer kochen könnte.
D: *Das wäre interessant, wenn es wahr wäre.*
B: Es ist nicht wahr. Man muss ein Feuer anzünden, um zu kochen, das weiß jeder. Es gibt eine Legende von einer wundersamen Schachtel. Du öffnest die Schachtel, legst etwas in diesen Behälter. Du schließt den Behälter, und bevor du deinen Namen wiederholen kannst, ist das Teil gekocht.
D: *Oh! Wäre das nicht wunderbar?*
B: Es ist erfunden. Und der Legende nach haben wir noch einige Dinge. Ich stelle mir vor, dass die Dinge im Haus des Weisen ein Teil davon sind. Einige der Messer die wir haben, werden nicht stumpf; das ist sehr wundersam. Die Bauern haben dieses Werkzeug, das sie von den Ochsen durch die Erde ziehen lassen,

um es für das Pflanzen zu lockern. Ich glaube, man nennt es einen "Pflug". Sie haben andere Werkzeuge, die sie zum Ernten der Körner und so weiter verwenden. Die Art und Weise, wie Sie erkennen können, ob etwas von den Alten stammt - es wird sich nicht wie unsere Werkzeuge abnutzen. Vielleicht wird es das irgendwann, aber es dauert viele Leben oder noch viel länger.

D. Du sagtest, der Weise hat auch einen Topf.

B: Ja. Er ist schwer zu beschreiben. Ich weiß nicht, wofür er ihn benutzt. Er verändert das Aussehen. Ich weiß nicht, wie das funktionieren soll.

D: Er ändert Farbe oder Form oder was genau?

B: Die Form bleibt die gleiche, aber sie beginnt so auszusehen, als wäre sie aus einer Art von Metall, und sie verändert das Aussehen.

D: Wie groß ist dieser Topf?

B: Nun, er ist ziemlich groß. (Sie machte Handbewegungen, die etwas von etwa 1 Meter mal 1 Meter zeigten.) Er krümmt sich, fast rund, aber nicht ganz.

D: Das ist groß. Hat er einen Deckel drauf?

B: Nein. Er hat einen Griff. Der Griff verändert die Form. Er ändert die Position, aber du kannst den Topf mit dem Griff tragen.

D. Wo befindet sich der Griff?

Sie machte zwei Handbewegungen, die mir den Eindruck eines Griffes gaben, entweder aufstehend oder abfallend. Aber die Bewegung der nächsten Hand war verwirrend, weil es nicht wie ein Griff aussah.

B: Oder manchmal ragt etwas einfach aus der Seite heraus, aber dann ist das sehr unangenehm, wie es scheint.

Ihre Bewegungen zeigten eine Art geraden Griff, den sie benutzen konnte, mit ihrer Hand.

D: Ähmm. Ändert sich das von selbst oder musst du es verschieben?

B: Es scheint, als ob es von selbst geschieht, wie die Farbveränderung.

Dies war ein weiteres Objekt, von dem ich keine Ahnung hatte, was es sein könnte.

D: Das ist ein seltsamer Topf. Ist da etwas drin?

B: Ich weiß es nicht. Der weise Mann benutzt ihn für etwas. Einige der Bauern sagen, dass sie manchmal Steine ausgraben, die zu hart sind, um sie zu benutzen - vielleicht haben sie Metall in sich und sie geben es dem Weisen. Ich glaube, er steckt sie in den Topf und etwas passiert mit ihnen.

D: *Dann weiß er, wie man damit umgeht.*

B: Ich glaube schon. Wir haben nicht viel Metall. Es wird gesagt, dass das Metall, das wir haben, von den Alten stammt. Es ist sehr wertvoll.

D: *Ihr habt keine Möglichkeit, ein anderes Metall zu finden?*

B: Ich weiß es nicht. Manchmal findet man im Fluss etwas Metall zwischen den Felsen, das die Farbe des Sonnenscheins hat. Es ist schön, damit Spielzeug für die Kinder zu machen. Es ist zu weich, um daraus Werkzeuge herzustellen, aber es ist schön. Manchmal machen sie daraus Amulette. Es wird auch gesagt, dass sie im Schiff der Alten Dinge zu pflanzen hatten, und einige wuchsen, aber einige nicht. Die ersten paar Winter hier waren für sie sehr schwierig. Es wird gesagt, dass viele starben und nur wenige überlebten.

D: *Sie hatten nicht viel zu essen dabei auf ihrem Schiff?*

B: Das hatten sie, aber es wurde aufgebraucht. Und es wird gesagt, dass das, was sie gepflanzt haben, nicht wachsen würde oder auf seltsame und wundersame Weise wachsen würde.

D: *Weißt du, was das für Pflanzen waren? Hast du irgendwelche Namen, die sie in der Legende weitergegeben haben könnten?*

B: Nein, ich weiß es nicht. Vielleicht wissen es einige der Bauern. Der weise Mann würde es wissen. Ich weiß nur, was wir jetzt haben. Es gibt Pflanzen, von denen wir die Wurzeln essen. Die Spitzen essen wir auch, aber sie können bitter sein. Sie haben sich verändert, heißt es. Früher waren sie anders, aber sie wuchsen und man kann sie immer noch essen.

D: *Wie haben sie sich verändert?*

B: Ich weiß es nicht. Der weise Mann würde es wissen.

D: *Gab es noch andere Dinge, die sie gepflanzt haben?*

B: Sie haben Körner gepflanzt. Der Legende nach brachten sie früher wundersame Mengen hervor. Die Bauern träumen davon, die Körner wieder so wachsen zu lassen, aber das tun sie nicht. Vielleicht haben einige der alten Leute die Legende in die Hände bekommen, bevor die Genauigkeit festgestellt wurde. Vielleicht sind die Körner die ganze Zeit über gleich gewachsen, und sie haben nur gesagt, dass es besser war, weil sie sich in die Zeiten zurücksehnten.

D: Haben die Alten einen bestimmten Baumtyp mitgebracht?

B: Ich weiß nichts von Bäumen, die sie mitgebracht haben. Die Bäume, die wir haben, sind überall zu sehen. Ich lebe nur hier und so weit wie ich gehe, wenn ich jage, sind sie immer da.

D: Haben die Alten irgendwelche Tiere mitgebracht, weißt du etwas darüber?

B: Ich weiß es nicht. Die Ochsen ähneln nichts, was ich im Wald finde. Ich nehme an, die Alten haben sie mitgebracht, vielleicht ist das der Grund. Wir essen nie Ochsen. Es gibt nicht so viele. Die Bauern haben davon gesprochen, die Zahl der Ochsen zu erhöhen, um ihre Arbeit zu erleichtern. Vielleicht werden sie das tun.

D: Du hast gesagt, dass viele dieser Alten gestorben sind, weil es am Anfang sehr schwierig war.

B: Ja. Vielleicht war ihre Kleidung nicht warm genug für den Winter. Und aus irgendeinem Grund hat das Abstürzen, -vielleicht weil es eine schlechte Sache war - die Fortpflanzungszyklen der Frauen verändert, so dass keine Kinder geboren werden konnten. Oder wenn sie geboren wurden, lebten sie nicht. Die Legenden sagen, dass einige der Kinder nicht richtig waren. Es wird gesagt, dass einige der bösen Geister die Kinder infiziert haben und sie auf eine Weise wachsen ließen, die für uns nicht richtig ist. (Das alles wurde mit Trauer gesprochen)

D: Was ist mit diesen Kindern passiert?

B: Sie sind gestorben.

D: Waren sie dann in der Lage, normale Kinder zu bekommen?

B: Ich weiß es nicht. Deshalb denke ich, dass es erfunden wurde. Ich meine, Kinder zu haben ist offensichtlich. Es ist der normale Kreislauf der Dinge.

D: Glaubst du, dass diese Leute anders aussahen als deine Leute?

B: Also, ich bin mir nicht sicher. Es wird gesagt, dass sie größer und schlanker waren. Sie werden als blond bezeichnet. Ich weiß nicht wie; ich kann es mir nicht vorstellen. Einige sollen Haare in der Farbe von Weizen gehabt haben, was sehr seltsam ist.

D: Gibt es in deinem Dorf irgendwelche Leute, die jetzt so eine Haarfarbe haben?

B: Nein. Es gibt Menschen mit Haaren in meiner Farbe, und es gibt Menschen mit Haaren in der Farbe des Sonnenuntergangs. (Meinte er rot?) Manchmal, wenn Babys zuerst geboren werden, hat ihr Haar die Farbe von Weizen, aber normalerweise ist es in der Farbe des Sonnenuntergangs.

D: Dann haben sich in den vielen Jahren die Haut und die Haare der Menschen in ihrer Farbe verändert.

Dieses Problem der Genetik störte mich. Wenn die Alten blond wären, woher kamen die dunkleren Farben?

D: Gibt es irgendwelche Legenden darüber, warum deine Leute heute anders aussehen als damals?
B: Ich bin mir nicht sicher. Es gibt nur Gerüchte über Legenden. Man sagt, dass sich die Leute vom Schiff hier schwer angefühlt haben. Das verstehe ich nicht. Und es heißt, dass sie sich sehr gequält fühlten. Sie konnten nicht mit dem Mond zurechtkommen, aus irgendeinem Grund. Sie haben dem Mond eine große Bedeutung beigemessen. Sie sprachen, als wäre er etwas ganz Besonderes. Für mich, ist der Mond das Schönste. Aber die Alten sagten Dinge darüber, dass der Mond so groß ist. Und frühere Legenden sagen, dass sie erstaunt waren, den Mond zu sehen. Es betraf auch die Frauen. Sie sagten, dass der Mond "anders" sei. Bei einigen der Geschichten, die wir Kindern erzählen, wirst du bemerken, dass sie zweifellos ausgeschmückt wurden. Aber sie sagen, dass, wo die Alten herkommen, sie keinen Mond hatten. Als sie dann hier landeten, dachten sie, der Mond sei eine andere Erde, bis sie ihn betrachteten und erkannten, dass er sehr schön ist. Sie sahen, dass die Erde die Mutter ist und der Mond etwas Besonderes. Und so waren sie froh, dass sie auf die Erde gekommen waren und nicht auf den Mond. In den Legenden heißt es vor allem, dass die Alten von der Kraft der Sonne überrascht waren. Sie sagten, die Sonne sei wie ein starker Krieger, sehr mutig. Sie sagten, dass die Sonne so hell war, dass es hier so viel Licht gab. Sie fühlten, dass die Erde ein guter Ort war.
D: Vielleicht war das der Grund, warum die Pflanzen anders gewachsen sind.
B: Warum sollte das so sein? Licht ist Licht.
D: Einige Leute denken, dass die Sonne und das Licht das Wachstum der Pflanzen beeinflußt.
B: Es macht sie grün, es lässt sie wachsen. Ich weiß nicht, warum es die Dinge verändern würde. Ich denke, das ist nur eine Legende. Du hast auch Legenden, wie ich sehe.

D: Oh ja, jeder hat Legenden und Geschichten.
B: Du musst vorsichtig sein. Manchmal, wenn man ihnen zu viel glaubt, kann man sich irreführen lassen.
D: Oh ja. Deshalb höre ich gerne die Geschichten anderer Leute und sehe dann, ob wir gleich oder verschieden sind. Aber es ist wahr, man muss darauf achten, dass man nicht zu viel glaubt. Behandle es als eine Geschichte. Gab es irgendwelche Legenden über Lichter?
B: Ich bin mir nicht sicher. Sie sagten, dass die Erde ein schöner Ort sei, dass er viel Licht hat.
D: Was verwenden deine Leute, wenn es dunkel wird? Gab es irgendwelche Arten der Herstellung von Lichtquellen?
B: Ja, wir haben Lampen. Manchmal verwenden wir Fett von Tieren, die ich gejagt habe. Manchmal verwenden wir einige Pflanzen, die, wenn man sie drückt, eine klare Flüssigkeit austreten lassen, wie geschmolzenes Fett. Und es brennt etwas. Aber normalerweise gehen wir schlafen, wenn es dunkel wird.
D: Und du hast auch die Feuer, die Licht machen. Gibt es Legenden von den Alten, die etwas anderes benutzen, um ein Licht zu machen?
B: Sie brauchten das Licht nicht wie wir. Es wird gesagt, dass die Alten sehr gut im Dunkeln sehen konnten, wenn sie Licht brauchten, würden sie eine Lampe haben, aber sie haben nicht das benutzt, was wir benutzen. Man sagt, dass die Lampe wie der Topf war, der ohne Feuer kocht, aber das ist nur eine Legende. Wenn das wahr wäre, wäre das Leben sehr einfach. Es wurde gesagt, dass einige der Alten ein Tier aus der Ferne töten könnten.
D: Wie haben sie das gemacht?
B: Das wird lustig klingen, aber das ist es, was die Legende sagt. Sie fühlten, dass, da die Sonne ein so starker Krieger war, die Sonne ihnen helfen würde, zu jagen und einen Sonnenspeer zu benutzen, um das Tier zu töten. Also bauten sie ein wundersames Gerät, das sich die Sonnenkraft ausleihen sollte. Und sie würden den Speer der Sonne auf das Tier werfen. Wenn nichts im Weg stünde, würde das Tier getötet und es gäbe ein kleines Loch, in das der Speer eingedrungen wäre. (Sie machte Bewegungen mit den Händen und zeigte ein Loch, das etwa so groß war wie die Spitze ihres Fingers) Anscheinend war der Sonnenspeer sehr heiß wie die Sonne, und das Fleisch wurde teilweise um dieses Loch herum gekocht. Und sie würden den Sonnenspeer verändern oder die

Sonnenstrahlen nutzen, um das Fleisch zu kochen oder zu trocknen. Sie waren sehr erstaunt, wie stark die Sonne ist.

D: Wäre es nicht wunderbar, wenn du so jagen könntest?

B: Vielleicht, aber dann bin ich vielleicht zu weit weg, um mich richtig zu entschuldigen.

D: Sie hatten viele wunderbare Dinge. Aber du sagtest, der weise Mann erzählt diese Legenden manchmal die ganze Nacht?

B: Und noch mehr, ja.

D: Würde es dir etwas ausmachen, sie mir zu erzählen?

B: Es macht mir nichts aus. Manchmal ist es für mich schwierig, mich an sie zu erinnern. Ich erzähle sie normalerweise nicht, ich höre nur zu. Diejenigen, die sie erzählen, erinnern sich besser an sie.

D: Aber du hast sie so oft gehört, dass sie in deinem Gedächtnis sind.

B: Ich überspringe aber viel, fühle ich. Wir kennen selbst nicht die ganze Geschichte. Manchmal scheint es Lücken zu geben. Vielleicht starb ein weiser Mann, bevor er es weitergab. Wir erinnern uns an das, was wir können, aber deshalb versucht der Weise, es genau zu halten, damit es keine weiteren Lücken gibt. (Stolz) Wir haben überlebt. Wir sind das Volk.

Kapitel 5

Das erste Volk

EIN AUßERGEWÖHNLICHES PHÄNOMEN TRITT AUF, wenn ich Zeitreisen mache und mich mit Menschen unterhalte, die in der Vergangenheit leben. Die ursprüngliche Persönlichkeit, durch die die Informationen kommen, verschwindet völlig. Sie haben keine anderen Erinnerungen als die an das wiederbelebte Wesen, das vor Hunderten und in diesem Fall vor Tausenden von Jahren gelebt hat. Ich habe beobachtet, dass diese Umschaltung viele Male vorkommt.

So musste ich mit Tuin in einer Weise sprechen, die er verstehen würde, damit ich sein Vertrauen gewinnen konnte. Nur so konnte ich Informationen über die Legenden sammeln. Er schien nicht misstrauisch zu sein, aber ich habe immer das Gefühl, dass das Vertrauen bei diesen Regressionen wesentlich ist.

D: Erinnerst du dich, dass du mit mir über deine Legenden gesprochen hast?
B: Ja, das tue ich. Du bist wie ein Kind; du kennst sie nicht.
D: Ich bin sehr neugierig, und eine der Aufgaben, die mir übertragen wurden, ist es, die Geschichte deines Volkes. aufzunehmen.
B: Aufnehmen? Was meinst du damit?
D. Nun, weißt du, was Schreiben ist?
B: Der weise Mann weiß es.
D: Es ist eine Aufgabe, die mir übertragen wurde: die Geschichte und die Legenden aufzuschreiben.
B: Wirst du dich an all das erinnern und es aufschreiben können?
D: Deshalb bekam ich die Aufgabe, weil ich mich erinnern kann. Jeder hat seine Aufgabe. Deshalb stelle ich dir so viele Fragen. Sie wollen nicht, dass sie die Geschichte verlieren.

B: Nein, diese Geschichte, die Legenden dürfen nicht verloren gehen. Das Wissen muss weitergegeben werden.
D: *Das hat man mir gesagt.*

Da er mir erzählt hat, dass während der Festivals Legenden rezitiert werden, habe ich gedacht, das wäre ein guter Anfang. Ich könnte ihn die eigentliche Zeremonie noch einmal erleben lassen, aber er sagte, sie seien sehr lang und würden oft die ganze Nacht dauern. Es könnte getan werden, aber er müsste alles, was er hört, wörtlich wiederholen. Ich entschied mich, mich auf seine Erinnerungen an die Geschichten zu verlassen. Sie sollten ziemlich genau sein, wenn er sie sein ganzes Leben lang gehört hätte.

D: *Wenn die Nacht die längste ist und die Zeremonie ist, welchen Teil der Legenden erzählt dir der weise Mann zu diesem Zeitpunkt?*
B: In der Nacht, die die längste ist, die wir zusammen verbringen, erzählt er uns die Legenden von der Reise des Volkes.
D. *Kannst du mir die wichtigen Teile davon erzählen?*
B: Es gibt zwei oder drei verschiedene Gründe, warum die Alten ihre Erde verlassen und die Leere durchqueren mussten. Einige sagen, dass ihr Volk schon zu lange nicht mehr in Harmonie mit der Erde war, dass ihre Erde im Sterben lag und sie gehen mussten. Einige sagen, dass ihre Sonne unharmonisch war und im Sterben lag. Und es gibt noch eine weitere Reihe von Legenden, die sagen, dass sie Teil eines großen Volkes waren und die älteren von ihnen machten sie wütend und sie mussten gehen. So oder so sind sie in ihrem Schiff verschwunden.
D: *Vielleicht waren sie alle Teil des Grundes.*
B: Vielleicht. Sie bauten ihr Schiff aus Metall - es schwimmt nicht gut.
D: *Nein, das tut es nicht. Sie müssen Geheimnisse gehabt haben.*
B: Natürlich. Die Alten sind gleichbedeutend mit Geheimnissen. Sie gingen in ihr Schiff und reisten durch die Leere. Ich habe das Gefühl gehabt, als ich den Legenden zugehört habe, dass sie nicht geplant hatten, hierher zu kommen.
D: *Es war ein Zufall?*
B: Ja. Ihr Schiff wurde beschädigt. Ich schätze, es ist gesunken. Und sie landeten hier im Tal, obwohl die Legenden sagen, dass sie abgestürzt sind.

D: *Du weißt nicht, wohin sie hier gegangen sind, als sie zufällig gekommen sind?*

B: Nein, das weiß ich nicht. Und sie konnten nicht weiter reisen. Nachdem sie durch die Leere gereist waren, waren sie sehr reisemüde. Sie wollten anhalten um sich auszuruhen; vielleicht ihr Schiff zu reparieren und dann ihre Reise fortsetzen. Sie hielten für eine gewisse Zeit an. Ich weiß nicht, für wie viele Jahreszeiten. Dieser Teil ist verloren gegangen. Aber nach dieser Zeit sagen einige Legenden, dass sie so müde und so viele krank waren, dass sie nicht weiterreisen wollten. Sie wollten hier auf der Erde bleiben. Und die Legenden sagen, dass sie vergessen haben, wie man reist.

D: *Vielleicht, es ist so viel Zeit vergangen.*

B: Vielleicht. Und so blieben sie und allmählich.... schau, als sie zum ersten Mal hierher kamen, waren sie nicht in Harmonie mit der Erde, und es dauerte lange bis es so war.

D: *Was meinst du damit?*

B: Nun, sie waren nicht in Harmonie. Es schien, als würde das Lied ihres Lebens, das Lied ihres Körpers, nicht zu dem Lied der Erde passen. Infolgedessen wurden nur sehr wenige Babys geboren. Ihre Ernten wuchsen nicht gut, denn sie wussten nicht, wie man in Harmonie mit der Erde singt. Aber die Erde, sie war geduldig und sie arbeitete weiter mit ihnen. Und sie gestalteten allmählich die Lieder ihres Lebens und die Lieder ihrer Ernte so, dass sie in Harmonie mit dem Lied der Erde standen.

D: *Das ist wunderschön. Haben diese Menschen damals lange gelebt oder sind viele dabei gestorben?*

B: Sie fühlten sich lange Zeit sehr krank, weil sie nicht in Harmonie mit der Erde waren. Sie haben die Dinge aus Harmonie gemacht. Sie taten Dinge in der Nacht und blieben tagsüber drinnen, denn sie sagten, die Sonne sei zu hell. Anscheinend würden sie sich krank fühlen, wenn sie in der Sonne standen. Sie sagten, sie sei zu stark. Es schlug sie bis zum Boden nieder. Anscheinend konnten sie nachts gut sehen. Und außerdem sagten sie, der Mond sei so sehr hell. Sie waren so erstaunt über den Mond. Sie hatten so etwas noch nie gesehen. Sie waren immer begeistert von seiner Schönheit. Er ist sehr schön. Er wird heute Abend leuchten.

D: *Oh? Wird es heute Abend Vollmond geben?*

B: Nein, es ist kein Vollmond. Es ist Dreiviertel Mond. Der Vollmond war vor etwa vier Nächten, aber er ist sehr schön. Die Alten haben das studiert, wie ich Tiere studieren würde. Man sagt, dass sie magische Augen hatten. Sie konnten ihn betrachten und es ganz genau sehen. Es wird gesagt, dass einige Alte gesehen haben, dass andere Alte es gut hatten , das ist es, was die Legende sagt. Es macht keinen Sinn. Aber es wird gesagt, dass die Alten manchmal, wenn sie den Mond mit ihren magischen Augen ansahen, sehen konnten, dass eine andere Gruppe von Alten, die nicht zu ihnen gehörten, sich im Mond aufhielten. Ich weiß nicht, wie sie das gemacht haben. Das ist es, was die Legenden sagen. Aber die meisten Legenden machen für mich sowieso keinen Sinn.

D: *Aber sie sind interessant. Hatten sie irgendeine Möglichkeit, mit ihnen zu reden?*

B: Ich weiß es nicht. Ich denke, dass die anderen Alten damals nicht da waren, sondern Zeichen hinterlassen hatten, dass sie dort gewesen waren. Einige der Legenden sagen, dass ich weiß nicht, woher sie kommen könnten, dass dies wahr ist, aber einige der Legenden sagen, dass dort, wo sie herkommen, als sie ihre Reise begannen, es keinen Mond gab. Nun ist der Mond für alle sichtbar. Er ist sehr schön. Er hat mir viele Male geholfen.

D: *Vielleicht konnten sie ihn nicht sehen, wo sie herkamen.*

B: Nun, einige der Dinge, die in den Legenden weitergegeben wurden, besagen, dass es zu Beginn ihrer Reise keinen Mond gab, und sie konnten die Jahreszeiten durch den Standort der Sonne und der Sterne verfolgen. Als sie hierher kamen, waren sie den Legenden zufolge sehr verehrend gegenüber dem Mond, weil er es so viel einfacher macht, die Jahreszeiten an ihrem richtigen Orten zu halten. Die Legende besagt, dass sie viel länger lebten als, wir es jetzt tun. Aber das ist schon in Ordnung. Wir haben eine ganze Reihe von Jahren. Sie kamen allmählich in Harmonie mit der Erde und lernten, die Ernten anzubauen und die Gewohnheiten ihrer kleinen Brüder und Schwestern, der Pflanzen und der Tiere kennen. Sie lernten, in Harmonie mit ihnen zu sein, damit sie leben konnten. Und sie hatten Kinder, und ihre Kinder hatten Kinder und so weiter und so fort, und wir sind von ihnen abstammend.

D: *Und so begann alles. Steht in deinen Legenden etwas von jemand anderem, der jemals ins Tal kam?*

B: Nein. Die Legenden sagen, dass es hier im Tal noch andere Menschen gab, als die Alten zum ersten Mal hierher kamen. Nicht sehr zahlreich, aber einige wenige.

Ich habe mir über dieses Problem der Genetik Gedanken gemacht. Vielleicht war das die Antwort.

D: *Welche Art von Menschen waren das?*
B: Nach dem, was die Legenden sagen, sahen sie ziemlich genauso aus, wie ich.
D: *Oh, ich dachte, du meinst, als die Alten in dieses Tal kamen, wäre niemand sonst da. Sie wären ganz alleine.*
B: Sie waren sehr wenige damals, aber sie waren die einzigen Menschen. Wir sind die Einzigen: Es gibt keine anderen Menschen.
D: *Die Leute, die da waren, als die Alten abstürzten, in welchen Häusern haben sie gelebt? Was sagen die Legenden darüber?*
B: Die Legenden sagen nichts darüber. Aber sie sagen, dass sie in perfekter Harmonie mit der Erde waren. Und anfangs hatten sie Angst vor den Alten. Da die Alten nicht in Harmonie waren, war es für die ersten Menschen schmerzhaft, den Alten nahe zu sein. Als die Alten in besserer Harmonie waren, begannen sie, sich mehr zu vermischen, bis sie schließlich als ein Volk zusammenlebten.
D: *Ich habe mich das immer wieder gefragt: Du hast mir erzählt, dass die Alten sehr hell sind und die Haare die Farbe von Weizen haben, und dass deine Leute jetzt nicht mehr diese Farbe haben. Das kann ich nicht verstehen. Es wäre wie bei den Tieren, wenn man sie züchtet, sie haben verschiedene Farben. Das könnte die Erklärung dazu sein. Die ursprünglichen Leute waren dunkelhaarig – so, wie du. Ist das richtig?*
B: Diese Leute, die vorher hier waren, ja. Und sie waren auch kleiner als wir.
D: *Aber es gibt nichts darüber in der Legende, wie sie gelebt haben?*
B: Nein, denn unsere Legenden stammen von den Alten und die ersten Menschen haben die Alten gemieden.
D: *Glaubst du, die Alten sind diejenigen, die entdeckt haben, wie man Tuch herstellt?*
B: Sie wussten, wie man Tücher herstellt, aber die ersten wussten auch, wie man Tücher herstellt. Unsere Tuchmacherei kommt also aus beiden Gruppen.
D: *Ich schätze, zwischen den beiden, den Alten und den Ersten, hätten sie herausfinden können, wie man das Material herstellt. Glaubst*

du, die Ersten haben ihnen beigebracht, wie man Kleidung herstellt?

B: Nein, sie hatten Kleidung, als sie kamen. Aber die Ersten lehrten sie über Felle und Leder. Als die Kleidung der Alten mit ihnen begraben wurde, begannen sie sich wie wir zu kleiden.

D: *Dann teilten die Ersten mit den Alten.*

B: Zuerst nicht, denn es war zu schmerzhaft.

D: *Sie hatten Angst?*

B: Sie hatten keine Angst, es war nur schmerzhaft. Die Alten waren nicht in Harmonie mit der Erde. Und die Ersten waren in vollkommener Harmonie mit der Erde, und der Unterschied zwischen ihnen war schmerzhaft für die Harmonie.

D. *Ich nehme an, dass dort einige Arten von Lebensmitteln gewachsen sein müssen.*

B: Einige Körner, ein paar Gemüse. Die Alten brachten etwas Essen mit. Ein Teil davon würde wachsen und ein anderer nicht. Und so nehme ich an, dass wir jetzt beide Typen haben.

D: *Weißt du, ob eine der Pflanzen, die du hast, eine ist, die die Alten mitgebracht haben?*

B: Die Alten brachten die Pflanze mit, mit der wir weben. Die Legenden sagen, dass die Alten Pflanzen entwerfen würden. Sie würden sie wachsen lassen, wie du einen Satz Kleidung machen würdest. Und diese Pflanze wurde hergestellt, nicht zum Essen, sondern zur Herstellung von Fasern für Kleidung. (Unglaublich) Ich verstehe es nicht, aber das ist es, was die Legende sagt.

D: *Wie konntest du eine Pflanze so herstellen, wie du es wolltest?*

B: Vielleicht hatten die Alten die Macht, das Lied des Lebens zu ändern.

D: *Das wäre eine interessante Idee. Was ist mit anderen Pflanzen, die sie vielleicht mitgebracht haben?*

B: Einige unserer Körner, so heißt es, wurden mitgebracht. Einige der Körner, hatten die Ersten. Und so ist es schwer zu sagen, was wessen ist.

D: *Sie haben sie vielleicht vermischt.*

B: Stimmt. Vielleicht haben sie das.

D: *Du sagtest, es gäbe eine Art von Gemüse, das angebaut wurde. Ich meine Wurzeln und solche Dinge.*

B: Ja. Die meisten davon wurden von den Alten mitgebracht.

D: *Wie sehen sie aus?*

B: Ich könnte dir sagen, wie sie jetzt aussehen. Sie haben sich vielleicht verändert, wie die Tiere es getan haben. Eine Pflanze bildet Wurzeln, die bequem in die Hand passen, und diese Wurzeln sind die Farbe der untergehenden Sonne. Sie sind gut zu essen. Eine weitere Wurzel ist gelb und hat verschiedene Geschmacksrichtungen, je nachdem, wie reif sie ist, wenn man sie auswählt. Es ist mehr eine Runde Form. Die andere ist an den Enden spitz und in der Mitte etwas rundlich.

D. *Gibt es sonst noch so eine?*

B: Keine, an die ich mich erinnern kann. Es gibt noch andere Dinge, die wir essen, aber die Legenden sagen nicht, woher sie kommen. Einige der Obstbäume - die Samen sollen gebracht worden sein. Einer davon hat eine saftige, gelbliche Frucht. Sie ist süß und hat einen großen Samen in der Mitte. Die Bauern müssen sehr vorsichtig sein, denn sie kann durch die Kälte sehr leicht beschädigt werden. Sie verwöhnen diese Bäume. Irgendwie lassen die Bauern sie nicht sehr groß werden, denn sie können die Kälte nur ertragen, wenn sie eingewickelt gehalten werden. Das ist eines der Geheimnisse der Landwirtschaft. Ich weiß es nicht. Ich bin ein Jäger. Eine Art von Frucht wächst an einer Rebe. Sie ist lang, ein wenig spitz an den Enden, und sie hat gelbliches Fleisch mit vielen Samen, die überall verteilt sind. Sie liegt gut in der Hand. Eine andere ist von einem Baum. Sie hat eine rotbraune Farbe und hat auch Samen, die über das ganze Fleisch verteilt sind. Sie ist im Spätherbst sehr gut.

D: *Kam eine davon von den Alten?*

B: Wir sind uns nicht sicher. Einige von ihnen wachsen im Wald, aber die meisten von ihnen wurden gepflanzt.

D: *Einige von ihnen haben sich damals vielleicht im Wald ausgebreitet.*

B: Ja. Manchmal markieren sie eine alte Wohnstätte.

D: *Ich dachte, vielleicht kommt das ganze Essen von den Alten.*

B: Oh nein. Legenden sagen, das meiste davon kam von ihnen. Die Leute, die hier waren, jagten meistens. Dort lernte ich meine Jagd, denn da sie in Harmonie mit der Erde waren, konnten sie die Tiere hören. Die Alten konnten auch die Tiere hören, aber es war zu schmerzhaft für den Jäger. Die Tiere bettelten und flehten und sagten: "Töte mich nicht." Aber ich habe dir davon berichtet.

D: *Ja, du hast mir davon erzählt. Du hast gesagt, dass die Geister es nach einer Weile geändert haben, so dass sie die Tiere nicht mehr hören konnten.*
B: Richtig. Du erinnerst dich doch.
D: *Was barmherziger war.*
B: Für den Jäger jedenfalls.
D: *Gibt es in deinen Legenden wichtige Ereignisse, die mit den Alten passiert sind, nachdem sie hierher kamen?*
B: Es war sehr wichtig, als sie Kontakt zu den Leuten aufnahmen, die bereits hier waren. Hätten sie keinen Kontakt zu den Menschen hergestellt, wären sie gestorben. Die Menschen halfen den Alten, in Harmonie mit der Erde zu kommen.
D: *Aber sie haben nicht versucht, sie zu verletzen, oder?*
B Nein, nein, nein. Es war nur so, dass die Lieder der Alten so unharmonisch waren, weil ihr Verstand so anders funktionierte, dass es schmerzhaft für die Ersten war, wenn sie mit ihnen zusammen waren. Dann konnten sie ihr Denken so ändern, um mit der Erde in Harmonie zu sein, so dass sie dann zusammenarbeiten konnten, und lernten, in Harmonie mit der Erde zu leben, damit sie überleben konnten.
D: *Du hast gesagt, dass einige der ersten Kinder, die von den Alten geboren wurden nicht überlebten oder sie hatten Probleme mit ihnen. Hat es lange gedauert bis sie endlich Kinder hatten, die überleben konnten?*
B: Sie versuchten immer wieder, Kinder zu bekommen, und die meisten von ihnen sind gestorben oder konnten selbst keine Kinder bekommen. Aber einige von ihnen konnten leben und waren normal und konnten Kinder bekommen. Es gab so wenige von ihnen so lange, dass es viele Generationen, drei oder vier Generationen brauchte, bis alles für sie geklappt hat.
D: *Glaubst du, dass viele der Alten gestorben sind, bevor sie Kinder bekamen?*
B: Ich weiß es nicht. Ich denke, dass sie versucht haben, Kinder zu bekommen, und die Kinder hatten Probleme beim Leben. Da die meisten ihrer Kinder gestorben waren, gab es nicht viele. Die wenigen, die noch am Leben waren, versuchten, Kinder zu bekommen, und viele von ihnen starben, aber einige von ihnen lebten. Bis dahin halfen die Ersten. So wurden sie allmählich wieder stark und kamen in Harmonie mit der Erde.
D: *Haben die Legenden gesagt, was mit den Kindern passiert war?*

B: Ihre Körper waren nicht in Harmonie mit sich selbst oder mit der Erde. Manchmal waren die Dinge falsch oder fehlten. Teile des Körpers hatten sich entweder drastisch von dem unterschieden, was sie sein sollten, oder waren überhaupt nicht da.

D: Es gab eine Menge Seltsames und deshalb konnten sie nicht leben. Erzähle deine Legenden von anderen wichtigen Ereignissen, die sich während ihrer Zeit ereignet haben?

B: Während der Zeit der Alten? Das war bedeutend. Die Alten schienen zu denken, dass es wichtig wäre, hier auf der Mutter Erde zu sein. Ich weiß nicht, wo sie sonst noch sein sollten.

D: Haben die Alten jemals versucht zu gehen?

B: Wo sollten sie hingehen?

D: Ich weiß es nicht. Deshalb dachte ich, das wäre wichtig, wenn sie es versuchen würden.

B: Sie mochten es, wo sie waren. Es ist wunderschön hier. Warum sollten sie gehen? Es ist das Zuhause.

D: Kannst du dich noch an etwas anderes Wichtiges erinnern, das in den Geschichten erwähnt wurde?

B: Nun, eine weitere wichtige Sache war, dass sie es geschafft haben, die Ernten in Einklang mit der Erde zu bringen, damit die Lebensmittel wieder wuchsen. Dies erforderte viel Arbeit. Es wird gesagt, dass es viele Jahre gedauert hat. Es war vorher sehr schwer. Es wird gesagt, dass sie ein großes Fest hatten, als ihre erste erfolgreiche Ernte geerntet wurde. Das war sehr wichtig, denn von da an wussten sie, dass sie viel zu essen haben würden. Es ging darum, in Harmonie mit der Erde zu sein. Als die Saat zu leben begann und ihre Kinder zu leben begannen, waren sie sehr glücklich, weil sie wussten, dass sie überleben würden.

D: Dann lebten sie dort und wurden alt und starben, und das Blut wurde an dein Volk weitergegeben. Haben die Ersten ihnen beim Pflanzen geholfen?

B: Ich glaube schon. Ich bin mir nicht sicher. Sie erzählten den Alten von Eicheln und Pinienkernen und lehrten sie, in Harmonie mit der Jagd zu sein. Sie lehrten sie über das Pflanzen und Ernten von allem, was man zum Leben braucht.

D: Sie haben ihnen gesagt, welche Dinge man im Wald sicher essen kann?

B: Ja, und welche Dinge gut für die Medizin waren. Es wird gesagt, dass die Alten ihre eigene Medizin hatten, aber sie hatten nicht viel davon und wussten nicht, wie man mehr daraus macht. Was seltsam ist. Medizin ist Medizin. Du gehst in den Wald und dort wächst sie.

D: *Vielleicht sind die Kräuter, die sie benutzt haben, hier nicht gewachsen.*

B: Nun, vielleicht. Sie müssen von sehr weit herkommen sein.

D: *Weißt du, wofür sie ihre Medikamente verwendet haben?*

B: Die gleichen Dinge, für die wir unsere Medizin verwenden: Fieber, Husten und solche Dinge.

D: *Wenn die Ersten nicht da gewesen wären, um ihnen diese verschiedenen Dinge zu zeigen, wären die Alten wahrscheinlich sofort gestorben. Die Ersten hätten Angst vor ihnen haben können und hätten ihnen bei all dem auch nicht helfen können.*

B: Das ist wahr.

D: *Erinnerst du dich noch an etwas anderes, das wichtig war, in den Legenden?*

B: Eine der Legenden besagt, dass die Alten früher mit den anderen Alten kommunizierten. Da war ein magischer Stein. Sie haben mit diesem Felsen gesprochen und der Stein hat zurückgesprochen. Man sagt, dass sie mit den anderen Alten in der Leere gesprochen haben. Aber das ist nur eine Legende. Ich glaube nicht, dass es noch jemanden gibt. Ich kenne keine Legenden von jemand anderem. Die Legenden sagen, dass dieser Felsen sehr wundersam anzusehen war. Es war ähnlich wie bei klarem Quarz, wenn man die Goldadern durchlaufen sieht. Dieser Felsen war so klar. Es wird gesagt, dass man Adern unterschiedlicher Farbe durchlaufen sehen konnte. Und diese verschiedenen Farben würden pulsieren, wenn der Stein zum Reden benutzt wurde. Sie sagten, er sei groß. Wenn du auf ihn herabblicken würdest, von einer Kante zur anderen, wären es zwei Handflächen. Er war verwinkelt, aber die Legenden erwähnten nicht, dass er eine regelmäßige Form hat, obwohl einige Legenden sagen, dass er etwas klumpig war.

D: *Klumpig? (Ich konnte verwinkelt, aber nicht klumpig verstehen) Als sie mit den anderen Alten durch die Leere sprachen, kam dann jemals einer von ihnen, um sie zu finden?*

B: Sie versuchten es, aber sie konnten sie nicht finden, und so kamen sie nicht.

D: *Weißt du, was mit dem Stein passiert ist?*

B: Nein, ich weiß es nicht. Ich habe ihn noch nie gesehen. Der weise Mann könnte ihn haben. Er hat andere Dinge von den Alten.

D: *Vermutlich wüsste er nicht, wie man ihn benutzt.*

B: Vielleicht. Ein weiser Mensch hat Wissen, das vom Weisen zum Weisen weitergegeben wurde.

D: *Haben sie jemals etwas darüber gesagt, woher ihre Energiequelle kam, die sie in diesen wundersamen Dingen verwendet haben?*

B: Es wird gesagt, dass die Alten, da sie die Sonne für so mächtig hielten, das Licht der Sonne nutzten. Dass der Speer der Sonne den Felsen durchbohrt und den Felsen zum Leben erweckt hat. (Das klang, als würde er etwas aus der Erinnerung rezitieren)

D: *Ist das dasselbe wie der Sonnenspeer, mit dem sie die Tiere getötet haben?*

B: Sie hatten ein anderes Werkzeug dafür.

D: *Dann wurde jeder für einen anderen Zweck verwendet.*

B: Es gibt eine andere Legende, die besagt, dass die Alten manchmal mit einer Wand gesprochen haben, und die Wand hat geantwortet.

D: *Eine Wand?*

B: Wie eine Wand in einem Raum. Und die Wand antwortete, als ob ein Alter auf der anderen Seite der Wand stehen und reden würde. Einige Legenden erwähnen, dass es einen bestimmten Teil dieser Wand geben würde, den sie berühren würden, und dass sie leuchten würde. Ich kenne keine Details. Es könnte sein, dass es zu einem Zeitpunkt Details gab und dieser Teil verloren gegangen ist. Manchmal ist in der Vergangenheit etwas von dem Wissen verloren gegangen, obwohl wir versucht haben, nichts davon zu verlieren.

D: *Nun, wenn es nur durch weitererzählen weitergegeben wird, gehen Dinge verloren. Aber wenn die Wand leuchten würde, sahen sie auch etwas oder sprachen sie nur mit der Wand?*

B: Ich bin mir nicht sicher. Es wird gesagt, dass sie Szenen von weit entfernten Orten sehen würden. Einige Leute, die die Legenden studieren, sagen, dass einige dieser Szenen aus der ganzen Leere stammen. Ich weiß es nicht.

D: *War die Wand in ihrem Haus oder auf dem Schiff?*

B: Auf dem Schiff. Es kann mehr als eine Wand wie diese gegeben haben, weil die Legende nur sagt, dass sie in einen Raum gehen und mit einer Wand sprechen würden. Ich weiß nicht, ob es ein Raum und eine Wand war, oder ob es in jedem Raum eine solche Wand gab. Ich weiß es nicht. Ich bin ein Jäger.

D: *Deshalb höre ich gerne deine Legenden, weil es interessant ist, herauszufinden, was diese Dinge waren.*

(Ich musste innehalten, während ich das Band umdrehte)

D: Das gibt mir einen Moment, um es aufzuschreiben. Ich schreibe sehr schnell.

B: Du musst. Wirst du es lesen können?

D: Das kann ich, weil ich das Wissen habe. Deshalb stelle ich so viele Fragen. Ich versuche auch, es zu verstehen und herauszufinden, woher sie kamen und wer sie waren.

B: Ja. Aber wenn du es herausfinden kannst, geht es dir besser als mir.

D: Es ist wichtig, dass du die Geschichten am Leben erhalten hast. Glaubst du, es waren viele Generationen von ihrer Zeit bis zu deiner?

B: Ja, das ist so. Die Legenden sagen, dass es viele, viele Generationen sind.

Kapitel 6

Als der Mond einen anderen Weg nahm

WÄHREND EINER SITZUNG war Tuin auf der Jagd, als ich ihn bat, mir mehr über die Legenden zu erzählen.

B: Es wurde gesagt, dass der Mond in der Vergangenheit manchmal einen anderen Weg nahm als jetzt. Das ist eine der Legenden. In der Zeit der Alten heißt es, dass.... (er versuchte, sich daran zu erinnern) der Weg, den der Mond ging, und der Weg, den die Sonne ging – sie waren harmonischer als jetzt, und der Weg der Sterne auch. Denn zu einem Zeitpunkt fiel immer eine bestimmte Anzahl von Mondzyklen mit einer bestimmten Anzahl von Sonnenzyklen zusammen. Ich versuche, mich an die Zahlen zu erinnern, die mir gesagt wurden. Ich bin nicht gut mit Zahlen. Gib mir einen Moment. (Pause) Okay. Es wurde gesagt, dass es 12 Mondzyklen für ein Jahr gab, genau, die ganze Zeit, jedes Jahr. Und die Kunst, die Wege der Sterne, der Sonne und des Mondes im Auge zu behalten, war nicht so kompliziert wie heute. Für jedes Jahr, in dem bestimmte Sterne entstehen würden, wäre es immer ein bestimmter Teil einer bestimmten Anzahl von Mondzyklen, von der Sonnenwende oder der Tagundnachtgleiche aus, je nachdem, wie du es zählen willst. Und dann, passierte auf einmal etwas. Es gab helle Lichter am Himmel und die Erde erzitterte. Es war eine sehr schreckliche Zeit. Die Ernten sind in dem Jahr nicht gewachsen. Viele Menschen wurden getötet, und es war in dieser Zeit, in der das meiste unseres Wissens verloren ging. Diejenigen, die überlebten, wussten, dass sie das Wissen dann am Leben erhalten mussten, das sie noch hatten, obwohl es nicht annähernd das war, was unsere Leute einst hatten. Und es dauerte viele Generationen, bis sich die Wege des Mondes und der Sterne und der Sonne wieder beruhigten. Nach zwei oder drei Generationen beobachteten die Weisen die Wege und versuchten herauszufinden, was passiert war. Sie erkannten, dass sie jetzt viel komplexer waren. Der Weg des Mondes und der Weg der Sonne stimmten nicht mehr überein.

D: Es waren nicht mehr genau 12 Mondphasen?

B: Es waren eher 13 ¼ oder so etwas in der Art. Ich weiß es nicht, ich bin ein Jäger. Bevor die Änderung erfolgte, konnte jeder den Überblick behalten. Es war einfach. Der weise Mann und die Ältesten kannten die Gründe dafür. Dann, als die Veränderung eintrat, wurden so viele getötet, dass nur sehr wenige die Gründe dafür kannten. Sie starben, woraufhin der weise Mann mit nur sehr wenig Wissen zurückgelassen wurde. Und er versuchte herauszufinden, was mit den Wegen von Sonne und Mond passiert war.

D: Zu diesem Zeitpunkt muss definitiv etwas passiert sein. Du sagtest, es gäbe helle Lichter am Himmel und die Erde erzitterte. Sagen die Legenden, was sonst noch passiert ist?

B: Es wird gesagt, dass sich an einem Punkt die Wege der Sterne und der Sonne vorübergehend umgekehrt haben, sodass die Sonne aufgeht, wo sie untergehen soll, und dort untergeht, wo sie aufgehen soll. Die Legenden sagen nicht, wie lange das so war. Aber nach dem ersten Mal, als die Erde bebte und es die Lichter am Himmel gab, dachte der Weise, die Sonne ging dort auf, wo sie untergehen sollte, und ging unter, wo sie aufgehen sollte. Niemand konnte damals die Zeit im Auge behalten, denn alle Bewegungen der Sterne und der Weg des Mondes waren rückwärts gerichtet. Wie kann man verfolgen, welche Zeit vergeht? Und dann – es steht nicht für wie lange, aber – nach einer gewissen Zeit ist etwas anderes passiert. Die Erde erschütterte noch mehr und die Sonne ging wieder dort auf, wo sie hingehört, und ging dort unter, wo sie hingehört, auch heute noch. Aber jetzt sind die Wege des Mondes und der Sterne nicht mehr mit dem Weg der Sonne verbunden. Und es war sehr komplex, nun den Überblick zu behalten.

D: Ich wette, das war eine beängstigende Sache, das zu sehen.

B: Ja. Es heißt, es war sehr, sehr wundersam und schrecklich.

D: Woran sind die Menschen in dieser Zeit gestorben?

B: Mit dem Erzittern der Erde und so, war es sehr stürmisch. Sie sagten, dass die Winde protestierten und zur Mutter Erde weinten. Und sie bliesen so heftig, dass sie die Bäume umstürzen ließen, so dass Menschen getötet wurden, weil Dinge herunterfielen und im Wind flogen.

D: *Bevor das passierte, waren die Jahreszeiten unterschiedlich? Die Hitze und die Kälte, waren sie anders als jetzt?*

B: (Nachdenken) Die Länge.... sie waren etwas kürzer als jetzt und sie fielen immer mit den Zyklen des Mondes zusammen. Das Jahr scheint sich danach verlängert zu haben, aber nicht viel. Dahin, dass wie jetzt die Wachstumssaison mit den Zyklen des Mondes übereinstimmt, aber die genauen Jahreszeiten nach den Sonnenwenden und den Tagundnachtgleichen stimmen nicht mit den Zyklen des Mondes überein. Es wird gesagt, dass das Wetter anders war. Dass die Winterwinde aus einer anderen Richtung kamen und der Sommer dann etwas länger war. Der Hauptunterschied war die Richtung der Winterwinde, auf die du dich einstellen musstest.

D: *Weißt du, in welcher Richtung das war?*

B: Nein. Die Legenden sagen, dass es wärmer war. Es war nicht so kalt. Das Leben war einfacher, denn die Sommer waren wärmer und die Winter nicht so hart. Es gab nicht so viel Schnee oder Regen. Es war sehr schwierig, als die Erde einen anderen Weg ging und das Jahr länger wurde.

D: *Die Tage waren unterschiedlich lang?*

B: Die Tage waren etwas kürzer, aber nicht viel.

D: *Aber du sagtest im Hochsommer sind die Tage sehr lang.*

B: So ist es jetzt.

D: *War es damals nicht so?*

B: Nicht so sehr. Die Tage waren im Hochsommer sehr lang, – aber es würde noch etwas Dunkelheit herrschen. Und mitten im Winter würden die Nächte sehr lang sein, aber tagsüber würde es noch etwas Licht geben. Es ist jetzt extremer. Es war nicht so kalt und es gab mehr Regen als jetzt; weniger Schnee als jetzt.

D: *Ich frage mich, wie das Licht am Himmel aussah?*

B: Nun, es gibt mehrere Beschreibungen und sie scheinen widersprüchlich zu sein. Ein Teil des Lichts war wie das Winterlicht, aber sehr fantastisch. In den Farben: rot, blau, grün und weiß. Und es gab so viele davon, dass man sie sogar tagsüber sehen konnte. Normalerweise sind sie im Winter dort und man sieht sie nur nachts.

Ich dachte, er würde wahrscheinlich über das Nordlicht reden oder die Aurora Borealis.

D: *Es gab mehr?*
B: Ja. Und sie wurden auch tagsüber gesehen, und jetzt werden sie nie tagsüber gesehen. Es ist normalerweise nachts. Außerdem schien es damals einen Kometen am Himmel zu geben, und er schien zur Erde hinunterzufliegen. Aber es wird gesagt, dass der weise Mann, der dies übersetzt hat, denkt, dass sie das nicht wirklich gesehen haben, wie er auf die Erde herunterfliegt, aber er schien auf die Erdmutter zuzusteuern. Dann, als die Erde anfing zu erzittern und die Dinge schlecht wurden, wurde der Komet nicht mehr gesehen.
D: *Glaubst du, er könnte die Erde getroffen haben?*
B: Die Legenden sagen, dass es vielleicht so war. Aber sie sehen am Himmel so klein aus. Du weißt, du könntest alle Teile mit deiner Hand und deinen Fingern bedecken, je nachdem, wie weit sie entfernt sind.
D: *Siehst du viele Kometen?*
B: Nicht viele. Ein oder zwei. Wenn du sie zum ersten Mal siehst, sind sie sehr klein, und du könntest sie mit der Verbindung deines kleinen Fingers bedecken. Später scheinen sie zu wachsen und größer zu werden und bedecken mehr vom Himmel, bis sie vorbeikommen und kleiner werden. Dann geht eines Nachts die Sonne unter und man sieht sie nicht mehr.
D: *Passiert das im Winter oder im Sommer?*
B: Die Kometen? Es ist egal. Diese Kometen erscheinen, wenn sie erscheinen.
D: *Sagen deine Legenden, was der Komet gewesen sein könnte?*
B: Nein. Es ist nur ein Stern, der einen schnelleren Weg geht.
D: *Das war eine gute Beschreibung. Du hast mir gesagt, dass es eine Gruppe von Sternen gibt, an denen die Alten sehr interessiert waren. Hat sich in dieser Zeit auch der Himmel verändert? (Siehe Kapitel 9. Die Alten waren an den Plejaden interessiert)*
B: Nun, alle Sterne haben ihre Positionen verschoben, nicht nur diese. Sie selbst blieben an der gleichen Position. Es schien, als wären

wir umgezogen, oder sie waren alle zusammen umgezogen. Wirst du dich an diese Dinge erinnern, von denen ich dir erzählt habe?

D. Ja. Ich möchte helfen, damit sie nicht verloren gehen. Hast du sehr viele Tiere gefangen?

B: Während ich mit dir gesprochen habe? Nein, nicht wirklich. Ich habe es genossen, dir von den winterlichen Nachtlichtern zu erzählen. Sie sind sehr schön. Ich bin jedoch einem Hirsch gefolgt. Ich sollte in der Lage sein, einen zu bekommen, wenn wir mit dem Gespräch fertig sind.

D: Ich habe diese Lichter noch nie gesehen. Sie müssen sehr schön sein.

B: Das sind sie. Manchmal flechten die Frauen einen Stoffstreifen, der an der Wand hängt. So sehen die Lichter aus, wenn der Wind weht. (Er machte mit der Hand Wellenbewegungen.) Aber man kann den Himmel durch sie hindurch sehen und man kann sehen, dass es verschiedene Farben gibt.

D: (Ich war mir nicht sicher, wovon er sprach) Oh du meinst, das Tuch ist sehr dünn?

B: Nein. Die Lichter am Himmel.

D: Aber du sagtest, sie weben ein Tuch?

B: Ich habe es benutzt, um zu vergleichen, wie die Lichter am Himmel aussehen. Aber du wirst sie diesen Winter nachts am Himmel sehen können. Sieh einfach nach.

D: Ich habe wahrscheinlich einfach nicht zur richtigen Zeit nachgeschaut; oder bin nicht nach draußen gegangen, als sie dort waren.

B: Nun, es ist kalt im Winter.

D: Ja, deshalb habe ich sie wahrscheinlich nicht gesehen. Siehst du diese Lichter jemals zu anderen Zeiten des Jahres?

B: Nun, manchmal sehen wir sie in der Dunkelheit der Nacht. Aber im Sommer bleibt es die meiste Zeit der Nacht hell, so dass man sie nicht sehr oft sieht. Das Sonnenlicht überwältigt sie. Deshalb verbinden wir sie hauptsächlich mit dem Winter, weil man sie im Winter so oft sieht, weil es dunkel ist.

D: Was ist mit dem Herbst und Frühling?

B: Nun, es ist proportional zu der Dunkelheit, die es gibt.

Es kam mir in den Sinn, herauszufinden, ob die Legenden, Dinosaurier oder ausgestorbene Tiere erwähnt haben. Dies würde mir helfen, die Zeit der Alten genauer zu datieren.

D: Hast du irgendwelche Legenden über Tiere, die es vielleicht gegeben hat, die anders waren als sie es jetzt sind?
B: Es gibt viele Legenden über Tiere. Die meisten von ihnen erzählen wir den Kindern.
D: Ja. Aber gab es jemals eine Zeit, wo die Tiere anders waren?
B: Ja. Ich bin mir nicht über die Details im Klaren. Es scheint, wenn wir den Legenden zuhören, dass alle Tiere etwas anders waren. Sie haben sich verändert. Es gibt keine großen Unterschiede, sondern nur hier und da kleine. Wenn man zu den Tieren so in den Wald hinausgehen würde, wie sie damals waren, würde es auf subtile Weise anders aussehen. Du würdest es nicht sofort bemerken. Einige Tiere wären etwas größer oder etwas kleiner. Ihr Fell wäre etwas anders, oder einige hätten eine andere Anzahl von Zehen an ihren Pfoten. Wie gesagt, subtile Unterschiede. Und einige Legenden sagen, dass es einige Tiere gab, die so aussahen, als wären sie eine Zwischenstufe zu den Tieren, die wir heute haben. Eine Legende sprach über ein Tier, dass, wenn es Kinder hatte, einige seiner Kinder sehr groß und andere sehr klein waren. Die großen Kinder wurden zu Bären und die kleinen Kinder zu Waschbären.

Das klang wie eine von Tuins Geschichten für die Kinder.

B: Das ist eine der Legenden. Es ist wahr, dass der Waschbär der kleine Bruder des Bären ist und sie sehen sehr ähnlich aus. Aber es wäre in der Tat eine seltsame Gruppe von Eltern gewesen, sich so unterschiedliche Kinder auszudenken.
D: Aber hat der Waschbär nicht eine andere Farbe?
B: Nicht so viel anders. Außerdem bedeuten die Farben nicht so viel, da sich die Fellfarbe mit den Jahreszeiten ändern kann. Es ist der Körperbau, die Art und Weise, wie die Knochen arbeiten, die zählen.
D: Nun, hat der Waschbär nicht andere Markierungen als ein Bär?
B: Irgendwie. Die Markierungen im Gesicht sind unterschiedlich. Aber wer weiß, wenn der Bär einen langen Schwanz hatte, war vielleicht auch sein Schwanz gestreift. (Ich lachte) Wir wissen es nicht, jetzt, wo sein Schwanz zu kurz ist, um irgendwelche Streifen darauf zu haben.
D: Gibt es Tiere, die ihr Fell wechseln?

B: Ja, es gibt einige. Das Tier, das hüpft und das Tier, das seine Krallen zurückzieht, wechseln das Fell. Ich bin mir bei dem Bären nicht sicher. Manchmal scheint es, dass sie es tun, und manchmal frage ich mich, ob es zwei verschiedene Bären sind. Normalerweise sind Bären schwarz oder braun, und manchmal, normalerweise im Winter, wenn es schneit, sehe ich weiße Bären. Es könnte sein, dass die schwarzen oder braunen ihre Fellfarben ändern wie die anderen Tiere, oder es könnte ein anderer Bär sein. Es sieht so aus, als ob er ein wenig anders aussieht. Ich habe es nicht wirklich herausgefunden. Wir sehen sie nur in den Tiefen des Winters, wenn es viel Schnee gibt. Es ist immer ein Zufall, also weiß ich nicht genau, wo sie wohnen.

D: *Hast du noch andere Legenden von Tieren, die anders waren? In der Zeit davor?*

B: Lass mich nachdenken. ... Einige der Vögel waren früher anders. Ihre Farben haben sich verändert, wie es scheint. Den Legenden zufolge, wurden die Änderungen schrittweise vorgenommen. Demnach waren einige der Federkronen auf ihren Köpfen früher etwas anders geformt. Nicht drastisch, nur leicht, und es hat sich ein wenig verändert. Die meisten Legenden über Vögel sind für Kinder, wie die darüber, wie die Amseln entstanden sind.

D: *Ja, das hast du mir erzählt. (Siehe Kapitel 9)*

B: Mir fallen wirklich keine anderen Tiere ein, die sich verändert haben.

D: *Ich frage mich, ob es eine Art von Tieren gab, die nicht mehr da sind. Hast du Legenden über einige, die verschwunden sind?*

B: Es gibt eine Legende über eine seltsame Kreatur; ich weiß nicht, was sie sein könnte. Diese Kreatur sollte sehr klein sein und konnte wie ein Vogel fliegen, aber sie würde wie eine Brennnessel brennen. Es wird gesagt, dass diese Kreatur gerne sang und es war immer ein richtig hohes Summen. Wir haben nichts dergleichen. Ich weiß nicht, was es sein könnte.

Ich dachte zuerst, dass er von einer Fledermaus sprach, aber der Gesang würde nicht passen, es sei denn, Tuin hatte die Fähigkeit, Geräusche zu hören, die außerhalb unseres normalen Hörvermögens sind.

D: *Wie könnte es wehtun?*

B: Es wurde gesagt, dass es dich beißen und dein Blut saugen und eine Beule zurücklassen würde. Sie galten als sehr irritierend auf der Haut. Es gab noch andere fliegende Kreaturen, die klein waren. Sie summten oder zwitscherten oder sangen irgendeine Art von Gesang. Aber wir haben sie jetzt nicht.

Ich habe versucht herauszufinden, was diese seltsame Kreatur war.

D: Das wäre eine seltsame Kreatur gewesen, denn ein Vogel kann nicht beißen.
B: Es wurde gesagt, dass es so klein wie die Fingerspitze war. Das ist wirklich klein für etwas, um Flügel zu haben.

Er machte Handbewegungen, um die Größe zu zeigen. Jetzt war ich wirklich verwirrt. Es konnte kein Vogel oder eine Fledermaus sein, wie ich es mir vorgestellt habe. Nur Insekten würden so klein sein.

D: Hast du Insekten, wo du wohnst? (Er schien durch das Wort verwirrt zu sein) Käfer? (Er schien immer noch verwirrt.) Ich weiß, dass ihr Bienen habt, weil ihr über Honig gesprochen habt.
B: Nun, wir haben Bienen, aber nicht viele andere. ... Es gibt einige Kreaturen im Wald, die mit Bienen verwandt zu sein scheinen...... Was ist das Wort? .... Wespen? .... Ist das ein Wort?
D: Ja. Das ist eine andere Art, sie machen keinen Honig, aber sie sind so ähnlich wie die Bienen.
B: Ja. Und es gibt kleine Kreaturen, die in der Erde leben und die Bären fressen sie gerne. Aber ich achte nicht auf sie. (Möglicherweise Larven.)
D: Dieser, von dem du gesprochen hast, der so klein war wie die Spitze deines kleinen Fingers, könnte das so etwas wie das sein?
B: Also es war .... keine Biene, keine Wespe. Es wird gesagt, dass die Legenden auch Bienen beschreiben, und die Beschreibung für Bienen ist unterschiedlich. Anscheinend waren diese anderen kleiner. Ich weiß nicht wie, ich habe so etwas noch nie gesehen.
D: Ich dachte, es könnte so etwas wie das gewesen sein, kein Tier.
B: Nun, Bienen sind auch Tiere.
D: Ja, das sind sie. Es hängt davon ab, in welche Klasse man sie einordnen möchte, in welche Kategorie.
B: Sie haben keine Wurzeln und Blätter wie Pflanzen. Sie sitzen nicht still in der Sonne. Sie bewegen sich wie Tiere.

D: *Nun, ich denke immer an ein Tier mit Fell.*
B: Das ist eine Art von Tier. Einige Tiere haben auch Flossen, weißt du.
D: *Du meinst Fische? Wir tun immer diejenigen, die im Wasser leben und Flossen haben, in eine eigene Kategorie.*
B: Oh, aber das ist dumm. Sie alle tanzen den Tanz des Lebens und singen alle das Lied der Erde.
D: *Bei Vögeln das gleiche.*
B: Du bist seltsam.
D: *Wenn ich an Tiere denke, denke ich an die größeren, die Fell haben. Jetzt kann ich deine Terminologie und die Art und Weise, wie du darüber denkst, verstehen.*

Es war sinnlos, gegen seine Überzeugungen und Terminologie zu argumentieren. Seine Logik schien oft mehr Sinn zu ergeben als unsere. Als ich die Frage nach ausgestorbenen Tieren stellte, dachte ich an Dinosaurier und so weiter. Ich hatte nicht erwartet, dass er mit der Beschreibung von etwas so kleinem wie einer Mücke antworten würde. Seine Antworten waren oft amüsant und immer erhellend.

D: *Gibt es Legenden über große Tiere, die verschwunden sein könnten?*
B: Es gibt eines. Ich bin mir nicht sicher, wie es heißt. Ich kann es beschreiben. Es sollte so groß wie ein Haus sein. Es hatte Hörner wie Ochsen und große Ohren. Und seine Nase war nicht von einem Schwanz zu unterscheiden. Es hatte langes Fell, viel Fell. Ich weiß nicht, was es sein könnte. Es klang wie etwas Wildes, um zu jagen. Ich würde es nicht wollen; es wäre schwierig. Es würde aber viel Fleisch liefern. Es wurde gesagt, dass es sehr gut zu essen ist.
D: *Wo befanden sich seine Hörner auf dem Körper?*
B: Vorne. Die Legenden sind nicht eindeutig, ob es sich um Hörner oder lange Zähne handelt. Sie beschreiben es in beide Richtungen.
D: *Vielleicht waren es zwei verschiedene Tiere?*
B: Ich glaube nicht. Ich denke, es ist nur etwas, das sich in die Legenden eingeschlichen hat.
D: *Waren die Hörner in einer bestimmten Weise geformt?*
B: Sie waren gedreht. Sie gingen gerade aus und rollten sich dann immer wieder zusammen.

Sie machte Handbewegungen. Es war offensichtlich, dass ein Mastodon oder Mammut beschrieben wurde.

B: In den Legenden hieß es, sie seien sehr gefährlich.
D: Wann sind diese verschwunden?
B: Als die Erde ihren Weg änderte.
D: Gab es Legenden über etwas anderes so Großes wie das?
B: Nicht, dass ich mich erinnern könnte. Es wird gesagt, dass die Katzen früher größer waren. Sie sind so, wie sie sind, groß genug; ich mache mir darüber keine Sorgen.
D: Sagen die Legenden etwas über Schlangen?
B: Die Legenden erwähnen Schlangen. Wir sehen gelegentlich ein Paar, aber wir haben wirklich nicht so viele. Es wird gesagt, dass, als die Erde ihren Weg änderte, die Schlangen die Umwälzungen von ihr nicht mochten und gingen. Die Fische änderten sich. Anscheinend war das Wasser früher wärmer, und die Fische, die kühles Wasser mochten, sind geblieben. Das ist alles.

Da die Alten keine Legenden von Dinosauriern hatten, müssen sie nach ihrer Zeit, aber vor der Zeit einer großen Katastrophe abgestürzt sein.

Ich fand heraus, dass es während der Eiszeit vier große Fortschritte des Eises gab, zwischen denen es Perioden gab, in denen es zurückschmolz. Die letzte Eisschicht verschwand vor 1o.ooo bis 15.000 Jahren aus Nordamerika. Mit dem Rückzug des Eises sind viele Tierarten ausgestorben, die durch moderne Tiere ersetzt wurden. Unter denen, die verschwanden, war auch das Mammut. 1989 wurde das fast vollständige Skelett eines Mammuts in 2.750 Metern Höhe im Zentrum Utahs gefunden, was einen Höhenrekord für die ausgestorbenen Säugetiere darstellt. Es wurde angenommen, dass das Mammut vor 10.000 bis 15.000 Jahren in einem Moor am Rande eines Gletschers vermoort wurde. Diese historischen Informationen geben uns ein ungefähres Datum für den Absturz der Alten. Könnte die Katastrophe, von der die Legenden sprachen, intensiv genug gewesen sein, um einen Teil der Eiszeit zu verursachen?

NACHDEM BETH AUS DER TRANCE ERWACHTE, hatte sie ein paar Erinnerungen an eine Szene, die sie gesehen hatte. Dies geschieht oft auch bei Somnambulisten. Sie erinnern sich vielleicht nicht viel über die Sitzung und die Geschichte, die sie erzählt haben, aber sie werden sich an Teile und Bruchstücke erinnern, und vielleicht an eine bestimmte Szene. Das ist sehr ähnlich wie die Art und Weise, wie wir uns an Traumfetzen erinnern, wenn wir am Morgen aufwachen. Sie hat es mir beschrieben.

B: Ich erinnere mich an ein Gefühl tiefer, knackiger Kälte wie in den Tiefen des Winters und an das Nordlicht, die Aurora Borealis. Das Merkwürdige ist, dass ich diese im wirklichen Leben noch nie gesehen habe.
D: Ich auch nicht. Er hat gesagt, dass sie im Winter am auffälligsten sind.
B: Das ist wahr, aber du musst weiter nach Norden als hier (in Arkansas) gehen, um sie zu sehen.
D: Und sie waren dort verbreitet, wo Tuin ist.
B: Ich habe gehört, dass man in unserem Teil des Landes in den Tiefen des Winters zu bestimmten Zeiten Spuren von ihnen sehen wird, wenn man nach Norden schaut, manchmal während der Meteoritenschauer oder Sonneneruptionen. Aber es passiert nicht sehr oft. Doch ich erinnere mich, dass ich sie während der Sitzung sehr gerne gesehen habe. Sie sind nachts unterwegs. Sie sehen aus wie.... (sie hatte Schwierigkeiten, die Worte zu finden) fast wie ein Feuerwerk. Sie sehen aus wie Energiewellen. (Sie machte ein surrendes Geräusch: rrrrrrrr.)
D: Wirbelnd?
B: Das ist schwer zu beschreiben. Die Hauptlinie davon, wie zum Beispiel die Basis, wäre wie in einer Schnörkellinie. Aber es wäre eine Reihe von hell leuchtenden Punkten, von denen Energie nach oben fließt, wie ein Vorhang aus Energie.

Sie versuchte, es zu beschreiben, und sie sagte etwas über einen Vorhang, und ich konnte den Zusammenhang nicht erkennen. Ich wusste nicht, was sie meinte, einen Vorhang aus Streifen?

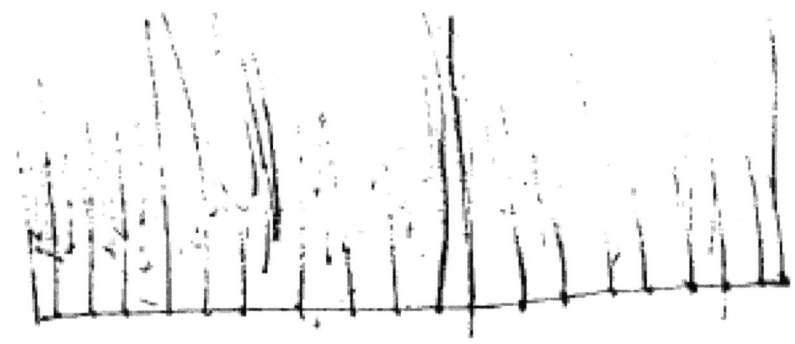

Dann zeichnete sie ein Bild der Aurora Borealis, an das sie sich erinnerte, sie gesehen zu haben. Sie dachte, das wäre einfacher, als zu versuchen, das Phänomen zu beschreiben.

B: Es ist in verschiedenen Farben. Es gab tiefe Rottöne oder Blautöne oder Violett oder normalerweise Grün.
D. *Ich habe von ihnen gehört, aber ich habe sie nie gesehen.*
B: So ist es bei mir auch. Und dieser Anblick, sie in meinem Kopf zu sehen, scheint in Verbindung mit der Kälte zu stehen.

Ich habe die Collier's Encyclopedia konsultiert, um Informationen über die Aurora Borealis zu erhalten. Sie hatte Recht, als sie es als einen Vorhang beschrieb. Sie werden "Lichtervorhänge" genannt und erscheinen oft als Vorhänge.

> *Die Darstellung beginnt in der Regel als homogener Bogen (gleiche oder einheitliche Teile), der eine der häufigsten Formen ist und keine Strahlstruktur aufweist. Die Helligkeit kann zeitlich mehr oder weniger konstant sein oder ausgeprägte Pulsationen für Perioden von weniger als einer Minute aufweisen. Wenn die Helligkeit steigt, zerfallen die homogenen Formen oft in Strahlen, ausgeleuchtete Bögen, Draperien oder eine Korona, in der die Strahlen zu konvergieren scheinen. Die "Flammen" sind starke Lichtwellen, die sich schnell nach oben bewegen und oft von der Bildung einer Korona begleitet werden.*

Obwohl die Ursache der Auroren den Wissenschaftlern nicht klar ist, wird angenommen, dass sie mit der Aktivität der Sonneneruption der Sonne zusammenhängt.

Die Zone der häufigsten Vorkommen von Auroren scheint sich rund um den Globus von Alaska, Great Bear Lake, über die Hudson Bay, südlich von Grönland und Island, nördlich von Norwegen und Sibirien zu erstrecken. Die wichtigsten Landmassen, in denen das Phänomen zu sehen ist, sind Alaska, Kanada und Norwegen. Diese Informationen halfen sehr gut, den Standort von Tuins Gruppe genauer zu lokalisieren.

In unserer heutigen Zeit ist die maximale saisonale Aktivität in den Äquinoktialmonaten, im Frühjahr und Herbst (März-April und September-Oktober) auf ihrem Höhepunkt. Tuin sagte, es sei im Winter passiert. Könnte dies ein Hinweis darauf sein, dass Tuin's Zeit so weit zurückliegt, dass die Jahreszeiten abweichen? Oder dass die Aurora zu einem anderen Zeitpunkt als heute auftrat?

Eine wenig intensive Aurora erscheinen als weiß. Die Farben in unserer Zeit wurden als gelblich-grün, gelegentlich violett und rot beobachtet. Die Farben werden durch Stickstoff und Sauerstoff in der oberen Atmosphäre verursacht. Die atomaren Sauerstoffverbindungen sind sowohl für die gelbgrünen als auch für die roten Auroren in Strahlform verantwortlich. Die starke Emission von molekularem Stickstoff ist in roten oder violetten Auroren am unteren Ende von Bogen- oder Draperieformen zu sehen. Sie sah tiefe Rottöne, Blau, Violett, Grün und Weiß, als sie die Aurora betrachtete. Der leichte Farbunterschied (z.B. Blau) könnte darauf hinweisen, dass die molekulare Zusammensetzung der oberen Atmosphäre zu seiner Zeit eine höhere Konzentration bestimmter Elemente enthielt. Es könnte auch bedeuten, dass Tuins Augen das Farbspektrum damals anders sahen.

Tuins Kommentare über die Länge des Tages und der Nacht während der längsten und kürzesten Tage des Jahres deuten erneut darauf hin, dass sein Standort definitiv in der nördlichen Hemisphäre liegt. Nördlich von 66112 Grad Nord (Polarkreis) gibt es am 21. Dezember 24 Stunden Dunkelheit und am 21. Juni 24 Stunden Tageslicht. Da seine Länge von Tagen und Nächten nicht völlige Dunkelheit oder

Sonnenlicht war, würde ich vermuten, dass seine Region etwas südlich des Polarkreises lag. Diese Informationen, kombiniert mit seiner Erwähnung der Aurora Borealis, weisen erneut auf die Region um Alaska-Kanada hin. Es gibt Teile Sibiriens, die in dieses Gebiet fallen, aber ich glaube, wegen Tuins Bezugnahme auf verschiedene Tiere und andere identifizierende Faktoren, dass er im hohen Norden des nordamerikanischen Kontinents lebte.

Kapitel 7

Das Tuch-Design

EINE WEITERE METHODE etwas über Tuins Leute zu lernen, war etwas über deren Kleidung herauszufinden. Durch bestimmte Typen und verwendete Materialien kann man bestimmte Zeiträume oder Länder unterscheiden.

D: Woher bekommt ihr das Material, aus dem die Kleidung hergestellt ist?
B: Ich bin mir nicht sicher. Normalerweise bin ich auf der Jagd. Es werden viele Häute verwendet. Es gibt eine Pflanze, die die Frauen benutzen. Sie bekommen den Stiel dieser Pflanze, und ich denke, sie tränken sie irgendwie in Wasser und schlagen sie manchmal zwischen den Steinen. Aber ich bin mir nicht ganz sicher, wie genau die Reihenfolge ist. Nachdem sie es eingeweicht und geschlagen haben, um die Fasern zu trennen, verteilen sie es in der Sonne.
D: Wären diese Fasern nicht sehr kurz?
B: Nun, sie verdrehen sie zusammen, um sie länger zu machen. (Handbewegungen) Sie bekommen auch die Haare von den Ziegen. Sie sind weich und machen ein gutes Tuch, aber Ziegenhaar ist kurz, also stelle ich mir vor, dass es viel davon kosten würde. Die Frauen haben Dinge, an die sie sie weben. Ich weiß aber nicht, wie es funktioniert. Für mich ist es sehr geheimnisvoll.
D: Deine Jagd wäre für sie wahrscheinlich genauso mysteriös.
B: Ich denke, du hast Recht. Ich schlug einmal vor, als die Frauen wenig Ballaststoffe hatten, wies ich sie darauf hin, dass die Rinde der Bäume Ballaststoffe in ihr hat. Warum probiert ihr das nicht aus? Sie waren sich einig, dass die Faser da war, aber sie wussten

nicht, wie sie die Faser davon abbekommen sollten. Sie sagten, es wäre zu viel Arbeit. Ich bin nur ein Jäger, warum sollten sie auf mich hören? Aber ich habe ihnen gesagt, warum nicht auch das im Hinterkopf behalten.

Tuin beschrieb die Pflanze, die hauptsächlich für die Faser verwendet wurde. Sie war etwa mittelhoch, bestehend aus einem zentralen Stiel mit breiten, flachen, spitzen Blättern. Diese Blätter waren etwa anderthalb Zentimeter breit und kamen vierseitig spiralförmig aus dem Stiel heraus. Die Blüte, oben oder an der Krone der Pflanze, war eine kleine bläulich-violette Blume mit gelber Mitte, die in einer Gruppe von Blättern eingeschlossen war. Die besten Fasern für Kleidung waren im Stiel. Diese Beschreibung passt zur Flachspflanze, die seit der Vorgeschichte zur Herstellung von Leinen angebaut wird.

Er sagte, es gäbe verschiedene Arten von Webstühlen. Für die Decken wurde ein großer Rahmen verwendet. Er benutzte Handbewegungen, um zu zeigen, dass sie die Faser um geformte Stöcke wickelten, die hin und her gereicht wurden. Seine Erklärung zeigte, dass er das Verfahren anscheinend beobachtet hatte, es aber nicht verstand. Einige der Frauen konnten recht schnell weben. Es gab auch einen kleineren Rahmen, der zur Herstellung von Stoffstreifen verwendet wurde, wie zum Beispiel für ein Hemd, einen Gürtel oder ähnliches. Dieses würde an der Wand hängen, mit dem anderen Ende an der Kleidung. Sie lehnten sich zurück, um die Spannung auf dem Material zu halten.

D: *Machst du deine eigene Kleidung?*
B: Normalerweise, außer wenn es ein Mädchen oder eine Dame des Dorfes gibt, die ihre Bedingungen verbessern will (grinsend).
D: *(Lacht) Wie nähst du die Felle zusammen?*
B: Es gibt Fasern im Körper des Tieres, die du verwenden kannst. Fasern, die die Muskeln und das Fleisch miteinander verbinden. Du kannst dies benutzen oder kleine Hautstreifen verwenden. Und ich stanze Löcher in die Haut und schnüre sie zusammen. Das sind Häute, die geheilt wurden. Zuerst schneide ich es mit meinem Messer in die gewünschte Form. Und schnüre sie zusammen mit den kleinen Hautstreifen oder der Faser aus dem Körper des Tieres.
D: *Was benutzt du, um die Löcher zu stanzen?*

B: Oh, normalerweise habe ich einen kleinen Knochen. Es gibt kleine Knochen, die scharf sind. Und wenn ich keinen kleinen Knochen zur Hand habe, dann vielleicht die Spitze meines Messers.
D: *Sehr clever.*

Ich war überrascht zu hören, dass Tuin auch gerne eine Art von Weberei betrieb.

B: Das sind die Dinge, die ich im Winter gerne mache. Die Tage, oder eher die Nächte, die lang werden - du musst etwas tun. Wenn du nur da sitzt, erdrücken dich die Wände. Und du weißt, dass ich es sowieso nicht mag, unter einem Dach zu sein. So ist eine der Sachen, die ich tue, Schnüre und Stränge zu bekommen und verschiedene Knoten zu binden und Designs mit den Knoten zu machen. Ich weiß, dass es mich vom eingehen abhält, es hält mich aus Schwierigkeiten heraus. Manchmal behalte ich, was ich mache, manchmal gebe ich es weg. Es kommt darauf an, welche Form es annimmt. Eine Dame nahm eines von ihnen und hängte es an einige Haken und benutzte es anstelle einer Wiege. Und jemand anderes nahm eines und hängte es an die Decke. Sie benutzt es, um eines ihrer Zimmer zu teilen.

In einer weiteren Sitzung konnte ich mich über die Pflanzen informieren, die zum Färben von Stoffen verwendet wurden.

B: Ich war im Wald auf der Jagd, aber diesmal nicht für Tiere, ich war heute faul. Ich war auf der Jagd nach bestimmten Kräutern und Wurzeln für die Frauen.
D: *Welche Art von Kräutern haben sie dich gebeten zu finden?*
B: Verschiedene. Ich finde sie je nachdem, wie sie riechen und wie sie aussehen. Bestimmte Blumen. Es gibt eine Blume, die eine helle lila Farbe mit einer gelben Mitte hat, die sie für etwas verwenden. Ich weiß nicht, wofür sie sie verwenden. Und eine kleine weiße Blume mit vier Blütenblättern. Und verschiedene andere Pflanzen wie diese.
D: *Benutzen sie nur die Blume?*
B: Nein, sie nutzen die ganze Pflanze. Ich lasse nur ein paar Wurzeln zurück. Ich lasse die Wurzeln zurück, damit die Pflanze wieder wachsen kann. Aber sie mögen es, wenn ich die ganze Pflanze

mitbringe. Es gibt noch eine andere, die ein dunkleres Lila hat, das sie benutzen, um ihr Garn zu färben, um die Farbe zu ändern.

D: Das hier wird dann nicht für die Medizin verwendet.

B: Ähm, ja. Es könnte sein, aber es wird auch zum Einfärben verwendet.

D: Wie machen sie das?

B: Sie mischen die Blumen, und manchmal verwenden sie alle verfügbaren Beeren mit einer bestimmten Art von Rinde, normalerweise wie Eichenrinde. Und sie kochen es in Wasser und es bildet diese dunkle Mischung. Sie stecken ihre Fasern hinein, und versuchen, diese Farbe zu färben. Wenn sie zum ersten Mal die Fasern herausziehen, ist die Farbe sehr dunkel. Aber wenn es in der Sonne trocknet, wird die Farbe weicher.

D: Gibt es noch andere Farben?

B:Braun und ein helles gelbliches Grün, das zu Gelb verblasst.

D: Was ist mit Weiß? Tragen sie weiß?

B: Oh, manchmal, aber die Farben sehen schöner aus. Aber es ist nicht so, dass die Wolken weiß sind. Es ist eher so, als wäre Stroh weiß.

Es gibt viele Möglichkeiten der Erforschung, wenn man versucht, den Ort und die Identität eines unbekannten Volkes zu bestimmen. Ein Freund, der ein Experte für Indianer ist, riet mir, nach allen Designs zu suchen, die von den Menschen zur Dekoration verwendet wurden. Da diese Art von Handwerk oft von Generation zu Generation weitergegeben wird, kann man daraus manchmal auf einen bestimmten Stamm schließen. Viele Designs sind verbreitet und werden von mehreren Personengruppen verwendet, aber es gibt auch solche, die in bestimmten Bereichen einzigartig sind. Ich habe versucht, diesen Bereich zu verifizieren.

Tuin hatte bereits die seltsamen Entwürfe beschrieben, die auf dem weißen Kopfschmuck verwendet wurden, den der weise Mann für das Sommerfest trug. Ich fragte, ob es andere Arten von Designs gibt, die für ihre Kleidung oder Haushalts-Gegenstände verwendet werden. Er sagte, dass die Frauen sehr geschickt darin waren, Körbe und Decken zu weben, und sie haben oft Designs in sie eingearbeitet.

D: Du sagtest, sie machen Dinge aus einer Art Ton? Haben sie irgendeine Art von Designs darauf?

B: Oh ja, immer. Normalerweise sind es Designs, die wie Blitze aussehen (machte Handbewegungen).

D: *Auf und ab? Irgendwie gezackt?*

B: Ja. Und einige machen Weinranken und offene Blätter, und einige Tiere darauf. Du kannst alles verwenden, was deine Fantasie befriedigt. Es hilft ihnen, es als ihren Besitz zu identifizieren, denn das ist ihr Design. Du gibst die Entwürfe an deine Kinder weiter, so wie sie traditionell sind, und dann zeigst du ihnen, dass sie sie verändern und mit ihnen alles machen können, was sie wollen. Du zeigst ihnen einige der Dinge, die du getan hast. Und die Person, die das Handwerk von dir lernt, lernt die traditionellen Designs und beginnt dann, eigene Designs zu entwerfen. Und sie gehen in beide Richtungen.

D: *Wie sehen die traditionellen Designs aus?*

B: Einige Designs sehen aus wie Felsbrocken und andere wie die verzweigten Muster verschiedener Arten von Baumarten, mal die Form von Blättern oder einfach nur etwas erfundenes.

D: *Etwas aus der Natur.*

B: Oder aus deinem Kopf. Vielleicht sieht eine derjenigen die weben, die Form eines bestimmten Berges, den sie mag, und sie entwirft ein Design, das auf dieser Form basiert. Es gibt ein Design, das die Frauen für ihre Decken haben, welches "das Schiff der Alten" genannt wird. Es ist sehr kunstvoll, und ich vermute, dass sie jede Generation ein wenig dazu beitragen lassen. Aber sie geben es als traditionelles Design weiter, auch wenn sie es ergänzt haben.

Jetzt hatte er mein Interesse geweckt. Wenn sie ein Design namens "das Schiff der Alten" hätten, könnte es mir nur einige Informationen darüber geben, wie das Raumschiff aussah. Er konnte die Worte zur Beschreibung nicht finden, aber er stimmte zu, sie für mich zu zeichnen. Normalerweise bin ich auf die Möglichkeit vorbereitet, das Subjekt während der Hypnose zeichnen oder schreiben zu lassen. Aber diesmal war ich überrascht, also versuchte ich, mit Tuin zu reden, während ich nach einen Zettel und einem Stift stöberte.

B: Es ist das kunstvollste Design, das die Frauen weben. Ich kann es vielleicht nicht so zeichnen, wie es wirklich aussieht. Ich habe es erwähnt, weil du dich für die Legenden der Alten zu interessieren schienst. Der größte Teil des Designs besteht aus verschiedenen

Farben, je nachdem, wie das Licht wirkt. Bestimmte Teile des Designs werden immer in der gleichen Farbe ausgeführt.

Ich hatte endlich alle Materialien. Ich ließ Beth ihre Augen öffnen und reichte ihr Zettel und Stift. Sie reagierte genauso wie viele andere Subjekte, die aus der Vergangenheit sprechen. Obwohl Papier und Stift gängige Objekte in Beths moderner Welt sind, waren sie Tuin völlig fremd. Sie fühlte das Papier, als ob sie versuchte zu verstehen, um welche Art von Substanz es sich handelte. Dann untersuchte sie den Stift, als ob sie versuchte, herauszufinden, welches Ende sie benutzen sollte. Sie bemerkte, wie seltsam die Objekte waren. Ich musste ihr zeigen, wie man ihn hält. Es war offensichtlich, dass Tuin es mit einem Objekt zu tun hatte, das er noch nie zuvor gesehen hatte. Er machte vorsichtig ein paar Markierungen oben auf der Seite und bemerkte: "Es ist schwarz. Ich werde es nicht schaffen, die richtigen Farben zu finden." Ich ermutigte ihn, trotzdem weiterzumachen und zu sehen, ob er das Design für mich reproduzieren konnte. Nachdem er anfing zu zeichnen, gewöhnte er sich bald an die Verwendung des Stiftes. Er machte sich Sorgen, es richtig zu zeichnen, weil er sagte, dass die Frauen es ausgeglichen würden, während sie die Decke webten. Er begann am unteren Bildrand und machte kommentierende Bemerkungen, während er durch den Entwurf ging. Es dauerte mehrere Minuten, bis es fertig war, weil es sich als kompliziert herausstellte.

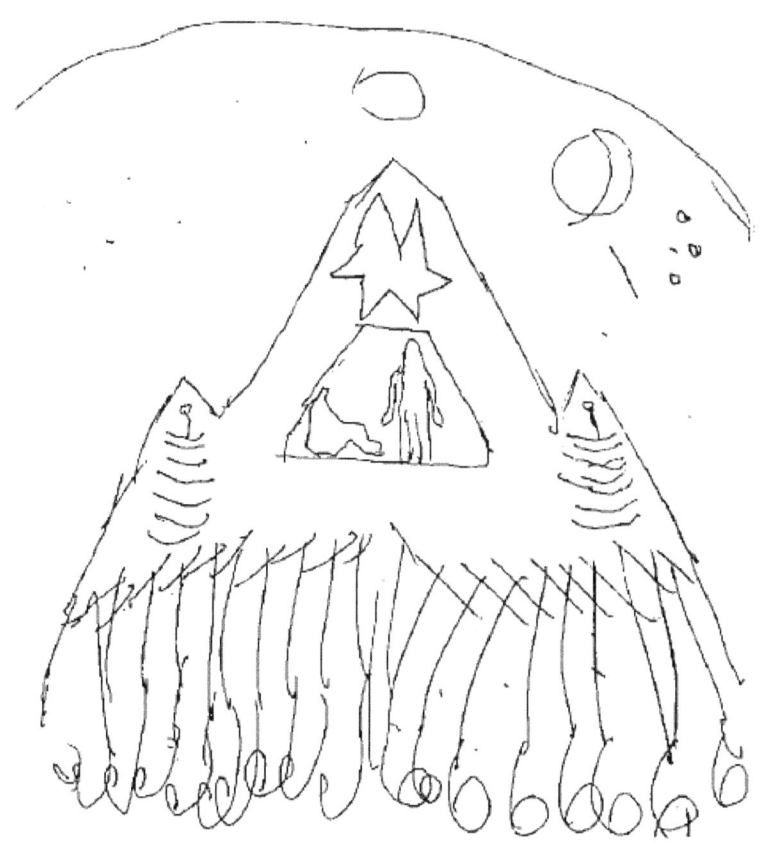

B: Dieser Teil hier unten ist immer orange oder gelb. Es ist wahrscheinlich ein Feuer. Und so ist es auch auf dieser Seite. Dies ist der eine Teil des Designs, der immer in der traditionellen Farbe ausgeführt wird. Und hier draußen gibt es manchmal Schnörkel. Und manchmal sind diese Schnörkel in Silber, und dieser Teil hier oben in Gold. (Dies war der untere Teil, der an Feuer und Rauch erinnerte, die aus dem Ende des Schiffes kamen) Manchmal stellen sie hier kleine Reihen auf. Wie ich schon sagte, sie sind ziemlich verziert. (Dies war auf dem Teil des Schiffes, der an einen Raketenantrieb erinnerte.) Jetzt machen sie manchmal eine Tür dorthin, aber nicht so, wie eine normale Tür sein sollte. (Er hat vielleicht gemeint, dass die Tür zu weit über dem Boden lag. Sie hatte auch eine seltsame Form.) Und in der Tür stellen sie manchmal fantasievolle Dinge dar, nur eine Vorstellung davon, wie der Weber es tun will. Du kannst deine Fantasie wirklich nutzen. Manchmal machen sie Bilder von Möbeln mit hinzugefügten Kräuseln. Und manchmal machen sie fantasievolle Bilder von den Alten. Normalerweise werden sie sie sehr groß und dünn machen, und im Allgemeinen silberfarben. Manchmal machen sie einen Stuhl aus den Alten. Es wird gesagt, dass er sich bewegt hat und man konnte sich mit dem Kopf nach hinten lehnen. Und hier oben wird normalerweise immer ein Silberstern angebracht. (Er malte einen Stern über die Türöffnung) Außer, dass er im Gleichgewicht ist. Mein Stern ist nicht im Gleichgewicht. Ich bin ein Jäger.

D: *Wird dieses Design immer wieder wiederholt?*

B: Normalerweise ist es der zentrale Teil der Decke- oder was auch immer gemacht wird. Der kunstvolle Teil um ihn herum wiederholt sich immer wieder, aber es gibt nur ein Schiff der Alten. Es wird nur einmal gemacht. Und dann wird auf einer Art von Decke dieser Teil (Feuer und Rauch) zu immer kunstvolleren Designs erweitert. Verschiedene Farben mit verschiedenen Mustern. Dann im Rest, (der Himmel) eine Sonne, aber manchmal werden sie einen Teil davon mit Sternen und Mond machen.

D: *Dieser Teil (der Himmel) ist dunkel gefärbt?*

B: Nun, es kommt darauf an, welche Farbe sie verwenden wollen. Sterne gefallen ihnen (er machte kleine runde Kreise), aber in verschiedenen Farben. Und manchmal machen sie es in den Designs, so wie die Sterne sind. (Hat er in Form der Sternbilder gemeint?) Es gibt einige mit kunstvolleren Mustern, je nachdem, wie es der Weber machen will.

Er war fertig. Ich nahm Zettel und Stift aus ihren Händen, und sie schloss ihre Augen und entspannte sich wieder. Dies ist immer ein interessantes Phänomen. Es wirkt so künstlich, nicht natürlich, als wenn das Subjekt wach wäre. Als ob die Person ein Roboter wäre, der einem Befehl mit glasigen Augen gehorcht. In diesem Fall dem Befehl zum Zeichnen, der für Tuin eine unnatürliche Funktion war. Wenn es vorbei ist und ich die Materialien entferne, ist es, als ob ein Schalter umgelegt würde und sie kehren sofort in den früheren Trancezustand zurück. Ich habe mich oft gefragt, was die andere Persönlichkeit denken würde, wenn sie mich oder etwas anderes im Raum bemerken würde. Würde es sie überraschen oder erschrecken, sich in einer fremden Umgebung zu befinden, wenn sie die Augen öffnen würden?

Aber das ist noch nie passiert. Aus irgendeinem unerklärlichen Grund, wenn sie die Augen öffnen, um für mich zu zeichnen oder zu schreiben oder Bücher oder Bilder anzusehen, bemerken sie nie etwas, außer dem, was ihre Aufmerksamkeit auf die anstehende Aufgabe lenkt. Das ist eine gute Sache, denn ich habe genug Mühe, ihnen die Schreibmaterialien zu erklären, ohne mir Sorgen um die Umgebung machen zu müssen. Sobald sie sich wieder entspannen, funktioniert die andere Persönlichkeit weiterhin in ihrer eigenen Umgebung, ohne Anzeichen dafür, dass etwas Außergewöhnliches passiert ist.

Die Zeichnung schien definitiv auf ein Raumschiff hinzudeuten, bei dem Feuer und Rauch aus dem Boden seiner Triebwerke kamen. Ich habe Tuin zu der Zeichnung beglückwünscht. Er war nicht beeindruckt.

B: Es ist nicht gut. Sag bitte keiner der Frauen, dass ich das gemalt habe. Sie werden eine Weile nicht mit mir sprechen.
D: (Lacht) Nein, werde ich nicht. Alles, was wir tun, ist nur zwischen uns. Niemand sonst muss es wissen. Dieses Schiff, ist das die Form, die es haben soll? So zugespitzt?
B: Nun, das ist es, was sie sagen. Ich weiß es nicht. Es hat sich wahrscheinlich im Laufe der Jahre verändert.
D: Weil es sehr nach der Form eines Berges aussieht, nicht wahr?
B: Ja, das tut es. Den Legenden zufolge mag es schlanker gewesen sein, aber so ist es nun mal.
D: Wenn die Frauen dann die Designs machen, ändern sie sie?
B: Ja. Vielleicht wollen sie das so nicht.
D: Aber es ist natürlich, das zu tun. Ich habe gehört, dass einige Schiffe komplett rund sind.
B: Wie würde man es lenken?
D: Ich weiß nicht. Das habe ich noch nicht herausgefunden. Natürlich weißt du auch nicht, wie dieses gelenkt wurde, oder?
B: Nein.
D: Du hast mir eine Menge Informationen gegeben, und ich nehme sie auf und schreibe sie auf. Niemand wird es wissen, außer uns. Die Frauen müssen es nicht wissen.
B: Sie wissen es. Ich habe dir gerade gesagt, was jeder weiß. Lass sie einfach nicht wissen, dass ich dir einige ihrer Entwürfe gezeichnet habe. Ich will nicht, dass die Freundlichen wütend werden.

D: Was du mir sagst, geht sie nichts an. Es ist nur für mich interessant zu wissen. Ich komme gerne zu dir und besuche dich.
B: Du warst schon ein paar Mal hier. Wir haben viel geredet.
D: Aber es macht dir doch nichts aus, oder?
B: Nein, sonst wäre ich nicht hier. Ich wäre auf der Jagd.
D: Ich denke, es ist sehr gut, dass wir diese Geschichte bewahren. Dann werden viele Menschen immer wissen, was mit deinem Volk passiert ist. Kann ich zu verschiedenen Zeiten wiederkommen und so mit dir reden?
B: Wenn du willst. Erzähle einfach niemandem von der Zeichnung.
D: Nein, nein, nein. Ich verspreche, dass ich das nicht tun werde. Es ist nur zwischen dir und mir. Und es wird in die Geschichte eingehen. Ich kann es darin zeigen.
B: Werden die Frauen es sehen?
D: Nein, sie werden es überhaupt nicht sehen. Ich würde gerne wiederkommen, wenn mir noch ein paar Fragen einfallen.
B: Dir fallen keine Fragen mehr ein?
D: Nun, im Moment fällt mir nichts mehr ein.

Das schien der einzige Punkt zu sein, der Tuin störte. Er hatte Angst, dass die Frauen herausfinden würden, dass er ihre Entwürfe gezeichnet hat. In den Wochen, in denen wir an dieser Regression gearbeitet haben, hat er diesen Punkt mehrmals angesprochen, dass ich den Frauen nicht sagen sollte, was er getan hatte.

Ein interessanter Punkt wurde später über die Form des Sterns angesprochen, den er auf das Raumschiff zeichnete. Er hat sechs Punkte, ist aber nicht wie der Davidstern geformt. Es scheint auf zwei Beinen zu stehen. Ich machte eine mentale Notiz, um später mehr darüber zu erfahren.

Kapitel 8

Die Werkzeuge des Jägers und die Tiere

EINIGE STÄMME kann man an deren Pfeilspitzen und Werkzeugen identifizieren, die sie verwendeten. Also befragte ich Tuin nach seinen Jagdwerkzeugen.

D: Du hast mir einmal gesagt, dass du mit Pfeil und Bogen jagen gehst. Was verwendest du auf der Spitze des Pfeils?
B: Es gibt eine bestimmte Art von Stein, die man mit einem anderen Stein treffen und zu einem sehr feinen Rand formen kann. Dieser Stein ist normalerweise außen weiß, und du schlägst die weiße Schicht ab und innen ist er grau oder schwarz oder dunkelgrün. Irgendwie glänzend. Und er ist sehr einfach zu formen. Du musst vorsichtig sein; er könnte zerbrechen. Aber wenn man ihn erst einmal richtig geformt hat, wird er nicht mehr zerbrechen. Je nachdem, wofür der Pfeil verwendet wird, wird er geformt.

Ein indianischer Experte bat mich, zu versuchen, eine Zeichnung der Pfeilspitzen anfertigen zu lassen. Dies würde ihm helfen, diese Menschen zu identifizieren. Ich nahm Stift Zettel wieder und ließ Beth die Augen öffnen. Als ich sie ihr übergab, staunte sie erneut über die Materialien und versuchte herauszufinden, welches Ende des Stiftes sie verwenden sollte. Ich wartete, bis sie anfing zu zeichnen. Sie zeichnete die Bilder von mehreren verschiedenen Formen von Pfeilspitzen. Die erste hatte scheinbar zwei Haken, einen auf jeder Seite. Tuin erklärte, dass dies der Grund dafür sei, dass es an den Schaft gebunden werden könnte. Es schien nicht sehr spitz zu sein.

B: Es muss nicht darauf hingewiesen werden - die Kanten sind scharf wie ein Messer, bis zu dem Punkt, an dem sie das Fleisch durchdringen. (Er hat einen gezeichnet, der wie ein Zauberstab aussah, der auf beiden Enden Punkte hatte) Man bindet einen Teil davon so an den Schaft. (Er zog die Bindung über das spitze Ende) Diese sind klein, sie sind für kleinere Tiere und der Schaft ist sehr klein und leicht. Es wird in den Körper, des Tieres eindringen und tötet sie in der Regel sofort. Und einige der Bauern nutzen dies in einem Geschicklichkeitsspiel bei Fischen.

D: *Wenn es Punkte an beiden Enden hat, macht es das einfacher, um es festzuhalten?*
B: Nun, wenn du den Stein dafür zerkleinerst, passiert es, dass er so zerkleinert wird. Wenn du mit dieser Art von Punkt arbeitest, ist es am einfachsten, einfach weiterzumachen und ihn auch auf dieses Ende zu richten. (Er zog den, der einen Haken auf der einen Seite hatte) Der Steinmetz sagt mir, dass dies der schwierigste ist, weil es wahrscheinlich ist, dass er zerbricht, wenn man nicht wirklich vorsichtig ist und es genau richtig macht. Er formt es mit einer feinen Kante mit dem Haken auf der Rückseite. Ich benutze es dafür, falls ein Tier wegläuft, nachdem ich es geschossen habe. Während sie laufen, wird der Punkt seinen Weg in dem Körper fortsetzen, und das wird ihn davor bewahren, herauszufallen. Der eine mit den beiden Punkten ist nur für die normale Jagd geeignet. Er hat scharfe Kanten und so geht er einfach hinein. Und das ist, um sicherzustellen, dass er direkt hineingeht und nicht herausfällt, bis ich bereit bin, dass er herauskommt.
D: *Ich verstehe. Formt ihr die Pfeile selber?*
B: Nur in Notfällen. Es gibt einen alten Mann im Dorf, der es sehr gut macht. Der alte Mann hat einen Lehrling. Er bringt ihm bei, wie man diese Steine formt. Jeder im Dorf hat seine Arbeit, damit alles getan werden kann.
D: *Ich dachte, vielleicht könntest du die Punkte aus Metallstücken machen.*
B: Manchmal. Aber das Metall ist zu wertvoll und es kommt oft vor, dass Pfeile verloren gehen. Wenn du also eine scharfe Kante für etwas brauchst, das am Ende verloren geht, benutzt du etwas, das leicht zu bekommen ist, wie einen Stein, und sparst dir das Metall für Messer.

D: *Ja. Wenn du das Tier nicht findest, kannst du den Pfeil auch nicht finden.*

B: (Stolz) Ich verfehle nicht. Ich bin ein Jäger. Aber manchmal laufen die Tiere weg.

D: *Du kennst deinen Job.*

B: Nun, das sollte jeder.

D: *Benutzt du jemals größere Pfeilspitzen? (Ich dachte an Speere) Oder sind das die einzigen, die du benutzt?*

B: Ahh, sie sind ausreichend. Es gibt eine Sache, die ich tue, um bei den Bären zu helfen. Ich brauche einen zusätzlichen, größeren Pfeil. Manchmal hat er haken, manchmal nicht, aber er ist größer. Ich werde weitermachen und den Haken für dich zeichnen. (Er hat einen gezeichnet, der aussah wie ein Speer) Normalerweise ist es nicht wirklich ein Pfeil, es ist eher wie ein Wurfstab.

D: *Ist er an den Seiten scharf?*

B: Es ist am besten, wenn er so ist. Er ist nicht so scharf wie dieser. (Der mit zwei Haken) Dieser hat die fertigen Kanten, er ist sehr scharf.

D: *Hast du etwas, in das du deine Pfeile gesteckt hast?*

B: Normalerweise habe ich eine Art Tasche für sie. (Er machte Bewegungen, als ob es um seiner Taille wäre) Ich hänge es an meinen Gürtel.

D: *Was ist mit deinem Messer? Wie ist das geformt?*

B: Ich werde es etwas kleiner zeichnen müssen, als es ist. (Er zog das Messer) Der Griff ist lang genug für die Hand, und die Klinge ist etwa so lang (etwa 30 cm lang). Einige von ihnen sind länger, so (nur ein wenig länger) und schwerer. Es gibt verschiedene Größen für verschiedene Aufgaben. Die Leute, die das Fleisch zubereiten, benutzen die Messer. Diejenigen, die die Felle vorbereiten, benutzen sie auch, aber sie können auch Steine verwenden. Einige der Messer haben nur eine Kante auf einer Seite und andere haben eine Kante auf beiden Seiten. Für diejenigen, die nur eine Kante auf einer Seite haben, haben wir normalerweise ein spezielles Stück Leder, das wir hier hinlegen können, so wie hier, um die Hand zu polstern, damit es zum Schaben der Felle verwendet werden kann. (Er zog das Lederstück auf die Seite des Messers) Man wickelt es einfach da drauf, wenn man es braucht.

D: *Und dieses Messer wurde aus dem Metall des Schiffes der Alten hergestellt?*

B: Ja.

D: *Das sind die einzigen Waffen, die du benutzt?*
B: Ja. Und manchmal gibt es eine Möglichkeit, Steine zu werfen, wenn man keinen Pfeil in der Hand hat. Du hast einen Hautstreifen, der es einfacher macht, damit du den Stein werfen kannst.

Ich nahm Zettel und Stift wieder weg und sie schloss ihre Augen erneut.

D: *Es sieht so aus, als ob diese völlig ausreichend sind. Du kannst damit alle möglichen Dinge machen.*
B: Ja. Du bekommst alles, was getan werden muss.

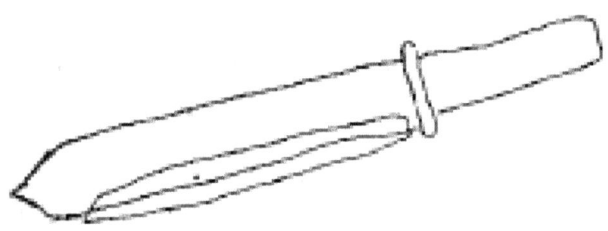

Tuins Jagdpfeile und Speerspitzen schienen im Vergleich zu normalen indianischen Funden groß zu sein. Dann stieß ich auf einen Artikel in der Oktoberausgabe 1988 von National Geographic. Dies war die Geschichte der Entdeckung der berühmten Clovis Points. Diese Speerspitzen wurden aus Hornstein (Feuersteingestein) und Chalzedon (ein lichtdurchlässiger Quarz) hergestellt und in einem Bauerngarten im Zentrum des Staates Washington gefunden. Sie gelten als die ältesten Artefakte, die je in der Neuen Welt gefunden wurden. Die Archäologen denken, dass sie das Werk der Clovis sind, einer Gruppe von Jägern, die vor fast 12.000 Jahren eiszeitliche Mammuts und andere Tiere in die Gegend verfolgten. Die größte der Speerspitzen war 23 cm lang, so dass es den Anschein hat, dass Tuins Jagdausrüstung von ähnlicher Natur war.

Ich dachte, eine gute Methode, um herauszufinden, wo sich Tuin und das Dorf befanden, wäre die Identifizierung der in der Gegend heimischen Tiere und Pflanzen. Zumindest würde es helfen, sich auf den richtigen Teil der Welt zu konzentrieren.

D: *Du sagtest, es gibt dort Ochsen? Gibt es auch noch andere zahme Tiere?*

B: Äh ja. Es gibt noch ein anderes Tier, welches einer von uns hält, es liefert Milch für die Säuglinge, wenn ihre Mütter austrocknen. Es sieht aus wie die Ziegen, die oben in den Bergen sind, aber es ist kleiner, hat kleine Hörner. Wir würden gerne versuchen, einige der Bergziegen im Dorf zu halten, aber sie wandern immer wieder davon. Alle Frauen sagen, dass die Haare gute Decken ergeben würden. Es ist dick und verfilzt. Aber sie sind schwer zu fangen; sie sind nie liebenswert. Die Männchen haben Hörner, die sehr dick und hart sind, und sie sind gezahnt. Sie kräuseln sich so. (Er machte Handbewegungen. Die Hörner kräuselten sich rückwärts wie die Dickhornschafe) Wenn eine Ziege getötet wird, wenn ein Tier getötet wird, wird alles verwendet - der Huf, die Knochen, alle Hörner, die Haut.

D: *Dann ist nichts verschwendet.*

B: Die Bergziegen sind sehr wendig und gut entwickelt, um die Berge zu besteigen. Diese kleinere Ziege, die dieser Mensch hat, besteigt keine Berge. Sie gerät immer wieder in Schwierigkeiten.

D: *(Lacht) Gibt es nur eine oder mehrere?*

B: Ich bin mir nicht sicher, wie viele es sind.

D: *Dann melkt er die?*

B: So nennst du es also? Das hatte ich mich schon gefragt. Ich wusste, dass er die Milch von den Frauen bekommen hatte. Aber ich bin normalerweise auf der Jagd, wenn er sich um seine Ziegen kümmert.

D: *Bekommt ihr Milch von einem anderen Tier?*

B: Die weiblichen Ochsen, aber sie wird nicht wirklich verwendet, außer vielleicht für Käse im Winter.

D: *Werden die Ochsen jemals als Nahrung gegessen?*

B: (Er unterbrach mit einem emphatischen....) Nein! Das wäre dumm. Es gibt nicht genug von ihnen, um sie zu töten. Die Bauern könnten ohne die Ochsen nicht arbeiten. Wenn uns das Fleisch ausgeht, dann gehe ich in den Schnee und versuche, ein Tier zu finden, oder wir essen für eine Weile nur Gemüse.

D: *Wofür werden die Ochsen verwendet?*

B: immer sie einen Stein, einen Stumpf oder etwas aus dem Weg schaffen müssen, benutzen sie Ochsen, um ihn bei Bedarf hochzuziehen und aus dem Feld zu ziehen. Die Ochsen sind stärker als die Menschen.

D: *Haben sie Hörner?*
B: Ja. Sie sind fast gerade. (Verwendete Handbewegungen) Ich tue so, als ob ich bin ein Ochse bin. Es gibt zwei Hörner auf jeder Seite und sie gehen so raus.

Er streckte seine Arme zur Seite, so weit es ging. Ich habe den Eindruck von großen Hörnern, die geradewegs nach außen gehen.

D: *Haben das Männchen und das Weibchen beide diese langen Hörner?*
B: Ja.

Ich dachte an ein Yak, da die Hörner nicht wie die eines Wasserbüffels klangen.

D: *Haben sie auch langes Fell?*
B: Im Winter.
D: *Du sagtest mir, du dachtest, die Ochsen könnten von den Alten mitgebracht worden sein.*
B: Die Legenden sagen, dass sie es waren.
D: *Es muss ein großes Schiff gewesen sein, um so viele Dinge zu transportieren.*
B: Es wurde gesagt, dass es groß sei.
D: *Glaubst du, dass die kleinen Ziegen von irgendwo herkommen könnten?*
B: Ich bin mir nicht sicher. Ich weiß es nicht. Sie könnten von Anfang an ein paar Ziegen aus den Bergen mitgebracht haben. Aber sie sehen nicht aus wie die aus den Bergen. Man sieht, dass es sich bei beiden um Ziegen handelt, aber sie sehen nicht wie die gleiche Art aus. Sie sind kleiner und nicht ganz so zottelig.
D: *Vielleicht haben sie vor langer Zeit welche genommen und sie gezähmt.*
B: Vielleicht. Ich weiß es nicht.
D: *Haben die Leute in deinem Dorf jemals darüber nachgedacht, Tiere aus der Wildnis zu zähmen? Damit sie ihnen helfen können?*
B: Ihnen helfen? Was meinst du damit?
D: *Nun, du benutzt die Ochsen für verschiedene Dinge. Haben sie jemals versucht, andere Tiere zu zähmen, um so zu helfen?*
B: Es wurde darüber gesprochen. Es ist nicht wirklich geschehen. Derjenige mit den Ziegen sagte, er würde vorschlagen, dass sie

versuchen, die Ziegen zu benutzen, aber sie waren irgendwie dumm und stur. Wie auch immer, es hat einige Gespräche gegeben, aber wir haben es nicht wirklich ernsthaft in Betracht gezogen.

D: *Hast du jemals daran gedacht, ein wildes Tier zu zähmen?*
B: Wahrscheinlich wäre ein Bär gut; sie sind stark. Aber das wäre schwierig zu tun.
D: *Manchmal erleichtert es dir die Arbeit, wenn du ein Tier benutzt, das dir hilft.*
B: Ja...... Wie würde sich das auf die Jagd auswirken?
D: *Was meinst du damit?*
B: Nun, wenn man die Tiere zähmt und sie benutzt, um dir bei der Arbeit zu helfen, was würdest du dann jagen? Was würdest du essen?
D: *Du würdest sie nicht alle zähmen, nur ein paar.*
B: Oh.
D: *Die Ochsen sind bereits zahm, nicht wahr?*
B: Nun, man muss sie ausbilden, wenn sie jung sind. Aber ja, sie sind nicht wie die wilden Tiere.
D: *Sie sind nicht so schwer zu zähmen?*
B: Nicht, wenn du weißt, wie, aber ich weiß nicht wie. Ich bin ein Jäger.

Ich habe versucht, an andere zahme Tiere zu denken, die sie vielleicht haben könnten.

D: *Weißt du, was Hühner sind? (Er schüttelte den Kopf) Es ist eine Art zahmer Vogel, der zum Fleisch-Verzehr aufgezogen wird, und einige Leute essen die Eier.*
B: Die Eier der Vögel sind so klein. Warum sie essen?
D: *Isst du Vögel?*
B: Nicht oft. Sie sind so klein, sie haben nicht wirklich viel Fleisch.
D: *An einigen Orten auf der Welt gibt es größere Vögel und sie haben größere Eier. Deshalb habe ich mich gefragt, ob du sie dort hast, wo du wohnst.*
B: Nein, nur die Vögel, die in den Bäumen sind. Es gibt etwas größere Vogel Adler und solche, aber wir essen sie nicht. Sie leben in den Felsen. Sie sind schwer zu erreichen. Hirsche sind leichter zu bekommen, wenn man Fleisch braucht.
D: *Was ist mit einem Vielfraß? (Er hat dieses Tier einmal erwähnt.)*

B: Der Vielfraß nein... das Fell ist gut, das Fleisch, äh, nicht so gut wie Hirsch. Aber wenn man das Fleisch braucht, braucht man das Fleisch.

D: *Es spielt dann keine Rolle, woher es kommt?*

B: Ja. Hirsch ist besser. Bär ist gut.

D: *Gibt es sonst noch etwas, das du für Fleisch töten würdest?*

B: Ah, ein kleines Tier. Ich bin mir nicht sicher, wie es heißt. Er hat lange schmale Ohren und ist pelzig. Es hat eine starke Hinterhand. Es neigt dazu, zu springen oder zu hüpfen, anstatt zu gehen. Es hat einen kurzen Schwanz mit viel Fell. Sie sind klein, können aber gutes Fleisch sein.

Es war offensichtlich, dass dies nicht von Beths Verstand kam, denn sie könnte sicherlich ein Kaninchen identifizieren.

D: *Oh ja. Ich habe sie gesehen. Sie sind gut, aber es braucht viel, um viele Menschen zu ernähren.*

B: Normalerweise bin ich derjenige, der sie isst, wenn ich auf der Jagd bin. Wir essen, was auch immer kommt, aber Hirsche und Bären sind die häufigsten.

D: *Kommt eines der Tiere jemals in das Dorf herunter und greift die Menschen an?*

B: Manchmal im Frühjahr, wenn die Bären zum ersten Mal aufwachen und hungrig sind, werden sie hereinkommen. Aber Bären sind nicht schädlich. Sie mögen Beeren mehr als alles andere. Wenn du in Harmonie mit der Erde bleibst, bist du in Harmonie mit den Tieren und die Tiere sind in Harmonie mit dir. Und sie kommen nicht, denn sie wissen, wenn du in Harmonie bist, gibt es nichts für sie.

D: *Aber du hast vorher gesagt, dass dein Volk kleine Unterkünfte auf den Häusern gebaut hat, in denen die Kinder schlafen und um die Tiere draußen halten zu können.*

B: Das ist normalerweise der Bär. Wenn es eine Tür gibt, die offen ist und der Bär etwas riecht, das er mag, wie Beeren oder so, wird er hereinkommen, um sie zu finden. Bären sind immer hungrig.

D: *Sind die Bären groß?*

B: Oh, sie haben Bärengröße.

D: *(Lacht) So groß wie du?*

B: Wenn sie auf ihrem Hinterteil stehen, sind sie größer als ich. Wenn sie auf allen Vieren sind, kommen sie genau hier (bis zu seiner

Taille) an. Aber die Bären sind sanftmütig. Wenn du weißt, wie man einen Bären behandelt, musst du dir keine Sorgen machen.

D: *Isst du den Bären?*

B: Ja. Vor allem im Winter. Er muss natürlich sorgfältig zubereitet werden, aber im Grunde ist der Bär ein gutes Tier. Und die Bärenhaut ist sehr gut geeignet, um Dinge herzustellen.

D: *Ich habe gehört, dass es gibt einige Tiere gibt, die im Winter schlafen.*

B: Das ist wahr. Wir sehen sie gelegentlich, aber nicht oft.

D: *Ist das ein Grund, warum es im Winter schwierig ist, Fleisch zu finden?*

B: Ja. Ein weiterer Grund, der es schwierig macht, ist, dass man sowieso nicht nach draußen gehen will. Es ist zu kalt.

D: *Hast du sehr viele Tiere, die kriechen?*

B: Meistens unten am Fluss, und man sieht sie nur im Hochsommer. Im Wasser, manchmal an den Ufern Aale, Salamander, solche Sachen.

D: *Hast du so etwas wie "Schlangen"?*

B: Ja, normalerweise sind sie schwarz.

D: *Gibt es eine, die Menschen verletzt?*

B: Wenn du in Harmonie mit der Erde bist, musst du dir keine Sorgen um sie machen.

All dieses Reden von Harmonie begann sich wie eine kaputte Schallplatte anzuhören.

D: *Ich meinte, gibt es etwas, das dich verletzen würde, wenn sie dich beißen würden?*

B: Es gibt einen Typ, der es tun würde, der mit dem Schwanz klappert. Aber normalerweise gibt es nicht viele. Wenn das Wetter kalt wird, können sie sich nicht sehr gut bewegen.

D: *Aber du machst dir keine Sorgen um sie, obwohl du barfuß da draußen herumläufst?*

B: Sie sind so klein, und sie bewegen sich nie sehr schnell. Sie sind in der Regel harmlos.

D: *Schildkröte. Kennst du dieses Wort? Sie haben eine harte Schale?*

B: Oh ja. Er ist derjenige, der sein Haus bei sich trägt.

D: *(Ich habe über diese Definition gelacht.) Isst du jemals die Schildkröten?*

B: Nein.

D: *Hast du das, was ich einen Wolf nennen würde?*
B: Ja. Es sind große Tiere, die in der Regel etwa so hoch sind wie deine Taille. Sie haben starke Schultern. Ich halte mich von ihnen fern. (Entweder waren sie groß oder die Leute waren klein.) Sie holen sich die schwächeren Hirsche und machen andere solche Sachen im Winter.
D: *Musstest du jemals Wölfe essen?*
B: Nein, nicht, solange ich Jäger bin.
D: *Welche Art von Markierungen haben sie?*
B: Sie sind im Allgemeinen bräunlich mit dunkleren Abzeichen am Schwanzrand, über den Schultern und sie akzentuieren ihr Gesicht und die Spitzen ihrer Ohren. Außer im Winter, im Winter sind sie weiß.
D: *Einmal hast du ein Wildschwein erwähnt.*
B: Ja. Man findet sie im Wald. (Unverständlicherweise) Es ist gemein und hässlich, obwohl es auch das Lied der Erde singt. Normalerweise ist es knapp über dem Knie hoch. Es hat borstiges Haar und einen kurzen Schwanz. Eine Art schaufelartig aussehender Ohren, und die Augen sind klein und rot. Und seine beiden unteren Zähne sind normalerweise über der Schnauze.
D: *Hmm. Sind sie gefährlich?*
B: (Mit Nachdruck) Ja! Sie sind aufbrausend! Aber du kannst sie hören und fühlen, damit du sie vermeiden kannst. Du kannst sie essen, ihr Fleisch ist sehr lecker, aber man muss es vorsichtig kochen. Die Legenden sagen, dass, wenn es nicht sorgfältig gekocht wird, es das Lied deines Körpers stören und Zwietracht erzeugen könnte.
D: *Ich frage mich, warum das Fleisch eines Tieres anders ist als das der anderen?*
B: Die meisten Tiere essen entweder Pflanzen oder andere Tiere, und wir essen die Tiere, die Pflanzen essen. Aber dieses Tier frisst beides, ohne sich darum zu kümmern. Es frisst alles. So heißt es, dass sein Fleisch sorgfältig zubereitet werden muss, wie bei anderen Tieren, die ebenfalls Fleisch essen. Auch sie müssen sorgfältig vorbereitet werden. Sie schmecken nicht so gut. Ich bin mir nicht sicher, warum. Die Legenden helfen uns.
D: *Hast du jemals das Fleisch der Schafe gegessen?*
B: Oh ja. Es ist gutes Fleisch. Die Tiere, die Pflanzen fressen, haben das beste Fleisch. Das Fleisch der Fleischfresser ist zu stark. Es kann leicht schlecht werden.

D: Oh, es verdirbt mit anderen Worten?
B: Verdirbt?
D: Das ist ein Wort, das ich benutze. Es bedeutet, dass es schlecht wird.
B: Ja, einige Tiere, auch wenn sie frisch getötet wurden, schmecken, als ob sie schlecht geworden wären.
D: Welche Tiere sind Fleischfresser?
B: Es gibt verschiedene. Die Tiere mit den Krallen, die sie zurückziehen können. Wir essen sie nicht gerne.

Diese Bemerkungen über ihre Gewohnheiten Fleisch zu essen klangen seltsam, bis ich anfing, über unsere eigenen nachzudenken. Wir essen auch nur Tiere, die Pflanzenfresser sind. Es gibt mehrere Arten von Fleisch, die in unserem Zeitrahmen sorgfältig zubereitet werden müssen. Wenn es nicht vollständig gekocht wird, kann es zu gefährlichen Krankheiten kommen. Ich hatte noch nie darüber nachgedacht. Vielleicht gibt es einen gesundheitlichen Grund, keine fleischfressenden Tiere zu essen. Dies geht auch mit den in der Bibel genannten Ernährungs-Gesetzen einher. Ich habe immer gedacht, dass dies der Grund dafür sei, den Juden zu verbieten, Schweinefleisch zu essen. Diese Gefahren sind seit jeher bekannt, aber die Gründe dafür wären zu kompliziert gewesen, um sie den Menschen vor der Entdeckung von Keimen und Mikroben zu erklären. Es war einfacher, den Menschen zu sagen, dass das Fleisch bestimmter Tiere unrein ist, und ihren Verzehr zu verbieten.

D: Ich erinnere mich an die Zeit, als du mir von dem seltsamen Tier erzählt hast, das du getötet hast. Aber du sagtest, sein Fleisch sei in Ordnung, nicht wahr?
B: Es schmeckte seltsam. Wir haben es sehr sorgfältig gekocht. Wir wussten nicht, ob es sich um einen Pflanzen- oder einen Tierfresser handelte. Wir nahmen an, dass es sich um einen Tierfresser handelt, um der Sicherheit willen. Wir haben es sorgfältig gekocht und niemand starb daran, es zu essen. Es schmeckte nur sehr seltsam. Man konnte es nicht definieren, ob es das Fleisch eines Tieres war, das ging oder ein Tier, das kroch. Einige Tiere, die kriechen, anstatt zu gehen, schmecken anders. Aber Tiere, die auf vier Beinen laufen, schmecken so, wie sie schmecken. Und bei diesem Tier konnte man nicht erkennen, ob

es sich um eines das geht, eines das kriecht oder eines das schwimmt handelte.

D: *Als du diese Tier gefunden hast, wurdest du zu ihm von dem gleichen Gefühl in deinem Kopf geführt, das du in mir beschrieben hast?*

B: Ja, das wurde ich. Das Gefühl schien aber diesmal anders zu sein. Anstatt hier zu sein (in der Mitte ihrer Stirn), schien es eher so hier sein (er zeigte auf beide Seiten seiner Stirn statt auf die Mitte). Und ich wusste, dass es eine andere Art von Tier sein würde, aber ich fühlte, dass ich es wahrscheinlich erkennen würde. Ich war überrascht, als ich nicht wusste, was es war.

D: *Hast du seitdem nochmal mal so ein Tier gesehen?*

B: Niemals.

D: *Du hattest Glück, dass es nicht wütend war. Du sagtest, es hätte Krallen und auch Reißzähne.*

B: Nun, ich war ruhig und in Harmonie. Es wusste nicht, dass ich in der Nähe war.

D: *Ich habe manchmal gehört, dass es Tiere gibt, die deformiert sind. Sie kommen aus einer seltsamen Mischung, und es gäbe nur ein einziges von der Art. Weißt du, was ich meine?*

B: Ja, wie der Landwirt mit den Ziegen. Einmal wurde eine mit einem schiefen Bein geboren. Manchmal habe ich bei einigen der Tiere Seltsamkeiten gesehen, aber man konnte das Tier trotzdem erkennen. Auch wenn es zwei verschiedene Eltern gab, konnte man erkennen, was die Eltern waren. Einmal sah ich eine der Berg-Kreaturen.... eine der fleischfressenden Kreaturen mit den Krallen, die sie bei Bedarf zurückziehen können. Sie haben meist gelbe Augen, kleine Ohren, einen langen Schwanz.

D: *Ja, ich glaube, ich weiß, was du meinst.*

Es war offensichtlich, dass er sich auf eine Art Katze bezog.

B: Es gibt zwei verschiedene Arten und einmal sah ich eine, die eine Kombination aus beiden war, also wusste ich, dass ihre Eltern jeweils eines von jedem waren.

D: *Wie sehen diese beiden verschiedenen Arten aus?*

B: Eine ist gefleckt, so golden-gelbbraun. Wie soll ich es beschreiben? Er ist goldfarben mit einem dunkleren Goldbraun am Schwanz. Es verschmilzt mit ihm. Und manchmal hat er golden-gelbbraune, etwas dunklere Ohren. Er ist etwa kniehoch, aber er ist lang und sehr anmutig. Der andere sieht anders aus. Sie haben im Allgemeinen eine Art graue, bläulichgraue Farbe. Sie werden im Winter weiß. Manchmal sieht man eine, die fast schwarz ist, aber normalerweise sind sie grau.

D: Sind sie so groß wie die anderen?

B: Kompakter, voluminöser. Vielleicht etwas größer und nicht ganz so lang, aber sie sind genauso anmutig, sie sind stärker bemuskelt, wie es scheint. Die goldenen haben schlanke Muskeln, die ihnen diesen besonderen Gang geben. Und die grauen sind kräftiger gebaut. Sie sind auch anmutig, aber auf eine kompaktere Art und Weise.

D: Sie sind nicht so groß wie ein Hirsch?

B: Nein, sie sind nicht so groß wie ein Hirsch, aber sie sind mehr als stark genug, um einen Hirsch herunterzuziehen.

D: Woher wusstest du, dass das Tier eine Kombination aus diesen beiden ist?

B: Weil ich ihn so gesehen habe, er war nur kniehoch und irgendwie langbeinig. Er hatte ein graues Fell, aber sein Fell war mit silbernen Mustern gesprenkelt. Das und der Schwanz wurden allmählich schwarz. Das sagte mir, dass es eine Kombination aus beiden war, denn es hatte den Aufbau des einen und die Grundfarbe des anderen, mit den Farbeigenschaften des ersten.

D: Ich verstehe. Tötest du jemals diese Tiere, um sie zu essen?

B: Nur im Winter, wenn wir es brauchen. Es gibt nicht so viele von ihnen wie von den Hirschen. Ich fürchte, wenn ich sie töten würde, würde der Hirsch zu zahlreich werden und sie würden verhungern.

D: Ja, lass die Natur für sich selbst sorgen.

B: Sei in Harmonie.

D: Ich dachte, dass das seltsame Tier, das du gesehen hast, mit dem Horn in der Mitte des Kopfes, vielleicht so etwas in der Art gewesen sein könnte. Etwas seltsames, oder eine Kombination aus etwas anderem.

B: Bitte vergib mir. Ich bin anderer Meinung. Ich dachte darüber nach, aber ich konnte mir keine Kombination bei den Tieren vorstellen, von denen ich wusste, dass sie sich das ausdenken würden. Und außerdem, war das Gefühl in meinem Kopf, dass das Tier anders war, es war nicht in Harmonie mit der Erde. Ich habe das Gefühl, dass das Tier vielleicht... nun, es gibt eine Legende, die besagt, dass diese Erde nicht die einzige ist. Es gibt hier mehrere und manchmal können wir von einer zur anderen gehen, ohne es zu wissen. Und ich habe das Gefühl, dass an diesem Wintertag es war dunkel, dass ich -versehentlich- in die andere Erde ging, wo diese Tiere sind, weil sich alles anders anfühlte. Das Land war das gleiche, aber die Harmonie war anders. Der Wind sang sogar anders. Aber ich brauchte das Tier für das Dorf. Und als ich dann zurück ins Dorf ging, fühlte ich, wie sich die Dinge wieder änderten und sich alles wieder richtig anfühlte.

D: *Vielleicht durfte es passieren, weil du das Fleisch brauchtest.*

B: Vielleicht ja. Einer der älteren Männer im Dorf glaubt, dass es ziemlich oft passiert, ohne dass wir davon wissen, denn einige der Erden sind näher an unserer als andere.

D: *Man weiß nie; alles ist möglich. Vielleicht sind das nicht nur Legenden.*

B: Vielleicht doch. Ich neige dazu, das zu glauben. Aber wenn ich herumgehe und zu jedem ¬sage, dass es so ist, könnten sie denken, dass meine Wanderung durch den Wald mich beeinflusst hat. Das könnten sie sowieso sagen.

D: *(Lacht) Das ist wahr, aber der weise Mann wusste, dass es etwas anderes gibt?*

B: Oh ja. Ich hatte ihn noch nie zuvor so reagieren sehen, auf etwas das ich gejagt habe.

D: *Also war es etwas, das keiner von euch jemals gesehen hat. Aber deine Ideen scheinen sich richtig anzuhören. Es könnte stimmen.*

B: Du bist sehr diplomatisch.

Ich sammelte eine Menge Informationen über Tuins Leben und über seine Umgebung, also dachte ich, es wäre an der Zeit, die Informationen einem Profi zu präsentieren. Ich bat meinen Freund Richard Quick, einem pensionierten Zoologen, sich alles durchzulesen und mir seine Meinung darüber mitzuteilen. Im Folgenden sind seine Notizen aufgeführt:

Anmerkungen zu "Die Legende vom Absturz eines Sterns".

Als ich das Manuskript las, versuchte ich, zu allen genannten Punkten eine Zusammenfassung zu erstellen. Merkmale der Umwelt und Kultur, wie sie von der Person berichtet wurden. Diese Merkmale könnten verwendet werden, um zu versuchen, den historischen

Zeitpunkt der Ereignisse und vielleicht auch den physischen Ort durch den Prozess der Eliminierung zu bestimmen.

Ich fand folgende Punkte im Zusammenhang mit der Kultur der betreffenden Menschen: Landwirtschaft oder Agrarwirtschaft wurde genutzt, einschließlich der Verwendung von Getreide, sowie Gemüse, Wurzeln, Weizen, Bohnen und Kräutergärten. Pfirsiche, Aprikosen und Eicheln wurden von Bäumen genommen. Das Brot wurde aus Getreide gebacken. Die Ernte erfolgte vor dem 21. März, die Felder wurden gepflügt.

Das Volk baute Tontöpfe, webte und verfügte über Sprache und Schrift. Das einzige Metall, das sie verwendeten, war das aus früheren Zeiten.

Ihre Häuser waren aus Holz mit einem Grasdach, Fenstern und Fensterläden, und im Dorf gab es ein Gasthaus mit einem Schild über der Tür.

Als Haustiere hatten sie keine Hunde, aber sie kannten Schafe, Ochsen (zusammengespannt) und Ziegen.

In der Umwelt kannten sie Honigbienen, Moskitos, Rehe, Vielfraße, Wildschweine, Bären (nicht Grizzly), Eichhörnchen, Flughörnchen, zwei Katzenarten und einen Wolf, der sich mit den Jahreszeiten verfärbte□, Schildkröten, Salamander, Aale und Frösche. Krähen, Schwäne und Blaukehlchen wurden ebenfalls erwähnt. Das Subjekt bezeichnete die Bienen korrekt als "Tiere".

Zu den Bäumen in der Gegend gehörten Eiche, Kiefer (zwei Arten), Hickory (Walnuss), Fichte und Zeder.

Ihre Kleidung bestand aus Wollhosen, einer Stoff-Taillenweste, einer Lederweste, einer Lederkappe mit Krempe, einem Umhangrock und Amuletten. Sie waren mit Gold und Edelsteinen vertraut.

Sie schliefen auf Betten mit Beinen und gestrecktem Hirschleder. Sie benutzten Tische und Bänke.

Die nahegelegenen Berge hatten Gipfel mit ewigem Schnee. Am längsten Tag des Jahres war die Nacht nur wie eine Dämmerung.

Es scheint offensichtlich, dass die geografische Position der Gruppe die nördliche Hemisphäre war. Viele Dinge, die die Kultur mit dem, was wir über die Eingeborenen aus dem nordwestlichen Teil Nordamerikas wissen, unvereinbar machten, ließen sich durch den Einfluss der Sternenreisenden in der fernen Vergangenheit erklären: Haustiere, Schrift, Sprache, Beete, Getreideanbau und die Verwendung von Metallen.

Das im Text erwähnte seltsame Hörnertier hat kein bekanntes Gegenstück in der Natur, die wir heute kennen.

(Richard Quick, 1. November 1988)

In der heutigen Zeit ist der einzige Hund, der seine Farbe mit den Jahreszeiten ändert, die ich bin Bekannt ist der Polarfuchs, der von grau nach weiß und wieder zurück wechselt. Dies tritt auch bei bestimmten Kaninchen und bestimmten Mitgliedern der Wieselfamilie auf. Ich nicht kennen jede Katze, die die Fellfarbe saisonal ändert. Weil es biologisch ist Möglicherweise war es in der Vergangenheit ein Merkmal. Fossile und Knochenreste würden nicht in der Lage sein, solche Dinge wie Fellfarbe zu bestimmen.

Kapitel 9

Die Kindergeschichten

D: Ich glaube, du hast mir einmal gesagt, dass die Sterne eine sehr wichtige Rolle in deiner Kultur, in deinem Leben spielen. Ist der weise Mann der Einzige, der weiß, wie man die Sterne betrachtet?
B: Nun, jeder kennt die Form der Sterne und wie sie genannt werden. Der weise Mann erzählt uns Dinge über die Sterne, die scheinbar keinen Sinn ergeben. Aber er sagt, dass die Alten diese Dinge wegen ihrer magischen Augen wussten. Eine Sache, die er sagt, ist, dass die Sterne alle verschiedene Farben haben, wie die Blumen auf dem Feld. Nun, es ist wahr, dass einige rot sind, aber nicht viele. Die meisten von ihnen haben eine Art bläulich-weiße Farbe. Aber er sagt, dass sie verschiedene Farben haben, und ich nehme an, dass es so ist. Er sagt, dass Sterne manchmal Wolken auf sich haben, wie die Erde Wolken hat, und die Alten sagten, dass es so ist, was sie zu Blitzen und Stürmen veranlasste. Die Sonne würde Wolken auf ihr bilden, was dazu führen würde, dass Mutter Erde mitfühlende Wolken bildet und sie würden stürmen. Ich habe noch nie Wolken an der Sonne gesehen. Es wäre zu heiß, um dort Wolken zu haben.
D: Es sieht so aus. Hat er das so gemeint? Dass die Sonne Wolken bilden würde?
B: Nun, vielleicht gab es früher ein anderes Wort dafür - er verbindet es mit den Wolken. Die Legende besagt, dass es einen Teil der Sonne verdunkelt.
D: Es ist so schwer, die Sonne zu sehen, um diese Dinge zu erzählen. Das ist es also, was den Regen auf der Erde verursacht?
B: Nicht immer, nur wenn es an der Sonne passiert. Das passiert nur selten. Aber wenn, dann verursacht es auch Regen auf der Erde. Das ist es, was der weise Mann sagt, was die Alten gesagt haben.

D: *Was haben sie noch über die Sterne gesagt?*
B: Nun, wie du weißt, bewegen sich die Dinge, wenn du in den Himmel schaust. Wenn sie unter den Horizont wandern, bewegen sie sich auch dann weiter, wenn man sie nicht mehr sehen kann, und so bewegen sie sich um die Erdenmutter. So sieht es aus, wenn man in den Himmel schaut. Aber der weise Mann sagt, dass es nicht so ist. Er sagt, dass sich die Erdenmutter wirklich um die Sonne bewegt. Und dass es auch Muttererden gibt, die sich um die anderen Sterne bewegen, aber man kann sie nicht sehen. Aber ich stimme dem Weisen dort nicht zu. Ich weiß, was ich sehe. Und ich kann die Dinge sehen, die um die Erdmutter herumgehen und dem Zyklus der Jahreszeiten folgen.
D: *Gab es sonst noch etwas, was die Alten mit ihren magischen Augen sahen?*
B: Nun, es gibt die wunderbaren Sterne: die Sonne, den Mond und drei oder vier andere. Je nachdem, wie das Wetter ist, je nachdem, wie viele du sehen kannst. Alle anderen Sterne bleiben gleich und sie bewegen sich mit den Jahreszeiten und zueinander, aber man kann sehen, wie diese wandern, sich von Tag zu Tag bewegen. Ein Wandernder wird seine Position mit den Sternen ändern. Der weise Mann sagt, dass die Alten andere wandernde Sterne mit ihren magischen Augen sehen konnten, die wir nicht sehen können.
D: *Hatten sie eine Erklärung dafür, warum sie so wanderten?*
B: Ich bin mir nicht sicher. Ich denke, ich habe den Weisen einmal sagen hören, dass es andere Erdenmütter gibt, wie unsere Mutter Erde, die um die Sonne herumgehen. Ich weiß es nicht. Sie sind zu weit weg, um zu sehen, ob es wie wir ist oder nicht.
D: *Haben die Alten irgendwelche anderen Legenden oder Informationen über die Sterne am Himmel hinterlassen?*
B: Ja, es gibt verschiedene Legenden über die Sterne. Die häufigste Legende ist, dass die Sterne wie die Sonne sind, aber sie sind weit weg. Wie ein Feuer zu machen und dann davon wegzugehen - es wird kleiner. Es wird gesagt, dass, als das Universum sein Lied begann und die Sterne ihre Lieder begannen, ein Teil des Liedes darin bestand, andere Erden zu haben, wie diese Erde mit der Sonne. Und so sagt der Weise, um es weiter zu vertiefen, wenn es Erden gibt, die dort ihr Lied singen, es Menschen auf ihren Erden in Harmonie mit der Erde geben muss, denn die Alten kamen

hierher. Es ist eine Legende. Es macht in gewisser Weise Sinn, aber ich verstehe nicht, wie es sein könnte.

D: *Was verstehst du daran nicht?*

B: Nun, die Leute sind hier. Die Sterne, sie sind am Himmel. Ich verstehe nicht, wie wir von dort nach hier oder von hier nach dort kommen sollen. Ich verstehe nicht, wie das sein soll. Aber die Sterne sind in Harmonie mit der Erde und alles ist in Harmonie.

D: *Das wäre vielleicht irgendeine Art von Magie, die schwer zu verstehen ist. Aber dann sind die Legenden nur interessante Geschichten, nicht wahr?*

B: Die Legenden sind das alte Wissen.

D: *Weiß der weise Mann, wie man diese Sterne ansieht und Dinge von ihnen unterscheidet? (Ich dachte an Astrologie.)*

B: Jeder weiß, wie man die Sterne betrachtet. Was meinst du damit?

D: *Nun, welche Informationen erhältst du, wenn du sie dir ansiehst?*

B: Die Bauern können vom Mond wissen, wann sie pflanzen und wann sie ernten sollen. Die Sterne erzählen viele Dinge. Die Sterne helfen zu erkennen, wann die Festivitäten stattfinden. An der Sonne, während sie durch die Sterne tanzt, erkennt man den Lauf der Jahreszeiten.

D: *Aber die anderen Sterne, die gleich bleiben, befinden sich an verschiedenen Stellen am Himmel, zu verschiedenen Jahreszeiten. Gibt es bestimmte oder Gruppen von Sternen die du dir ansiehst, um die Jahreszeiten zu wissen?*

Durch die Überprüfung der Position bestimmter bekannter Sterne könnte es möglich sein,
festzustellen, wo sich dieses Volk befand.

B: Nun, eine Sache, die du tust; du gehst danach vor, wie sie gegen die Berge rund um das Dorf positioniert sind. Das ist normalerweise die Art und Weise, wie wir es sagen. Auch erscheinen einige in einigen Jahreszeiten und gehen weg, oder schlafen, je nachdem, welcher Legende du folgst, während der anderen Jahreszeiten.

D: *Gibt es irgendwelche Sterne am Himmel, die sich von den anderen abheben; die auffälliger sind?*

B: Die Sterne folgen in einem großen Kreis und es gibt einen Punkt am Himmel, um den sie sich zu zentrieren scheinen.

D: *Gibt es einen Stern, der heller ist als die anderen?*

B: (Zögern, Nachdenken.) Unterschiedliche Helligkeiten. Verschiedene Formen. Es ist wie beim Betrachten der Wolken und man sieht Formen in den Wolken. Du kannst Formen darin sehen, wie die Sterne sind.

D: *Hast du irgendwelche Namen für diese Sternengruppen, die du die ganze Zeit beobachtest?*

B: Nein. Der weise Mann hat einige Namen, aber normalerweise haben wir nur Beschreibungen und jeder weiß, von welchem du sprichst.

D: *Wie sind die Beschreibungen?*

B: Da sind die sieben Juwelen. Dort sollen die Alten herkommen. (Grinsend. Ein ungläubiger Tonfall.) Nun, wie auch immer, es wird gesagt, dass die Alten das Gefühl hatten, dass diese spezielle Gruppe von Sternen aus irgendeinem Grund wichtig war. Es gibt sieben von ihnen, die wie in einem kleinen Becher zusammengefasst sind. Einige bezeichnen sie als die sieben Juwelen, aber ich denke, es sieht eher wie eine Tasse aus. Es gibt drei Schiffe am Himmel. Es gibt eine große Tasse mit einem langen Griff und eine kleinere mit einem langen Griff. Und da ist diese kleine Tasse. Die ist es, die die Alten für wichtig hielten.

D: *Sieben kleine Sterne drängen sich zusammen.... (Er bezog sich offensichtlich auf die Plejaden.) Welche Richtung ist es, wenn man in den Himmel schaut?*

B: Es kommt darauf an, wann du schaust. Es bewegt sich in einem großen Kreis.

D: *In Ordnung, sagen wir, es ist im Sommer.*

B: (Pause) Im Sommer ist es.... fast direkt über uns.

D: *Ich frage mich, warum diese kleinen Sterne für die Alten wichtig waren?*

B: Ich weiß es nicht. Der weise Mann würde es wissen. Und dann gibt es noch.... lass mich sehen, ich nenne sie nicht immer bei ihrem Namen. Ich kenne sie, indem ich sie anschaue, und ich bin nicht an ihre Namen gewöhnt. Ich muss eine Minute nachdenken. Es gibt eine... eine Gruppe von Sternen, würde ich sagen, aber sie werden der Vogel genannt. Und es gibt noch eine weitere Gruppe, die der Fisch genannt wird, weil er aus dem Fluss der Sterne zu springen scheint, die über den Himmel laufen.

D: *Oh, gibt es etwas, das wie ein Fluss von Sternen aussieht?*

B: Ja. Es gibt eine Gruppe von ihnen, die über den Himmel geht. (Offensichtlich die Milchstraße.)

D: *Ist dieser Fisch zu einer bestimmten Jahreszeit am Himmel?*
B: Im Herbst. Wir sehen einen Jäger, er hat ein Tier verwundet und das Tier liegt ihm zu Füßen. Und er ist dabei, das Tier zu töten. Er hat auch ein Köcher mit Pfeilen, die an seinem Gürtel hängen.
D: *Ja, ich glaube, ich habe diese Gruppe von Sternen gesehen. (Anscheinend Orion.) Ich denke, wir sehen wahrscheinlich den gleichen Himmel.*
B: Für mich klingt es danach.
D: *Aber du beobachtest diese Sterne, und wenn sie sich in bestimmten Positionen befinden, weißt du, wann es Sommer und Winter werden wird. Ist das richtig?*
B: Ja. Aber natürlich weiß man auch, wie viele Monde es waren. Vor allem die Bauern müssen wissen, wann die Jahreszeiten kommen.
D: *Du hast die Löffel bereits beschrieben.*
B: (Sie sah verwirrt aus.) Löffel?
D: *Oder wie hast du es genannt? Wie ein großer Löffel?*
B: Löffel? (Pause) Da sind die beiden in Form von Bechern mit Griffen. Diese beiden Sternengruppen erinnern auch an ein Tier wie einen Bären. Ahh.... es gibt den großen und den kleinen Bären.
D: *Ja, das könnte es sein, woran ich denke. Aber sie haben einen langen Schwanz, nicht wahr?*
B: Nun, Bären hatten früher lange Schwänze. Das ist es, was die Legenden sagen. Einige werden jetzt einen kleinen Schwanz haben, aber die Legenden sagen, dass sie früher schöne Schwänze hatten. Und sie waren sehr eitel deswegen. Es gibt verschiedene Legenden, verschiedene Geschichten, je nachdem, was passiert ist. Eine Geschichte besagt, dass es im Winter war und der Bär hungrig nach Fischen war. Also hat er ein Loch in das Eis gehackt, oder besser gesagt, der Fuchs hat ein Loch in das Eis gehackt. Der Fuchs hat einen schönen Schwanz, weißt du. Er war es leid, dass der Bär einen so schönen Schwanz hatte und so eitel war. Und so hat er mit einem großen Stock ein Loch ins Eis gestoßen und sagte zu dem Bären: "Nun, ich weiß, dass du hungrig nach einem Fisch bist. Ich weiß, wie man einen Fisch bekommt." Der Bär sagt: "Wie?" Der Fuchs sagt: "Geh da rüber und steck deinen Schwanz in dieses Loch im Eis, und wenn ein Fisch vorbeikommt, wird er in deinen Schwanz beißen und du kannst ihn herausziehen." Und der Bär sagte: "Nun, in Ordnung, das klingt gut für mich." Es war ein dummer Bär. Und so setzte er sich auf das Eis, und während

er wartete, erstarrte das Eis. Inzwischen war der Fuchs weg und der Bär war es leid, darauf zu warten, dass ein Fisch kommt und in den Schwanz beißt. Also versuchte er aufzustehen und zog seinen Schwanz ab.

D: *(Lachen) Das klingt nach einer Geschichte, die man den Kindern erzählen würde.*

B: Das ist es.

D: *Hast du noch weitere, die so sind?*

B: Oh ja. Es gibt noch eine andere über einen Bären, der Honig so gerne mochte, dass er alles für Honig tun würde. Alles für Honig. Und einmal, da fand er einen Bienenbaum. Aber er griff und griff und er konnte seinen Arm nicht in das Loch bekommen, um an den Honig zu kommen. Aber sein Schwanz konnte in das Loch passen. Also steckte er seinen Schwanz rein, um den Honig zu holen, und zog dann an ihm und leckte den Honig ab. Und die Bienen wurden wütend. Sie erkannten, dass jemand ihren Honig stahl. Als er das nächste Mal seinen Schwanz in das Loch steckte, begannen sie, seinen Schwanz zu stechen und ließen ihn anschwellen. Als er versuchte, wegzulaufen, blieb sein Schwanz im Baum stecken.

D: *(Lachen) Zwei verschiedene Geschichten darüber, wie er seinen Schwanz verlor..... Ich wette, die Kinder mögen diese Geschichten. Erzähl mir noch eine bitte. Nicht so sehr über den Bären, bitte von etwas ähnlichem.*

B: (Pause) Weißt du, wie Frösche entstanden sind?

D: *Nein. Sag es mir.*

B: Früher gab es diesen wunderschönen Schwanentyp bei Vögeln. Ein Vogel, der flog, aber auch auf dem Wasser schwimmen konnte, und dieser Vogel sah diesen schönen Fisch. Nun aß dieser Vogel normalerweise Fische. Aber dieser Fisch war so schön, dass sich der Vogel in den Fisch verliebte. Und der Fisch sah, wie schön der Vogel war, und der Fisch verliebte sich auch in den Vogel. Und der Vogel ging und schwamm auf dem Wasser. Jeden Tag saß er dort und schwamm und der Fisch schwamm darunter und sie redeten und verbrachten Zeit miteinander. Und sie beschlossen, dass sie für den Rest ihres Lebens zusammen sein wollten. Und sie sagten: "Aber wir können kein gemeinsames Zuhause schaffen. Du, Vogel, fliegst in der Luft. Und ich, Fisch, ich werde im Wasser schwimmen. Wir werden uns einfach weiter so treffen müssen. Aber wir werden versuchen, Kinder zu bekommen." Und so bekamen sie Kinder. Sie legten die Eier und als ihre Kinder schlüpften, waren sie Teil von beiden. Sie konnten in der Luft oder im Wasser atmen, wie ihre beiden Eltern. Sie konnten schwimmen wie ihre Eltern, die Fische konnten. Zur gleichen Zeit wollten sie fliegen, aber sie hatten keine Flügel. Also sprangen sie aus dem Wasser und sprangen und versuchten zu fliegen.

D: *(Lacht) So könnten sie auch auf dem Land leben. Ich habe nie an solche Dinge gedacht. Das sind interessante Geschichten.*

B: Ja, sie helfen, die Winterabende zu überstehen.

D: *Sind das Geschichten, die über viele Generationen hinweg entstanden sind?*

B: Ich nehme es an. Ich erinnere mich, dass ich sie gehört habe, als ich ein Kind war.

D: *Gibt es noch andere so in der Art?*

B: Lass mich nachdenken.

D: *Es geht hier hauptsächlich um Tiere, nicht wahr?*

B: Oh ja, oh ja. ..... Es gibt einen bestimmten schwarzen Vogel, der sehr stark ist -lautstark. Es schimpft und plaudert immer wieder über dich, von der Minute, in der er dich sieht, bis du außer Sichtweite bist. Und dann plappert er noch eine Weile weiter. Was geschah, war, dass es vor vielen, vielen Jahreszeiten einen Mann gab, der ein guter Mann war. Aber er hatte diese Frau, mit der er zusammenlebte. Und sie nörgelte immer wieder an ihm rum, schimpfte ihn aus, um dies und das zu tun. Er war ein absolut guter Mann. Er arbeitete hart genug, aber sie war nie zufrieden mit allem, was er tat. Sie hatte eine spitze Nase und die würde Falten bekommen und sie würde anfangen zu sagen: "Du tust das nicht und du tust das nicht." Der arme Mann war in einer schlechten Lage. So ging er eines Tages schließlich in den Wald hinaus und sang seinen Führungsgeistern zu. Er sang so aufrichtig über das Leben, das er zu Hause hatte. Er beschwerte sich nicht, er sagte nur, dass es schwierig sei. Der Geist sagte: "Wir müssen etwas tun. Er ist ein guter Mensch." Und so sagten sie: "Wir werden seine Frau umarmen." Sie meinten, es sei eine gute Veränderung und so taten sie es. Sie sollte eine gute Frau werden und ihn nicht mehr so sehr belästigen und nicht so viel schlechtes reden. Aber sie war so nörglerisch und kritisch, dass die Veränderung nicht richtig war. Und sie fing an, immer mehr zu nörgeln, und immer schärfer. Sie tat dies so sehr, dass sie aufhörte zu essen, weil sie das die ganze Zeit tat, ohne aufzuhören. So begann sie, kleiner zu werden, weil sie nicht aß. Und als sie kleiner wurde, nahmen die Haare auf ihrem Kopf mehr Platz auf ihrem Körper ein, weil es so viele Haare gab. Und es kam dorthin, wo es ihren Körper bedeckte und sich in Federn verwandelte. Und sie flog weg und nörgelte auf dem ganzen Weg.

D: *(Lacht) Es hat sie in einen Vogel verwandelt. Ich mag die Geschichten, die du erzählst.*

B: Ich danke dir. Du bist wie ein Kind. Du stellst viele Fragen.

D: *(Lachen) Fällt dir eine andere Legende über die Tiere ein?*

B: Viele, viele, viele.... (Ich lachte.) Fast alle Legenden handeln von Tieren.

D: *Hast du eine, die dein Favorit ist?*

B: Lass mich nachdenken. (Pause) Hast du von dem Eichhörnchen gehört, das ein Vogel sein wollte? Es liebte Vögel fliegen zu sehen, und es war so eifersüchtig, weil es auch fliegen wollte. Es konnte nur auf Bäume klettern wie jedes andere Eichhörnchen. Es rannte einen Ast entlang und sprang, spreizte seine Arme und Beine, bewegte sich und stürzte und stürzte zu Boden. Seine Mutter, sein Vater, seine Familie und seine Freunde sagten immer wieder zu ihm, wie dumm es war und es wollte nicht zuhören. Schließlich ging es eines Nachts schlafen, und der Geist des Baumes kam zu ihm und sagte: "Du willst doch fliegen, oder?" Und das Eichhörnchen sagte: "Ja, mehr als alles andere." Dann sagte der Geist des Baumes: "Nun, macht es dir etwas aus, anders auszusehen als die anderen?" Und das Eichhörnchen sagte: "Nein, das ist mir egal. Ich sehe sowieso anders aus, weil ich immer zu Boden falle, wie es kein richtiges Eichhörnchen tun sollte." Und der Baum sagte: "Nun, am Morgen, wenn du aufwachst, wirst du fliegen können. Lauf zum Ende des Zweiges hinaus und spring ab, wie du es normalerweise tust. Spreiz deine Arme und Beine, wie du es normalerweise tust und schau, was passiert." Am nächsten Morgen wachte das Eichhörnchen auf und ohne zu warten und zu sehen, was vor sich ging, lief es sofort zum Ende des Zweiges und sprang ab. Es spreizte seine Arme und Beine, wie es das normalerweise getan hatte. Aber anstatt direkt auf den Boden zu fallen, begann es zu gleiten und schaffte es zum nächsten Baum. Es war so erstaunt, dass es gegen den Baum stieß. Und es blickte hinunter, um zu sehen, warum es plötzlich fliegen konnte. Es hatte jetzt Hautlappen zwischen seinen Armen und Beinen. Und so entstand das Flughörnchen.

D: Oh, ich mag diese Geschichte. (Lachen) Ich wette, die Kinder genießen sie.

B: Ja. Wir erzählen diese Geschichte im Allgemeinen, während wir Eicheln sammeln.

D: Hast du noch eine andere, die dein Favorit ist?

B: Ich kann im Moment an keine denken. Es gibt so viele von ihnen.

D: Ich mag diese Geschichten. Es gibt viele seltsame Tiere, wo du lebst.

B: Oh, Tiere sind Tiere. Was ist seltsam?

D: Sie sind dir nicht fremd, weil du sie die ganze Zeit siehst.

B: Ja. Sie sind nur seltsam für Kinder, die viele Fragen stellen.

D: (Ich lachte, als mir klar wurde, dass er mich neckte.) Du sagtest, dass als die Alten hierher kamen, ihnen einige der Tiere seltsam vorkamen, nicht wahr?

B: Das ist es, was gesagt wird.

D: Hatten die Alten irgendwelche Legenden von Tieren, wo sie herkamen?

B: Man sagt, dass sie welche hatten, aber diese Legenden haben nicht überlebt. Das Wissen ist allmählich verloren gegangen, wie wenn ein weiser Mann versehentlich getötet wurde, oder krank wurde oder so etwas, bevor er die Chance hatte, alles weiterzugeben, was er wusste. Es muss passiert sein, weil es viele Lücken in den Legenden gibt. Aber so ist das Leben.

Kapitel 10

Die Legenden der Schöpfung

B: Durch die Legenden sind wir in der Lage, unsere Identität als Volk zu bewahren. Wir geben die Weisheit unserer Vorfahren und die Dinge, die wir herausgefunden haben, an unsere Kinder weiter. Wir haben es in Form von Legenden formuliert, um das Erlernen dieser Dinge zu erleichtern.

D: Hast du irgendwelche Legenden darüber, wie die Erde entstanden ist und wie alles ganz am Anfang begann?

B: Ja. Es gibt Legenden über die Zeit des Anfangs. Und es gibt zwei oder drei verschiedene Geschichten, könnte man sagen schätze ich. Wenn man sie betrachtet, klingen sie manchmal so, als würden sie miteinander in Konflikt geraten. Aber wenn man sich die Alten und die wunderbaren Dinge vor Augen hält, die sie tun konnten, dann machen sie Sinn.

D: Du hast mir erzählt, wie deine Leute angefangen haben. Kannst du mir diese Geschichten darüber erzählen, wie alles begann?

B: Eine Geschichte, die erzählt wird, wird als "Schöpfungsgeschichte" bezeichnet. Ich persönlich denke, es ist nahe an den Geschichten, wie die Alten hierher gekommen sind. Es ist diese Art von Geschichte, auch wenn sie von der Zeit am Anfang spricht.

D: Glaubst du, dass sie von der gleichen Sache sprechen?

B: Ja, oder vielleicht zwischen der Zeit, als die Dinge erschaffen wurden und als die Alten hierher kamen. Ich werde sehen, ob ich die Dinge in die richtige Reihenfolge bringen kann. Es ist lange her, dass ich an diese Geschichte gedacht habe, und ich möchte sie richtig erzählen. Um die zugrunde liegende Wahrheit über die Dinge herauszufinden, musst du das, was um dich herum ist, nehmen und sehen, wie die Dinge zusammenwirken. In einer klaren Nacht, wenn man in den Himmel blickt, sieht man, wie dunkel und mit Sternen übersät, er ist. Eine Legende besagt, dass die Sterne wirklich existieren; sie sind wirklich Dinge. Sie sind nicht nur Lichtpunkte, die man sehen kann. Und da ist diese große, unvorstellbare Leere da draußen. Es wird gesagt, dass die Alten diese Leere durchqueren könnten, so wie du und ich durch die Wälder gehen könnten. Es wäre ein Wunder. Sie konnten wundersamen Entfernungen durch diese Leere zurücklegen. Sie würden von einer Sternenwohnung zu einer anderen Sternenwohnung wechseln. Sie waren nicht nur auf das Dorf beschränkt, aus dem sie kamen. Sie konnten dort überall leben, wo sie wollten. Und es heißt, als sie sich unserer Sonne näherten, erschien der Ort, an dem wir leben, wie ein kostbares Juwel, das in der Leere schwebte. Und dass es rund und schön war. Ich meine, ich laufe durch den Wald, und der Boden sieht für mich flach aus. Aber sie sagten, wenn man sich weit genug von der Erde entfernt, scheint sie rund zu sein. Das ist die Geschichte, von der ich dachte, sie sei eine Art Zwischen-Geschichte. Bevor es etwas gab, das existierte, war alles weiß. Du weißt, wie kurz bevor die Sonne aufgeht und es überall Licht gibt, aber keine Schatten. So war alles von Anfang an. Es gab noch nichts. Alles, was da war, war Licht. Und das Licht wurde in Stücke aufgeteilt, und diese Stücke des Lichts wurden zur Sonne und zum Mond und zu den Sternen. Nachdem das Licht in Lichtstücke aufgeteilt worden war, blieb es dunkel zwischen den Stellen, die hell waren. Und hier bildete sich die Erde, im Dunkeln zwischen dunklen Materialien, Metall und Schmutz und dergleichen. Und durch die Interaktion zwischen den dunklen Orten und den hellen Orten wurde Energie erzeugt. Und so wurde das Leben erschaffen.

D: *Sagen die Legenden, wie das passiert ist?*

B: Sie sind sich darüber nicht im Klaren. Einige von ihnen sagen einfach "und es ist passiert". Und einige der anderen sagen, dass etwas passiert ist, um das Licht zu beeinflussen, damit es sich in Lichtstücke aufteilt. Dass irgendwie ein großartiger Klang erzeugt wurde und man die Schwingung davon spüren konnte. Du weißt, wie du summen kannst und du kannst die Vibration in deiner Brust spüren. Nun, dieser Klang war so tief und großartig, wärst du dort gewesen, hättest du ihn durch die Fußsohlen spüren können. Du hättest ihn in deinem ganzen Körper gespürt. Du hättest ihn überall gespürt. Und die Schwingung des Klanges hat dazu geführt, dass sich das Licht in Lichtstücke aufteilte.

D: Und dann hat dies dazu geführt, dass sich die Erde formt?

B: (Seufzer) Ich bin mir nicht sicher, wie das passiert ist. Die Legenden sind nicht klar. Irgendwie nachdem das Licht in Lichtstücke aufgeteilt war, blieb dazwischen noch Material übrig, das dunkel war. Ich schätze, die Lichtstücke haben das ganze Licht aufgesaugt. Ich bin mir nicht sicher. Und an den dunklen Stellen dazwischen gab es noch Dinge, die dunkel waren. Und so sammelte sich das dunkle Zeug an und bildete dann die Erde und die Bäume und die Pflanzen und Tiere und alles. Es gab eine Reihenfolge in der es passierte, denn zuerst sammelte sich das Zeug von den dunklen Orten an, um dann die Erde zu bilden. Siehst du, alles ist im Gleichgewicht. Und einige sagen, das ist der Grund, warum das Universum entstanden ist, weil es nur das Licht gab und es nicht ausgeglichen war. So musste zwischen Hell und Dunkel ausgeglichen werden. Dann begann sich das restliche Material, das im Dunkeln zurückgelassen wurde, zu teilen und auch auszugleichen, denn die Schwingung des Klanges ließ die Dinge sich immer wieder verändern und ausgleichen. Zum Beispiel wurde die Erde aus den dunklen Teilen der Dinge gebildet, so dass Sie ein Gleichgewicht aus Festigkeit und Leere haben würde. Und dann balancierten sich die Dinge auf dem festen Teil immer wieder aus, solange, bis es festen Boden und Wasser geben würde. Die Dinge taten dies immer wieder, und so entstand das Leben und die Vielfalt der Dinge, die Tiere im Meer, die Tiere auf dem Land, die Pflanzen und alles. Irgendwie ging es darum, alles ausbalancieren - und es ist eine sehr fein abgestimmte Balance, alles soll im Gleichgewicht sein. Deshalb ist es wichtig, in Harmonie mit der Erde zu leben, um dieses Gleichgewicht nicht zu stören. Zur gleichen Zeit, als all dieses Teilen und Ausgleichen mit dem dunklen Teil des Universums, der die Erde und alles erschaffen hat, weiterging, glauben wir, dass der helle Teil sich auch noch teilte und ausbalancierte. Infolgedessen gibt es das Licht, das wir sehen können, und das Licht, das du nicht sehen kannst. Es teilt sich immer noch auf und balanciert in andere Formen von Licht und Energie. Und es heißt, dass es sich in so viele verschiedene Formen des Lichts eingependelt hat, wie es auf der Erde Pflanzen, Tiere und dergleichen gibt, denn alles muss im Gleichgewicht sein. Und da der dunkle Teil des Universums, der die Erde oder den materiellen Teil darstellt, sich immer weiter ausbalancierte und in viele verschiedene Dinge aufteilte, tat auch der helle Teil dasselbe. Es gibt also viele verschiedene Arten von Licht, viele verschiedene Ebenen und so etwas. Man kann nur ein wenig davon tatsächlich sehen. Und ihr müsst entweder besondere Fähigkeiten haben, um den Rest davon zu sehen, oder ihr müsst spirituell sehr fortgeschritten sein, um diese anderen Arten von Licht verstehen zu können.

D: *Du sagtest, es gäbe zwei oder drei verschiedene Versionen der Geschichte. Ist das die wichtigste?*

B: Das ist die komplizierteste. Es ist die, mit den meisten Details. Es gibt noch eine andere Version, die wir zuerst den kleinen Kindern erzählen. Es ist die einfachere Version, um sie nicht zu verwirren. Wie du weißt, stellen Kinder, wenn sie älter und erwachsen werden, immer mehr Fragen. Und wenn sie anfangen, sich über mehr Dinge Gedanken zu machen, dann sind sie bereit für die kompliziertere Version. Wir erzählen ihnen die einfache Version in Form einer Geschichte. Wir sagen, dass am Anfang von allem nur dieses Licht war. Keine Schatten oder irgendetwas anderes, nur dieses Licht. Aber es gab auch Geister. Und die Geister versammelten sich und sagten: "Dieses Licht ist sehr schön, aber nichts passiert jemals. Wir langweilen uns. Wir wollen ein paar Änderungen. Mal sehen, was passiert, wenn wir ein paar Änderungen vornehmen." Und sie sagten: "Wir werden das in Form eines Spiels machen, damit wir mehr voneinander lernen und uns entwickeln und Spaß haben können." Und als Teil des Spiels sagten sie: "Wir müssen einen Platz zum Spielen unseres Spiels einrichten." So teilten sie das Licht in hell und dunkel auf. Und sie haben die Erde erschaffen, weil sie sagten: "Wir müssen einen Ort haben, an dem wir unser Spiel spielen können." Also haben sie die Erde dazu gebracht, mit der Sonne zu gehen. Und sie sagten: "Wir brauchen auch für die Nacht ein Licht." Also erschufen sie den Mond. Und dann sagten sie: "Alles ist für das Spiel vorbereitet. Jetzt müssen wir die Regeln für unser Spiel festlegen. Und die Regeln für das Spiel sind, dass jeder Spieler so viele Runden spielen kann, wie er will. Oder wenn sie für zwei oder drei Runden ausscheiden wollen, ist das auch in Ordnung." Jede Runde im Spiel ist also, wenn du hier auf der Erde am Leben bist. Dein Geist ist hier und spielt das Spiel. Wenn du dann stirbst, ist das das Ende dieser besonderen Runde. Wenn du dich entscheidest, eine weitere Runde zu spielen, dann bist du wiedergeboren. Oder wenn du für ein oder zwei Runden ausscheiden willst, dann tust du es. Und die Zeit vergeht, und wenn du dich später entscheidest, eine weitere Runde des Spiels zu spielen, bist du wiedergeboren. Aber wenn wir es den Kindern erzählen, fügen wir weitere Spezialeffekte hinzu und machen es für sie wirklich interessant. Wir sprechen darüber, wie die Tiere bei der Entscheidung halfen, wie die Erde gemacht werden sollte.

D: *Also spielten die Tiere auch eine Rolle?*

B: Ja, definitiv, denn die Tiere sind ja auch Teil des Lebens. Alles Leben ist wichtig. Und wir erzählen den Kindern gruselige Geschichten. (Übertriebene dramatische Stimme) Die Bären entschieden, dass sie tiefe, dunkle Wälder wollten, damit sie in der Dunkelheit knurren konnten. Und die Vögel sagten, sie wollten viel Sonnenlicht, also erhielten sie die Möglichkeit zu fliegen, damit sie auf die Spitze der Bäume fliegen konnten, wo die Sonne stand. Und die verschiedenen Tiere sagten, welche Art von Welt sie für ideal hielten, und so erhielten sie ihre besonderen Fähigkeiten, die sie dafür brauchten, um diesen besonderen Aspekt der Erde genießen zu können. Und so gleicht sich einfach alles aus.

D: *Wird in dieser Kinderversion gesagt, wie die Tiere entstanden sind?*

B: In dieser Version wird gesagt, dass als die Geister entschieden, dass sie das Spiel spielen wollten, erkannten die ersten von ihnen, die für die erste Runde des Spiels hierher kamen, dass es hier nichts als nackten Dreck gab. Da sagten sie: "Das ist kein sehr gutes Spiel. Wir sind noch nicht fertig mit der Vorbereitung des Spiels. Wir brauchen ein paar Änderungen." Sie riefen die anderen Geister herab und sagten: "Wir sind noch nicht fertig. Was sollen wir tun?" Und sie sagten: "Zuerst ist das hier nichts als Dreck. Wir brauchen auch etwas Wasser." Und alle stimmten zu. "Es stimmt, wir brauchen Wasser." Und so entstanden die Flüsse und Seen. Und ein anderer Geist sprach: "Wie sollen wir dieses Wasser hier halten? Jedes Mal, wenn die Sonne aufgeht, beginnen diese Seen zu schrumpfen." Und so sagte ein anderer Geist: "Warum tun wir nicht etwas wirklich Wildes. Lasst uns extra Wasser vom Himmel fallen lassen." Nun, in Ordnung, warum nicht?

D: *Ja, in einer Geschichte kann alles passieren.*

B: Genau. Und sie sagten: "Wir haben jetzt Wasser, aber hier ist es immer noch sehr ruhig." Dann sagten die Geister: "Wenn der Wind weht, wenn er etwas zum Durchpusten hat, dann macht er Geräusche. Also lasst uns Pflanzen und Bäume machen, damit ihr den Wind hören könnt." Und es wurde entschieden, dass das gut sein würde. Und ein anderer Geist sagte: "Die Pflanzen und Bäume sind schön, aber etwas anderes ist nötig. Was brauchen wir?" Sie dachten darüber nach und dachten darüber nach. Etwas fehlte definitiv, aber sie konnten nicht ganz herausfinden, was sie in dieses Spiel einbauen wollten, das wir Leben nennen. Und damals war eines der Dinge, die die Geister tun konnten, sie konnten etwas Schmutz oder Ton aufnehmen und zu etwas formen und es mit Energie füllen, sodass es sich dann von selbst bewegen konnte.

D: *Oh? Um es zum Leben zu erwecken?*

B: Meistens haben sie dies mit kleinen Dingen nur vorübergehend gemacht, um sich die Zeit zu vertreiben, wenn sie nichts Besseres zu tun hatten. Während sie versuchten, herauszufinden, was sie brauchten, um dieses Spiel vollständiger zu machen, wurde einem der Geister langweilig. Also nahm er etwas Ton und formte ihn zu einem kleinen Tier. Er hat es zu einem Eichhörnchen geformt und es mit Leben erfüllt. Und das erste, was das Eichhörnchen tat, war, einen der Bäume hinaufzulaufen. Es lief auf den Ast hinaus und fing an, alle zu beschimpfen. Und das Eichhörnchen sagte: "Ihr Idioten! Verstehst du nicht, was du tun kannst? Mach viele Tiere. Macht viele kleine Dinge wie mich, die sich bewegen und Spaß haben, weil ihr zu dumm seid, es ganz alleine richtig zu machen. Mach einen Haufen von uns, um dich bei der Stange zu halten." Und so entschieden alle: "Das ist keine schlechte Idee. Lasst uns alle möglichen Dinge wie diese machen." Also beschlossen sie, das erste Tier Eichhörnchen zu nennen. Und dann begannen sie, alle anderen Tiere zu formen. Normalerweise wird an dieser Stelle eines der Kinder fragen: "Aber warum haben sie Fliegen und Bienen gemacht und so was?" Und wir erklären ihnen, dass bevor sie etwas mit Leben füllten, es nur ein vorübergehendes Leben wäre. Und es würde nur umherlaufen, manche Dinge tun, bis es zusammenbrach. Aber die Geister entschieden, dass, um dieses Spiel für eine lange Zeit zu spielen, diese kleinen Lebensbrocken weiter existieren müssten, ohne dass sie diese Dinge ständig neu erfinden müssten. Als sie sie also mit

Energie versorgten, taten sie es so, dass sie wie die Menschen sein würden. Sie konnten Dinge essen und am Leben bleiben. Und normalerweise fragt dann ein Kind: "Was hat das mit Fliegen zu tun?" Wir weisen sie darauf hin, dass die Vögel etwas essen mussten. Also mussten sie etwas Kleines erschaffen, das sie essen konnten, weil die Schnäbel der Vögel so klein sind. So schufen sie Fliegen und so weiter.

D: *Ja, ich kann sehen, wie das ein Kind befriedigen und unterhalten würde.*

B: Ja. Wir erzählen diese Geschichten, wenn wir abends am Lagerfeuer sitzen.

D: *Was ist denn die Erklärung in der Version für Kinder, wie Menschen erschaffen wurden?*

B: Nun, die Geister sind im Grunde genommen genauso wie wir; sie sehen so aus, wie wir es tun. Als sie sich entschieden, zur Erde zu kommen, um ihr Spiel zu spielen, wurden sie irgendwie solider, als sie der Erde näher kamen. Wenn durch diese Information ein Kind verwirrt zu sein scheint, werden wir ihm sagen, dass wir es ihm besser erklären können, wenn es älter wird. Dann können wir ihnen die kompliziertere Version der Geschichte geben. Dann können wir ihnen erklären, wie die Energie alles so geteilt hat, dass es im Gleichgewicht ist. Die Geister leben dort draußen in der Leere, wo es sehr leicht und vor allem energiegeladen ist. Aber wenn sie der Erde und dem eher physikalischen Aspekt des Universums näher kommen, verdichtet sich das Licht zu einer festen physikalischen Form.

D: *Dann musste in der Kinderversion niemand die Menschen erschaffen.*

B: Nein. Die Art und Weise, wie wir entstanden sind, waren die Geister, die hierher kamen. Und sie wurden einfach fester, als sie der physischen Welt näher kamen. Und weil wir alle Geister sind, gehören wir alle wirklich zu den höheren Ebenen. Wir sind nur hier, um dieses Spiel vorübergehend zu spielen.

D: *Du sagtest, die Geister hätten entschieden, dass die Tiere Dinge essen müssen, damit sie weiter existieren können. Haben sie daran gedacht, dass Menschen auch essen müssen?*

B: Sie entdeckten bei der Durchführung dieses Spiels, dass, wenn sie Regeln für die Tiere aufstellen würden, dann wären diese Regeln auch automatisch für sie selbst anwendbar, unabhängig davon, ob sie es so geplant haben oder nicht. So wie das Universum aufgebaut ist, sind die Dinge im Gleichgewicht. Als sie entschieden haben, wie die Dinge sein sollten, zum Beispiel: dass Tiere essen müssen, um am Leben zu bleiben, dass es also für alle Lebewesen galt, nicht nur für Tiere. Als die Geister erkannten, dass dies das war, was vor sich ging, begannen sie, viel vorsichtiger mit den Regeln umzugehen, die sie aufgestellt hatten. Weil sie sich nicht zu sehr einschränken wollten und sich mit einem Haufen Regeln verschließen wollten.

D: *Also galten alle Regeln, die sie aufgestellt hatten, auch für sich selbst. Ist es das, was meinst du damit?*

B: Richtig. Sie wussten nicht, dass es so kommen würde. Weil sie planten, dass die Tiere essen und leben, und die Geister flogen einfach hin und her, um dieses Spiel zu spielen und eine gute Zeit zu haben. Und sie entdeckten, dass, als sie die Regeln für den Ort des Spiels hier auf der Erde aufstellten, um das Spiel zu spielen, die Regeln auch für sie galten. Und sie wussten nicht, dass es so ablaufen würde.

D: *Also mussten sie vorsichtiger sein. Erzählen die Legenden, ob dies vor dem Kommen der Alten war?*

B: Ja. Das war vor dem Kommen der Alten. Und einige der Weisen, die älteren, sagen, dass diese Geschichte von den Geistern, die sich entschieden, auf die Erde zu kommen und ihr Spiel zu spielen, nicht unbedingt hier gewesen sein muss. Man sagt, es gibt einige ältere Legenden, die kaum noch erzählt werden, die es erklären würden. Wie kann ich das erklären? Um die Dinge im Gleichgewicht zu halten, mussten die Lichter einander ähnlich sein. Als das Licht in Lichtstücke aufgeteilt wurde, war jedes Lichtstück den anderen Lichtstücken ähnlich.

D: *Du meinst, es kann nicht ganz anders sein, es muss ähnlich sein.*

B: Richtig. Um einen Ausgleich zu schaffen, mussten sie ähnlich sein. So sagen sie, dass es folglich nur vernünftig ist zu denken, dass die Sterne, die wir am Himmel sehen, der Sonne ähnlich sind, weil sie beides Lichtstücke sind. Und wenn die Sterne unserer Sonne ähnlich sind und einige der Geschichten darauf hindeuteten, dass die Alten unvorstellbare Entfernungen zurücklegen konnten, wäre es vernünftig zu denken, dass diese Lichter, um unserer Sonne ähnlich zu sein, weit entfernt sein müssten, um uns so erscheinen zu können, wie sie es tun.

D: *Ja, weil sie nicht so groß wie die Sonne aussehen.*

B: Genau. Am Abend, wenn man das Lagerfeuer aufbaut und von ihm weg in den Wald geht, wird es immer kleiner. Je weiter man sich entfernt und je mehr Bäume dazwischen liegen, desto kleiner wird es und es flimmert dann. Vielleicht ist das der Grund, warum die Sonne so anders aussieht als die Sterne. Wenn das wahr ist, dann war es vielleicht nicht unbedingt hier mit dieser Erde und dieser Sonne, als die Geister anfingen, ihr Spiel zu spielen. Es könnte woanders gewesen sein. Dann erzählen die Geschichten der Alten, wann sie hierher kamen. Es ist wirklich seltsam, dass du diesen Weg beschreitest, weil einige der kritischeren Mitglieder des Stammes die Geschichten nicht ernst nehmen. Sie sagen, dass man gebeten wird, zu viel zu glauben, was nicht durch das unterstützt wird, was man um sich herum sehen kann.

D: *Meinst du bei der komplizierteren Version?*

B: Ja. Weil einige der Menschen des Stammes es sehr wörtlich nehmen. Sie sagen: "Auf keinen Fall können sich die Sterne und die Sonne ähnlich sein. Jeder mit zwei Augen im Kopf kann schon beim Anblick erkennen, dass sie anders sind." Und sie denken, dass die Ältesten des Stammes, die versuchen, diese Fakten und andere Geschichten weiterzugeben, versuchen, sie zu weit auszudehnen, um zu beweisen, wie alles im Gleichgewicht ist.

D: *Sie glauben nur, was sie sehen können. Ist es das, was du meinst?*

B: Ja. Ich weiß nicht, in welche Richtung es bei mir selbst geht, es ist sehr kompliziert und ich bin verwirrt, wenn ich versuche, es herauszufinden. Viele Male, wenn ich auf der Jagd im Wald bin, gehe ich nachts auf ein freies Feld, um zu campen. Und im Sommer, besonders wenn ich weiß, dass ich an einem sicheren Ort bin, mache ich kein Feuer. Ich halte alles dunkel, damit ich die Sterne gut sehen kann. Und es ist dann sehr leicht zu glauben, dass die Alten vielleicht doch dorthin gereist sind. Denn wenn ich die Sterne lange genug anstarre, wird mir sehr schwindelig und ich fühle mich, als würde ich fliegen. Und wenn ich dieses Gefühl allein nur durch den Blick auf die Sterne haben kann, wer könnte erahnen, wozu die Alten noch in der Lage waren. Sie konnten viele wunderbare Dinge tun.

D: *Das klingt so, als wäre es möglich.*

B: Ich denke das gerne, aber nicht jeder folgt dem, was ich denke.

D: *Du sagtest, es sei interessant, dass ich das verstehe. Ich weiß es auch nicht, aber ich versuche immer, Antworten zu finden. Und ich denke, deine Geschichten haben vielleicht viel Wahrheit in sich.*

B: Ich weiß es nicht. Sie sind sehr kompliziert. Die Ältesten, die Weisen, die wenigen, die solche Dinge studieren, sagen, dass, je mehr man sie studiert, desto komplizierter werden sie. Dass es nie ein Ende gibt. Sie studieren das gerne. Aber wenn sie versuchen, es Menschen zu erklären, die es nicht studieren, ist es viel komplizierter. Der Grund, warum einige der Dinge für sie keinen Sinn zu ergeben scheinen, liegt darin, dass sie nicht alles dahinter wissen.

D: Und sie wollen es nicht lernen.

B: Richtig. Sie wollen sich nicht bemühen, die zusätzlichen Komplikationen zu erlernen.

D: Glaubst du, dass es deshalb einfacher ist, den Kindern die Version dieser Geschichten zu erzählen?

B: Ja, weil jeder weiß, dass es eine Geschichte ist und deshalb nimmt es niemand wirklich zu ernst. Aber die andere Version ist gerade so kompliziert, dass man etwas davon ernst nehmen muss. Es ist gerade genug, um dir Unbehagen zu bereiten, wenn du es nicht glauben willst.

D: Sie müssen in sich gehen und darüber nachdenken, und das gefällt ihnen nicht.

B: Ja. Richtig.

D: Das würde Sinn ergeben. Kindergeschichten würden Spaß machen und man müsste sie nicht ernst nehmen.

B: Ja, das ist wahr.

D: Sind das die wichtigsten Geschichten der Schöpfung?

B: Ja. Ich weiß, dass es noch mehr darüber gibt, aber ich habe kein Wissen darüber. Es sind die Ältesten, die in die komplizierteren Versionen einsteigen. Denn, wie gesagt, je mehr sie es studieren, desto komplizierter wird es. Und ich habe es nicht so genau studiert.

D: Es scheint, dass nur wenige Leute in der Lage sein würden, es wirklich zu verstehen.

B: Es macht mir nichts aus, dir Dinge zu erklären. Da ich im Wald bin und viel Zeit allein verbringe, habe ich Zeit, über die Dinge nachzudenken und herauszufinden, warum die Dinge so sein sollten, wie sie sind. Manchmal, wenn ich versuche, einigen der Menschen im Dorf diese Dinge zu erklären, nehmen sie mich nicht immer ernst, weil sie mit ihrem eigenen kleinen Leben beschäftigt sind, sie sind von vielen Menschen umgeben. Wenn sich Fremde treffen und bereit sind, über einander zu sprechen, woher sie kommen und was sie gelernt haben, gibt es eine bessere Chance für sie, miteinander auszukommen.

Kapitel 11

Das Haus des weisen Mannes

ICH ENTDECKTE, dass die Informationen über die Alten nicht nur in den Wiederholungen der Legenden des weisen Mannes vorkamen. Es gab auch greifbare physische Beweise. Tuin hatte erwähnt, dass er einmal im Haus des Weisen gewesen war und viele seltsame Dinge gesehen hatte, die er nicht verstand. Er nahm an, dass sie zu den Alten gehörten, aber er wusste auch, dass der Weise viele Geheimnisse hatte, zu denen der Rest des Dorfes keinen Zugang hatte. Er hatte eine Menge Respekt vor dem Weisen und fragte nie nach diesen Dingen, weil er es für das Beste hielt, nicht zu neugierig zu wirken. Es waren Objekte, die in seinem primitiven Dorf definitiv nicht zu finden waren. Ich dachte, wenn ich zusätzliche Informationen erhalten würde, kann ich vielleicht herausfinden, was sie genau sind. Er sprach von diesen Dingen in Ehrfurcht. Er verstand offensichtlich nicht, was sie sein sollten.

B: Ich glaube, ich sollte einige von ihnen nicht sehen. Der weise Mann hat mehr als einen Tisch in seinem Haus. Er hat Tische in verschiedenen Größen zum Aufbewahren die Dinge, die er studiert und die er für verschiedene Dinge verwendet. Es hat damit zu tun, dass das Wissen, das er hat, nicht vergessen werden darf. Wir wissen nicht, wie wir uns an die Dinge erinnern können, die er weiß.

D: Er muss sehr weise sein, all diese Dinge zu wissen.

B: Dafür ist ein weiser Mann da. Er hat das Wissen, das weitergegeben wurde. Ich weiß nicht, wie er das macht. Ich weiß auch nicht, ob er weiß, wie er es macht.

D: Gibt es jemanden im Dorf, an den der Weise versucht, das Wissen weiterzugeben?

B: Ja. Er wählt diejenigen aus, die gut sein werden, um das Wissen zu lernen, und er bildet sie von klein auf aus. Er trainiert mehr als einen, um sicherzustellen, dass das Wissen weitergegeben wird.

D: *Ja, denn wenn einem etwas zustößt, würde das Wissen sterben.*

B: Das wäre nicht gut. Wir wären dann nicht in der Lage, die Geister zu rufen. Wir würden sterben. Viele Male lässt er die Frauen bestimmte Kräuter für sich sammeln. Er hat viele Kräuter und Medikamente in seinem Haus, so dass er, wenn jemand krank wird und die üblichen Mittel nicht helfen, ein anderes Mittel finden kann. Er hat ein paar Dinge auf dem Tisch. Ich weiß nicht, wie sie genannt werden, oder aus was sie gemacht sind. Sie sind glatt wie Wasser, hart wie Stein, aber klar wie Luft. Und ich bin mir nicht sicher, was sie sind. (Es klang wie eine präzise Beschreibung von Glas durch jemanden, der noch nie eines gesehen hatte.) Wenn an einem Sommertag ein stilles Wasserbecken vorhanden ist, kann man es spüren und es ist glatt. Das ist so glatt, aber es ist hart wie Stein und klar wie Luft. Er hat daraus Dinge verschiedener Formen gemacht. Ich weiß nicht, was sie sind oder wofür sie da sind.

D: *Aber du kannst durch sie hindurch schauen?*

B: Ja, es sei denn, es ist etwas in ihnen.

D: *Welche Art von Formen sind das?*

B: Einige sind unterschiedlich groß, lang und hoch. Normalerweise ungefähr so groß und über.... naja, verschiedene Höhen. (Sie machte eine Handbewegung - ungefähr so groß wie ihr Daumen und ihr Finger, die sich berührten.) Und sie standen auf dem Tisch und schienen an einem Ende geschlossen und am anderen offen zu sein. Wie ein geschlossenes Rohr. (Anscheinend ähnelt es dem Schornstein, den er vorhin erwähnt hatte.)

D: *Sind sie an etwas gebunden?*

B: Nun, sie sind alle zusammen auf einem Tisch.

D: *Weißt du, was er mit ihnen macht?*

B: Ich weiß es nicht. Ich habe gerade einen Blick darauf geworfen. Einige hatten Flüssigkeit wie gefärbtes Wasser in sich. Verschiedene Farben, einige waren hellgrün, andere waren klarbraun. Ich weiß nicht, wofür sie waren.

D: *Hast du noch etwas anderes gesehen?*

B: Es gab eine Sache, die ich nicht bei den anderen sah, - an einem anderen Ort. Es war wie die Sonne geformt und rund. Wo immer man es auch hinsah, es war rund. Ich erinnere mich nicht, ob es klar wie die Luft war oder nicht, aber es sah so aus, als wäre es glatt und hart. Es war zu weit weg. Ich konnte nicht dorthin gehen. Er würde sonst wissen, dass ich schnüffelte, und ich wollte nicht, dass er unzufrieden war.

D: *Nein. Du musst vorsichtig sein, auch wenn du neugierig bist. War es sehr groß?*
B: Nein, es war klein. Du könntest es ganz leicht in deiner Hand halten.
D: *Gab es sonst noch etwas mit verschiedenen Formen? Ich bin neugierig.*
B: Ich erinnere mich nicht an alles. Es gibt so viele Dinge in seinem Haus, ich kann mich nicht an sie alle erinnern.

Ich wollte mehr über diese speziellen Objekte wissen, die sich im Inneren das Haus des Weisen befanden, aber es könnte schwierig werden, wenn wir uns nur auf Tuins Gedächtnis verlassen würden. Der einzige Weg, wirklich genaue Informationen zu erhalten, wäre, dass er mir direkt aus dem Inneren des Hauses berichtet. Ich beschloss, ein Experiment auszuprobieren.

D: *Ich weiß, wie ich dir helfen kann, wenn du es versuchen möchtest.*
B: Beschreibe mir, wie.
D: *Ich kann bis drei zählen und du wärst in seinem Haus und er würde nicht wissen, dass du da bist.*
B: (Überrascht) Er würde es nicht wissen?
D: *Nein. Und du könntest dich umsehen und diese Dinge beschreiben.*
B: Würde er mein Lied nicht dort spüren?
D: *Ich glaube nicht. Nicht, wenn wir es richtig machen. Würdest du es versuchen wollen? Ich verspreche dir, ich werde dich nicht in Schwierigkeiten bringen.*
B: Wir könnten es versuchen.
D: *In Ordnung. Ich werde bis drei zählen und bei drei wirst du im Haus des Weisen sein, und du kannst dich umsehen und mir im Detail sagen, was du von diesen wunderbaren Dingen siehst. Eins, zwei, drei. Du bist im Haus des weisen Mannes. Er hat keine Möglichkeit zu ahnen, dass du da bist. Was siehst du, wenn du dich umsiehst?*
B: Ich sehe viele Dinge. Es gibt viele Kräuter, die oben an etwas hängen. Er hat einen.... oh, da ist der Kessel, von dem ich sprach, der die Farbe ändert. Er hat ihn über dem Feuer. Es ist etwas drin.

D: *Kocht er etwas?*
B: Ähm, es riecht nicht wie Essen nein! Wahrscheinlich etwas Medizin. (Sie machte ein Gesicht, als ob es schrecklich roch.)
D: *Okay, du musst das nicht riechen. Was siehst du noch, wenn du dich umschaust?*
B: Ich sehe, dass sich von diesem Raum ein anderer öffnet, in dem er das seltsame Ding hat, ja, das graue.

Ihre Bewegungen ließen mich glauben, dass er über die Sache sprach, die er mit mir besprochen hatte,
die wie eine Bedientafel geklungen hatte.

D: *Das hast du bereits erwähnt. Du sagtest, es sei ähnlich wie ein Quadrat, aber nicht ganz.*
B: (Handbewegungen) Nun, so betrachtet ist es quadratisch, aber wenn ich von hier aus schaue, hat es eine abgehackte Ecke (Die Oberkante, siehe Zeichnung.)
D: *Das war das Ding, das aus Metall war?*
B: Ja, eine Art Metall. Es ist grau. Es gibt kleine runde Dinge, die herausstehen, und einige schlanke Dinge, die herausstehen. Sie sind alle verschiedenfarbig. Helle Farben, die man in verschiedenen Blumen sieht. Meistens rot und gelb, ein wenig schwarz.
D: *Und du weißt nicht, wofür das verwendet wird?*
B: Nein.
D: *Ich frage mich, ob der Weise es weiß.*
B: Ich weiß es nicht. Er könnte es wissen, oder es könnte etwas von dem Wissen sein, das verloren gegangen ist.
D: *Hast du nicht gesagt, dass es noch andere Metalldinge in diesem Raum gibt?*
B: Ja. Es gibt einen seltsam aussehenden Metallhut, der rund ist. Es hat schlanke Dinge, die aus ihm herausstehen. Und es ist etwas Staub drauf. Er darf nicht wissen, wofür es da ist.
D: *Wie ein Hut, der auf deinen Kopf passen würde?*
B: Etwas zu groß. Er würde locker passen. Er würde die Haare und Ohren bedecken und die Augen blockieren.
D: *Die Augen blockieren? Wie würde man sehen, wenn man so einen Hut tragen würden?*
B: Ich weiß nicht, wofür er da ist. (Er hatte Schwierigkeiten, die Worte zu finden, um es zu beschreiben.) Auf der Innenseite gibt es... es

sieht aus wie kleine Metallhaare, aber sie sind dünn und lang (Handbewegungen zeigten, dass sie etwa 5 cm lang sind). Sie sind fest, aber weich. Wenn du den Hut aufsetzen würdest, wären sie überall gegen deinen Kopf gerichtet. Aber es sieht nicht so aus, als wäre es schmerzhaft.

D: *Sind sie wie die Haare auf deinem Kopf?*
B: Ähm... vielleicht.
D: *Gibt es eine Möglichkeit, ihn dir auf den Kopf zu setzen?*
B: Ich weiß es nicht. Ich verstehe das nicht. Er steht einfach da. Vielleicht ist es kein Hut, aber ich verstehe nicht, was es sonst noch sein könnte. Du legst ihn auf den Kopf. Vielleicht hat es etwas mit den Alten zu tun.
D: *Könnte sein, könnte sein. Welche Farbe hat er?*
B: Alle Farben. Das Innere ist schwarz und die Haare sind silberfarben. Die Außenseite ist so eine Art Goldfarbe und die schlanken Dinge, die aus ihr herausragen, sind meist Schwarz und Silber.
D: *Gibt es viele schlanke Dinge, die aus der Spitze herausragen?*
B: Nun, sie sind etwa so lang (ein paar Zentimeter). Sie beginnen so groß an der Basis (etwa so groß wie ihr kleiner Finger) und sie gehen nach oben und werden richtig eng und kommen am Ende nach oben. Und es gibt... oh, ich würde sagen... nun, die Metallhaare auf der Innenseite sind zu viele, um sie zu zählen. Nach außen hin sieht es so aus, als ob es.... lass sie mich zählen.....
D: *Könntest du mir ein Bild zeichnen?*
B: Es wäre etwas schwierig, aber ich könnte es versuchen. Es gibt etwa zwei oder drei Zwanziger mit Vorsprüngen. Zwei oder drei Zwanziger.

Ich habe Zettel und Stift rausgeholt. Ich hatte Beth dazu gebracht, ihre Augen wieder zu öffnen und gab ihr beides. Er staunte wieder über den Sift, als er versuchte, herauszufinden wie man ihn hält und benutzt.

B: Es ist schwarz.
D: *Es ist schwarz, ja, es macht Spuren. Kannst du mir ein Bild davon zeichnen, wie dieser Hut aussieht?*
B: Ich bin ein Jäger.

D: (Lacht) Das ist in Ordnung. Das andere Mal hast du dich sehr gut geschlagen. Ich liebte das andere Bild, das du für mich gemalt hast.

B: (Er fing an, den Hut zu zeichnen.) Wenn dir das Bild gefallen hat, dürfen deine Leute keine Bilder haben.

D: Nun, es war sehr gut für einen Jäger. Manchmal ist es schwer, Dinge zu beschreiben. Es ist einfacher, ein Bild zu zeichnen; es macht es so viel leichter.

B: Die Vorsprünge, sie sind schwer zu zeichnen. Sie sind etwa so lang wie der kleinste Finger. Zwei oder drei Zwanziger. Und sie sind überall auf dem ganzen Ding. Ich werde einige davon rundum zeichnen, damit du sie dir ansehen kannst. Sieh es dir an. Sie sind eng beieinander wie die, die ich oben drauf gezeichnet habe, aber ich bin kein guter Zeichner, also werde ich sie nicht überall zeichnen.

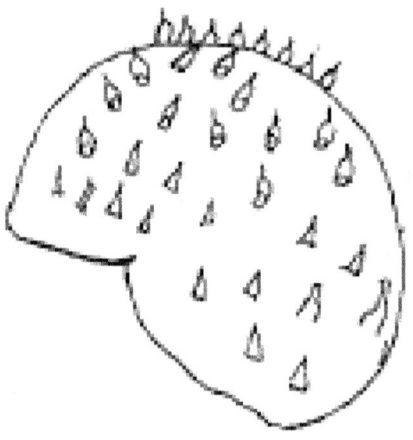

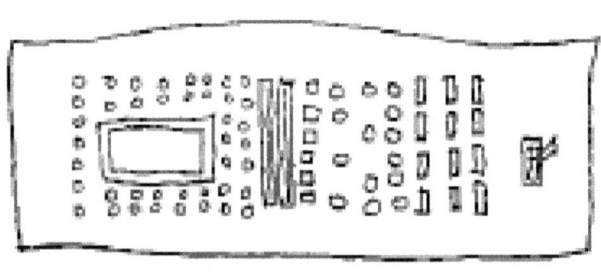

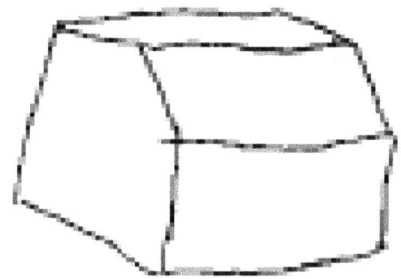

D: Das ist in Ordnung, nur damit ich eine Vorstellung davon habe. ... Sind sie spitz?
B: Einige ja und andere nicht. Die spitzen sind am einfachsten zu zeichnen. Einige sind flach und andere spitz. Und sie sind überall.

Er beendete die Zeichnung, also bat ich Beth, ihre Augen wieder zu schließen.

D: Ich dachte, dass sie viel größer sind. Siehst du, auf diese Weise hast du mir gut geholfen, es zu verstehen.
B: Sie sind so groß wie der kleinste Finger.
D: Und diese bedecken die gesamte Oberfläche des Hutes? Und im Inneren befinden sich all diese kleinen Haare, die nach unten zeigen. Ist das richtig?
B: Von überall her.
D: Das ist interessant. Könntest du mir ein Bild davon zeichnen, wie dieses quadratische Ding aussieht? Du sagtest, da wären all diese kleinen Dinge drauf.
B: Ich könnte es versuchen.
D: Ich würde mich freuen, wenn du mir zeigen könntest, wo sich die kleinen Dinge befinden.
B: Ich bin ein Jäger.

Ich ließ Beth noch einmal die Augen öffnen, um das größere Objekt zu zeichnen. Ich habe versucht sie davon abzuhalten, das andere Bild, das sich auf der gleichen Seite befand, zu überzeichnen. Die Skizze war mühsam und brauchte eine ganze Weile, bis sie fertig war. Er machte Bemerkungen wie: "Zuerst werde ich ein Bild davon zeichnen, wie es geformt ist. Die kleinen Dinge sind rund, aber sie sitzen sehr gerade. Sie stehen in geraden Reihen wie die Ernten der Bauern."

Als er die Zeichnung der Bedientafel fertig hatte, bat ich darum, die Augen wieder zu schließen.

D: Du hast eine Menge Details darin gezeichnet. Du bist vielleicht ein Jäger, aber ich denke, du zeichnest sehr gute Bilder.
B: Es gibt diejenigen, die es besser machen würden.
D: Vielleicht, aber ich kann nicht mit ihnen reden.
B: Das ist seltsam.
D: Auf diesem Bild hast du ein Quadrat gezeichnet, das größer war als die anderen. Wie sieht dieses Quadrat aus?
B: (Er zögerte.) Es ist wie ein dunkles Grau. Es ist glatt und hart.
D: (Es sah aus wie ein Computer- oder Fernsehbildschirm.) Gibt es Licht oder etwas, das von diesen Dingen kommt?
B: Nein, das da, es ist einfach da. Es sitzt nur so da. Ich weiß nicht, wozu das gut sein soll.
D: Es sieht kompliziert aus. Glaubst du, das sind Dinge, die den Alten gehörten?
B: Das ist es, was gesagt wird. Und es gibt noch andere Metallstücke, aus denen der Weise die Messer und Dinge herstellt. Es ist ein Metall, das nie abnutzt. Es ist sehr wichtig und kostbar. Wir wissen nicht, wo wir noch mehr davon finden können.
D: Haben die anderen Metallteile eine bestimmte Form?
B: Nichts besonderes. Genauso wie es Platten aus Stein gibt, sind dies Metallplatten. Einige sind groß, andere klein.
D: Weißt du, wie er diese formt und zu Werkzeugen macht?
B: Nein, es wird gesagt, dass der Kessel etwas damit zu tun hat, aber das ist nur ein Gerücht.
D: Er hat viele Geheimnisse, nicht wahr?
B: Ja, er ist der Weise.
D: Ist er der Anführer des Dorfes?
B: Der Anführer? Oh, er führt uns, wenn wir es brauchen. Aber wenn man in Harmonie mit der Erde ist, braucht man keine Führung. Wenn dein Lied mit dem Lied der Erde in Einklang steht, muss dir niemand anderes sagen, wie du singen sollst.

Kapitel 12

Das Leben von Tuin, dem Jäger

WÄHREND DER WOCHEN, in denen wir an dieser Regression gearbeitet haben, gewannen wir viele Informationen über die Alten. Aber ebenso erhielten wir die Geschichte von Tuins Leben. Wir konnten dies verfolgen, indem wir ihn zu wichtigen Tagen in seinem Leben führten. Da sein Leben so gewöhnlich und alltäglich war, waren diese Zeiten selten. Aber sie enthüllten ein Bild von einem Mann, der völlig zufrieden war, ein naturverbundenes Leben inmitten eines sanften Volkes zu führen.

D: Ich werde bis drei zählen und ich möchte, dass du zu einem wichtigen Tag in deinem Leben gehst, wenn du älter wirst. Ich werde bis drei zählen und wir werden dort sein. Eins, zwei, drei. Es ist ein wichtiger Tag in deinem Leben. Was machst du da?
B: Ich habe einen jungen Jägerlehrling eingestellt. Heute ist unser erster Tag, um zusammen auf die Jagd zu gehen. Ich habe diesem kleinen Jungen gezeigt, wie die Tiere zu dir sprechen. Welche Zeichen sie hinterlassen. Es wird eine lange Zeit sein, bevor er alles lernt, aber er ist schnell, er lernt.
D: Du musst den richtigen Jungen für diese Arbeit wählen.
B: Ja, und schließlich wurde einer geboren und er ist alt genug, um es jetzt zu lernen.
D: Du willst nicht, dass dein Wissen stirbt.
B: Es kann nicht sterben. Es darf nicht sterben. Das Dorf braucht Fleisch. Und jeder Mensch muss sein Wissen an jemanden weitergeben, der in der Lage ist und am besten geeignet ist, es zu

lernen, nicht unbedingt die eigenen Kinder. Alles ist wichtig, und wir müssen alles Wissen bewahren.

D: *Auf diese Weise wird er viele Jahre Zeit haben, diese Arbeit zu lernen.*

B: Ja, ich möchte, dass er es lernt, während ich noch stark genug bin, um ihn gut zu lehren.

D: *Und mit der Zeit wird es einfach ganz natürlich.*

B: Ja. Wir sind im Wald. Ich zeige ihm die Zeichen, die Tiere machen und was sie bedeuten. Ich denke, er kann vielleicht die Geister im Wind singen hören. Er scheint es am besten zu hören, wenn wir in den Bäumen sind. Er ist noch jung, aber die Fähigkeit wird sich entwickeln. Ich bin aufgeregt. Ich war in Sorge. Ich hatte Angst, dass niemand geboren wird, der geeignet ist. Aber wenn man geduldig ist, passieren alle Dinge. Und ich hatte den Geistern davon erzählt.

D: *Und du wusstest einfach, wann die richtige Person kam.*

B: Ja, die Geister haben mir geholfen.

D: *Hatte der Weise etwas damit zu tun, dass er sich denjenigen ausgesucht hat, der dir hilft?*

B: Ja. Er wird allgemein von den Menschen akzeptiert. Wir wissen, wer für welche Aufgabe gut ist. Der Weise bestätigt nur das, was wir beobachtet haben. Und ich ging zu ihm und sagte ihm, dass ich fühlte, dass derjenige, der jetzt mein Lehrling ist, in Harmonie mit der Erde war und den Wind hören konnte, und er sagte, er würde sich das ansehen. Und er stimmte mir zu, nachdem er ihn beobachtet hatte.

D: *Das ist sehr gut, dass du diesen Jungen gefunden hast. Wie heißt er?*

B: Er hat seinen Kindernamen: Haork. Wenn herausgefunden wird, was das Kind tun wird, wenn der Name nicht passt oder nicht mit den Geistern harmoniert, wird manchmal der Name geändert.

Beth hatte einen seltsamen Vorfall gemeldet, der sich in ihrem Haus nach unserer ersten Sitzung ereignete. Sie war draußen und ein Vogel sang in der Nähe ihres Haus. Und für eine kurze Zeit hatte sie das seltsame Gefühl, dass er mit ihr kommunizierte. Das ging noch eine Weile so weiter, bevor der Vogel einfach wieder 'nur' ein Vogel für sie war. Für eine kurze Zeit fühlte sie sich in Stimmung oder Harmonie mit dem Vogel. Der gleiche Effekt wie bei der Windkommunikation in ihrem Traum, den sie nach dieser Sitzung hatte.

Das könnte eine Überlappung von Tuins Persönlichkeit gewesen sein. Sie beschrieb es als eine angenehme, wenn auch interessante Erfahrung.

Während einer weiteren Sitzung fand ich Tuin auf seinem Weg stromabwärts entlang des Flusses laufen.

B: Ich bin schon seit geraumer Zeit nicht mehr in diese Richtung gegangen. Das sollte gut sein. Ich drehe mich, wohin ich gehe, die Beute ist in einem speziellen Bereich, es wird genug geben. Es ist ein klarer Tag. Es ist noch früh. Die Sonne ist gerade aufgegangen. Ein schöner Sonnenaufgang; er wird vom Schnee in den Gipfeln reflektiert.
D: Wie viele Tage erwartest du, dass du unterwegs bist?
B: Wahrscheinlich drei, vielleicht vier. Ich habe nicht wirklich eine bestimmte Zeit festgelegt, aber ich erwarte, dass ich etwa vier Tage unterwegs bin.
D: Ist das etwa so, wie lange du normalerweise auf der Jagd bist?
B: Ja. Im Allgemeinen vier bis.... sieben oder acht Tage, manchmal neun. Manchmal ist es eine kurze Reise und ich bin einfach einen Tag unterwegs. Doch diesmal werden es etwa vier Tage sein.
D: Wenn du vorher Beute findest, gehst du dann eher zurück?
B: Es hängt davon ab, wie viel Beute es ist und zu welcher Jahreszeit. Wenn es im Hochsommer ist, wenn es warm ist, versuche ich, das Fleisch so schnell wie möglich zurückzubekommen, solange es noch frisch ist. Aber wenn es so kühl ist wie es jetzt, kann ich mehrere Tage draußen bleiben und das Fleisch wird gut bleiben. Die Beute ist bei kühlem Wetter gut haltbar, dann kann ich weitermachen und mehr schießen, als ich auf einmal zurücktragen kann. Aber nur die Menge, die das Dorf braucht. Ich werde etwas zurücktragen und jemanden dazu bringen, zu kommen und mir zu helfen, den Rest zu holen.
D: Ich dachte, es wäre schwer, es zurückzutragen, wenn man viel hat.
B: Du musst stark sein. Wenn ich einen Bären bekomme, muss ich ihn sofort vierteln und häuten. Die Viertel in die Haut legen und sie an einen Baum hängen. Dieser Teil ist schwierig. Ich tue es in Bäume, wo andere Tiere nicht hinkommen können, und ich werde zurück ins Dorf gehen, um ein paar kleine Jungs zu holen, die mir helfen, es zurückzubringen.

D: Ich dachte, du könntest vielleicht versuchen, den ganzen Bären zurückzutragen.
B: Ich bin nicht dumm.
D: (Lacht) Ich dachte, dass das Fleisch schwer sein würde. Du wärest stark genug dafür.
B: Nein. Ich versuche, nicht mehr zu töten, als ich zu diesem Zeitpunkt bewältigen kann, es sei denn, ich bin nah genug am Dorf, um leicht Hilfe zu bekommen. Ich tue mein Bestes. Ich sorge dafür, dass das Dorf versorgt wird.
D: Bist du heute allein? Einmal hast du mir von einem Lehrling erzählt.
B: Ja, der Lehrling studiert heute. Ich fand es gut, als der Lehrling eine Idee hatte, wie die Pfeilspitzen gemacht werden könnten. Manchmal, wenn man auf der Jagd ist, muss man eine Notfallpfeilspitze machen. Es ist gut zu wissen, was zu tun ist. So ist er heute beim Pfeilspitzenmacher.
D: Wie geht es ihm?
B: Es geht ihm gut. Er lernt geduldig zu sein.
D: Ist das das Schwierigste, was man lernen kann?
B: Wenn man jung ist, ja. Siehst du, die Geduld ist es, die dir hilft, ruhig und still zu sein. Und sie hilft dir zu lernen, in Harmonie zu sein. Er ist bereits in Harmonie. Er hat gelernt, wie man mit der Harmonie umgeht.
D: Was meinst du mit Harmonie?
B: Wissen zu können, wie die Tiere denken, in Harmonie mit der Erde, mit ihren Rhythmen zu sein. Wenn du nicht in Harmonie bist, kannst du die Erde beschädigen. Das wäre nicht gut. Sie ist die Mutter von uns allen.
D: Man muss es nur fühlen, und man weiß, wo die Tiere sind?
B: Die Tiere werden dir sagen, wo sie sind. Sie folgen.... es ist schwer zu beschreiben. Ich fühle es in meinem Kopf (er zeigte auf den Chakra-Bereich des dritten Auges in der Mitte seiner Stirn). Ich fühle hier, wo das Tier ist, und ich folge diesem Gefühl. Wenn ich mich dem Tier zuwende, ist es stärker, und ich folge dem Tier. Außerdem gibt es die Fährten und die Spuren. Einige Leute können über die Fährten und Spuren jagen gehen, und sie leisten eine angemessene Arbeit. Aber der beste Weg ist, den Gefühlen in deinem Kopf zu folgen und du findest denjenigen, der dazu bestimmt ist, dem Dorf zu helfen. Mein Lehrling muss lernen, diesem Gefühl zu folgen.

B: Ich glaube, das hat er. Er hat nur noch nicht gelernt, ihm zu vertrauen.

D: *Ich habe von Leuten gehört, die den Fährten folgen und jagen.*

B: Das ist eine sehr oberflächliche Art der Jagd. Ich suche nach den Spuren auf dem Boden, unabhängig davon, ob irgendwelche Äste verbogen oder gebrochen wurden, oder wo Fellstücke sind. Das sind die physischen Dinge, die man findet. Dann gibt es das Gefühl in meinem Kopf, das hilft. Und der Wind, ich höre dem Wind zu. Es sagt mir das, was ich wissen muss.

D: *Wo das Tier ist?*

B: Ja, oder wo ich sein muss, wenn das Tier vorbeikommt.

D: *Aber gibt es nicht einige Tiere, die im Winter schlafen und nicht herausgekommen?*

B: Ja. Der Bär ist eines davon.

D: *Dann suchst du einfach nach denen, die im Winter nicht schlafen?*

B: Das hängt davon ab, was das Dorf braucht. Wenn die Nahrungsversorgung gut ist und wir nur ein wenig frisches Fleisch für eine Feier wollen oder um das, was wir haben, zu ergänzen, werde ich einige kleine Tiere finden, nur um ein wenig frisches Fleisch zu liefern, damit Sie nicht immer dasselbe essen müssen. Wenn man immer wieder dasselbe isst, egal wie gut der Koch ist, kann man es leid sein.

D: *Hast du eine Person, die für alle kocht?*

B: Nein, die Frauen treffen sich und kochen, also gibt es eine Auswahl an Variationen.

D: *Dann essen sie nicht alle in ihrem eigenen Haus?*

B: Manchmal, wenn das Wetter schlecht ist, oder wenn eine Frau einen bestimmten jungen Mann im Auge hat. (Sie grinste und ich lachte.) Frauen sind hinterhältig, sehr hinterhältig. Sie wird ihm plausible Gründe nennen, warum er zu diesem speziellen Ort zum Essen kommen sollte, anstatt mit der Gruppe im Allgemeinen zu sein. Und sie wird versuchen, einige Überraschungen im Ärmel zu haben. (Sie grinste. Es war offensichtlich, was er meinte.)

D: *(Lacht) Warum, ist dir das passiert?*

B: Nein. Sie haben es versucht. Aber ich habe es gesehen.

D: *Hat es bei dir nie funktioniert?*

B: Nur wenn ich es wollte. Weil ich auch Überraschungen im Ärmel habe.

D: *(Lacht) Was für eine Art?*

B: Oh, lustige. Die Art von Spaß, die man mit zwei Personen erleben kann. Natürlich haben sie diesen Gedanken auch im Hinterkopf. Normalerweise vermutet man das.

D: *Sie würden dich nicht bitten, zu ihrem Haus zu kommen, wenn sie das nicht im Hinterkopf hätten?*

B: Nein, das würden sie nicht. Manchmal gibt es jedoch eine oder zwei Frauen, die das tun, weil sie etwas wollen, und sie benutzen dich. Aber das ist nicht sehr oft der Fall. Sie sind nicht sehr beliebt, deshalb sind sie nicht sehr erfolgreich damit. Jeder weiß, wer sie sind. Sie sind irgendwie saure Frauen.

D: *Unglücklich, meinst du?*

B: Ich denke schon. Sie haben nicht so viele Freunde, wie sie hätten haben können. Aber sie sind nicht allzu unglücklich; sie sind einfach nicht so glücklich, wie sie sein könnten.

D: *Haben sie Kinder?*

B: Nein, das sind Miesepeter.

D: *Vielleicht sind sie deshalb unglücklich.*

B: Nun, sie haben es selbst verursacht.

D: *Die Männer gegen sie aufgehetzt, ist das richtig?*

B: Ja, aus irgendeinem Grund sind sie eher bitter.

D: *Aber du hast gesagt, du hast keine Frau, die nur deine ist?*

B: Nun, es gibt eine Frau, mit der ich gerne spreche. Sie und ich verstehen uns gut.

D: *Aber du lebst nicht die ganze Zeit bei ihr.*

B: Nein, ich besuche sie nur. Und manchmal, wenn das Wetter gut ist, geht sie mit mir in den Wald. Sie sagt, sie interessiert sich für einige der Geschichten über Tiere. Aber Frauen sind hinterhältig, also stelle ich das in Frage.

D: *(Lacht) Sie ist mehr an dir interessiert als an den Tieren.*

B: Ich glaube schon.

D: *Hast du irgendwelche Kinder?*

B: Ähm, ich glaube schon. Ich glaube, ich habe zwei... von zwei verschiedenen Frauen. Aber ich mache mir keine Sorgen um sie. Alle Kinder werden betreut. Und jeder tut, was er tun muss. Für jeden ist gesorgt, und wir machen uns darum keine Sorgen.

D: *Es ist mehr eine Gruppensache.*

B: Richtig. Die Kinder wissen immer, wer ihre Mutter ist, und sie haben vielleicht eine ziemlich gute Ahnung, wer ihr Vater ist. Aber es gibt keine Bindung wie zur Mutter. Ich meine, ich könnte alles sagen. Ich könnte dein Vater sein, du würdest nie den

Unterschied erkennen. Aber ich könnte dir nicht sagen, wer deine Mutter ist, ohne dass du den Unterschied erkennst.

D: Nun, manchmal erkennt man das an der Haar- und Hautfarbe, nicht wahr?

B: Oh, manchmal, aber wenn man einfach nur gewöhnlich aussieht, ist das schon schwieriger. Es gibt nur wenige Unterschiede, die diese Person zu dieser Person machen. Vielleicht ist ihre Nase anders geformt, vielleicht sind ihre Ohren anders gebogen. Es gibt einen alten Mann im Dorf, die Kinder mögen ihn sehr, er kann mit den Ohren wackeln. Sie denken, dass es lustig ist.

D: Er unterhält sie auf diese Weise.

Ich beschloss, Tuin an einen wichtigen Tag in seinem Leben zu bringen, während er älter war. Ich zählte ihn bis zu dieser Zeit voraus und fragte, was er tat.

B: Wir feiern. Wir sind alle sehr glücklich. Der Weise hat jemanden gefunden, der gut ist, um sich an die Legenden zu erinnern. Es ist bemerkenswert, wenn man diesem Jungen etwas sagt, vergisst er es nie. Und so hat der weise Mann beschlossen, ihm alles über all die Legenden zu erzählen, die er kennt, damit sich dieser Junge daran erinnert, bis er alt ist. Und wir sind sehr glücklich, denn wir wissen, dass die Legenden für eine weitere Generation weitergeführt werden.

D: Ist der Junge sehr alt?

B: Nein, er ist nur etwa acht Jahreszeiten alt.

D: Wird der weise Mann älter?

B: Ja. Sein Haar ist weiß.

D: Dann ist es sehr wichtig, dass er es jemandem sagt, bevor er stirbt.

B: Ja. Es gibt noch jemanden, der die Überlieferungen gelernt hat, um ein Weiser zu werden. Und es wird entschieden, dass derjenige, der es gelernt hat, ein vorübergehender weiser Mann für eine bestimmte Zeit wird, und er stimmt dem zu. Der Junge ist offensichtlich der richtige. Zusammen werden sie dem Jungen alles beibringen und dafür sorgen, dass er sicherstellt, dass sich an alles erinnert wird. Also wird der Junge ein weiser Mann sein, wenn er alt genug ist, um diese Verantwortung zu übernehmen.

D: Hat man dem anderen schon viele Dinge erzählt?

B: Oh ja. Der Weise hat ihm alles beigebracht, aber sein Gedächtnis ist nicht so gut. Er hat ein gewöhnliches Gedächtnis, während das

Gedächtnis dieses Jungen außergewöhnlich ist. Aber er kann dem Jungen helfen, wenn er ein weiser Mann wird, und so wäre es gut.

D: *Es gibt so viele Legenden, die man ihm erzählen kann. Es würde lange dauern, ihn all diese Dinge zu lehren.*

B: Ja, aber wir sind froh, dass dies geschieht.

D: *Was für eine Art Feier feierst du?*

B: Ähm.... singen, schlemmen. Die Lieder, die wir singen, rufen die Geister herab, um den Jungen zu beschützen. Und einige der Bauern trinken dieses Getränk.

D: *In Ordnung. Ich werde wieder bis drei zählen und lass' uns zu einem weiteren wichtigen Tag in deinem Leben übergehen, wenn du älter wirst. Eins, zwei, drei. Es ist ein weiterer wichtiger Tag in deinem Leben. Was machst du da?*

B: Derjenige, der mein Lehrjäger ist, wird heute ein Volljäger, so dass ich nicht mehr so viel jagen muss. Ich werde alt.

D: *Gibt es eine Zeremonie oder eine Möglichkeit, dies zu verfolgen?*

B: Ja. Am Abend versammelt sich das Dorf um das Feuer herum, und ich und mein Lehrling stehen auf beiden Seiten des Weisen. Ich sage den Dorfbewohnern, dass dieser Mann, also mein Lehrling, jetzt ein Jäger ist. Er weiß, was ich weiß. Es ist kein Wissen verloren gegangen. Er hat alles. Und dass er in Harmonie ist. Dann erzählt der Weise den Dorfbewohnern, dass er beobachtet hat, dass dieser Mann in Harmonie ist, weil er in den letzten drei Tagen isoliert und meditierend war. Der Weise hat ihn beobachtet und ihm Ratschläge gegeben. Und er sagt, dieser Mann ist bereit, voller Jäger für das Dorf zu werden. Jetzt kann das Dorf zwei volle Jäger haben, bis ich zu alt geworden bin. Und dann kann ich einen Teil der Zeit jagen gehen oder die Jagd einstellen. Was immer ich will. Aber dieser Mann wird von nun an ein voller Jäger sein. Und sie können sich auf ihn verlassen, wie sie sich auf mich verlassen haben. Dann gibt es bestimmte Dinge, die er ins Feuer steckt, damit das Feuer hochspringt und der Rauch sich verfärbt, als Teil der Zeremonie. Und es wird gesungen. Wir sehen einige der Geister dort und wir sagen den Geistern der nahegelegenen Tiere und der Bäume um uns herum, dass dieser Mann jetzt mit ihnen zur Jagd kommunizieren wird. Dann erzählt mein Lehrling den Dorfbewohnern, dass er diese Verantwortung übernimmt und dass er sie wahrnehmen wird. Das macht ihn verantwortlich, und das kann er schaffen. Das ist der feierliche Teil, und nachdem dieser Teil stattgefunden hat, werden alle glücklich sein. Es ist im

Allgemeinen eine Ausrede, um die ganze Nacht zu schlemmen. Weil die Dorfbewohner sagen: "Wir werden heute Abend das ganze Essen aufessen, damit du morgen zur Arbeit gehen und uns zeigen kannst, was für ein guter Jäger du bist." (Ich lachte.) Und das ist es. Das ist es, was passiert.

D: *Glaubst du, er hat alles gelernt, was du weißt?*
B: Ja. Alles, was er nicht weiß, ist nur so, weil ich schon so lange auf der Jagd bin. Ich bin erfahrener als er.
D: *Aber du kannst ihn trotzdem beraten.*
B: Ja, wenn er den Rat will. Er muss mich jetzt nicht um Rat fragen, aber er kann es, wenn er will. Er ist in Harmonie mit der Erde und kennt die Lieder der Tiere. Er wird jagen können.
D: *Glaubst du, er hat es gut gelernt?*
B: Ja. Ja, das hat er.

Ich konnte an seiner Stimme spüren, dass er stolz auf den Jungen war. Er fühlte auch, dass er seiner Verpflichtung zur Weitergabe seines Wissens nachgekommen war.
Er wusste, wie wichtig das für das Überleben des Dorfes war.

D: *Das ist gut. Dann musst du von jetzt an nicht mehr so hart arbeiten.*
B: Das ist wahr.
D: *Was denkst du, was du jetzt tun wirst? Wirst du in der Nähe des Dorfes bleiben?*
B: (Deutlich) Nein! Warum sollte ich? Ich mag es nicht, unter einem Dach zu sein. Es ist zu voll mit Leuten in der Nähe. Ich werde wahrscheinlich ein paar Erkundungen machen, um zu sehen, was sich außerhalb der Jagdgebiete befindet.
D: *Du warst noch nie in der Lage, das zu tun, oder?*
B: Nein. Ich gehe zwar weiter als die meisten anderen zur Jagd, aber trotzdem frage ich mich, was hinter dem nächsten Berg liegt. In jede Richtung, die du gehen willst, gibt es Berge. Also werde ich den weitesten Punkt auswählen, an dem ich je in irgendeine Richtung gegangen bin, und darüber hinausgehen.
D: *Hattest du jemals den Wunsch, dem Fluss zu folgen?*
B: Ja. Das könnte ich auch tun.
D: *Das kannst du jetzt machen, weil du nicht gleich wiederkommen musst, meinst du das?*

B: Ja. Ich werde packen, was ich tragen kann. Und ich werde es bei gutem Wetter tun, im Sommer. Ich kann nach Fleisch jagen. Ich könnte sogar einen langen Weg gehen.

D: Wirst du dann zurückkommen und den anderen Leuten erzählen, was du gefunden hast?

B: Wenn sie es wissen wollen, werde ich es ihnen sagen. Es wird eine gute Geschichte für den Winter um das Feuer herum sein. Im Frühsommer könnte ich gehen und dann kann ich im Spätsommer zurückkommen, um bei der Fleischversorgung für den Winter zu helfen.

D: Glaubst du, du könntest dich verlaufen?

B: (Empört) Nein! Wie könnte ich mich verlaufen? Wie kann man sich verlaufen? Du weißt, wo du bist.

D: Selbst wenn du in fremde Gebiete gehst, die du noch nie zuvor gesehen hast?

B: Das macht keinen Unterschied. Du weißt immer noch, wo du bist. Du bist immer noch in Harmonie mit der Erde und du kannst immer noch spüren, welche Richtung welche ist. Und du weißt, in welche Richtung du gegangen bist und wie viel Weg du hinter dir hast. Und du weißt, wo du auf der Erde bist. Wenn du in Harmonie mit der Erde bist, dann kann jeder die Richtungen spüren. Auf diese Weise kannst du dich nicht verlaufen.

D: Benutzt du die Sterne für deine Orientierung, oder weißt du einfach, wo du bist?

B: Oh, weißt du, sie sind genau hier. (Er zeigte auf das Zentrum seiner Stirn.) Die Richtungen sind hier. Die Sterne helfen. Aber das ist zuverlässiger, da es nachts bewölkt sein kann.

D: Ja, das ist wahr. Oder du könntest in den dichten Wäldern sein und den Himmel nicht sehen. Dann weißt du immer, wie du mit diesem Teil deines Kopfes wieder dein Zuhause finden kannst. Einige Leute wissen es nicht, wie man das macht.

B: Wo?

D: Nun, hast du nicht gesagt, dass es einige Kinder gibt, die geboren wurden, die diese Dinge noch nicht wissen?

B: Nun, das ist wahr, aber das ist so selten, dass man es vergisst.

Ich zählte ihn wieder zu einem weiteren wichtigen Tag in seinem Leben, als er älter wurde und fragte, was los sei.

B: Der Mann, der jetzt Jäger ist, hat geheiratet. Und er hat mich gebeten, seinen Kindern ein Großvater zu sein. Das ist eine Ehre, denn ich habe nie mit einer Frau gelebt und Kinder großgezogen. Ich wollte nicht unter einem Dach sein. Also, was dieser Mann damit sagt, ist, dass er mein Sohn sein will, weil er will, dass ich Großvater seiner Kinder bin. Und so wird meine Linie weitergeführt. Er kann das tun, da er die Jagd von mir gelernt hat.

D: Ich dachte, es gäbe keine Heirat unter deinen Leuten.

B: Im Allgemeinen nicht, aber gelegentlich, wenn man besonders an einer Person hängt und mit dieser einen Person zusammen sein will, werden sie es dem Dorf mitteilen. Und der Weise wird sagen: "Ihr beide habt beschlossen, euer ganzes Leben lang zusammen zu bleiben, weil ihr das Gefühl habt, dass ihr in Harmonie miteinander seid, so, dass ihr zusammenbleiben müsst. Deshalb erkennen wir das." Hier ist das passende Wort, das ich finden kann, "Heirat", das ist ein Wort, das du einmal benutzt hast.

D: Und es ist nicht normal, geheiratet zu haben und bei einer Person zu bleiben?

B: Nein, das ist nicht normal. Es passiert, aber es ist nur ab und zu so. Dies ist das erste Mal in meinem Leben, dass dies passiert ist.

D: Dann leben sie die meiste Zeit einfach bei dem, mit dem sie zusammenleben wollen?

B: Richtig. Und das ändert sich, wenn du den Weg deines Lebens wechselst.

D: Du hast mir einmal von einer Frau erzählt, die du magst. Ist sie noch da?

B: Das ist viele Jahre her. Sie ist immer noch hier. Wir sind immer noch Freunde. Sie ist einem anderen Mann nahe. Wir erinnern uns manchmal daran. Es gibt eine andere Frau, der ich nahe stehe.

D: Jagst du immer noch?

B: Nicht oft. Niemals im Winter, nein. Ich bleibe im Winter gerne am Feuer. Die Kälte geht mir mal auf die Nerven. Im Sommer sage ich, dass ich auf die Jagd gehen werde, und ich gehe auf die Jagd. Aber jeder weiß, dass ich es nicht wirklich bin. Das sage ich nur so. Ich gehe hinaus, damit ich hören kann, was der Wind für mich zu singen hat. Und ich singe mit dem Wind und höre, was die Bäume mir sagen. Und ich höre auf die Harmonie der Erde. Weil ich nicht gerne unter einem Dach bin, und ich kann die Harmonie auch nicht hören, wenn ich im Dorf bin.

D: Aber lebst du jetzt die meiste Zeit unter einem Dach?

B: Nein, bei gutem Wetter bin ich draußen, und ich schlafe draußen. Es gibt einen bestimmten Felsen, auf dem ich gerne schlafe. Aber bei schlechtem Wetter gehe ich ungern dort hin. Ich bin immer noch nicht gerne unter einem Dach, aber mein Körper sagt: "Geh unter das Dach." Mein Körper arbeitet nicht mehr so gut. Ich nehme an, das ist es, was man "alt werden" nennt.

D: *Aber dein Verstand würde immer noch gerne da draußen sein. Bist du jemals gereist, um zu sehen, was hinter den nächsten Bergen ist?*

B: Ja, das bin ich. Es gab mehr Berge und noch mehr Berge. Ich folgte dem Fluss hinunter. Die Leute im Dorf sagen, dass ich alt werde, und ich erfinde Geschichten, um die Kinder zu unterhalten. Ich werde ihnen "alt" zeigen. Aber ich folgte dem Fluss hinunter und fand mehr Menschen. (Fast in Ehrfurcht gesprochen.) Aber sie waren sehr verschieden von dem, was wir sind, und sie fühlten sich nicht in Harmonie. Ich habe nicht versucht, sie zu kontaktieren, weil es mir Kopfschmerzen bereitete, in ihrer Nähe zu sein.

D: *War es sehr weit weg?*

B: Ja. Es war eine mehrtägige Reise. Ich bin zwei Monde lang gereist.

D: *Wie sahen sie aus? Sahen sie anders aus?*

B: Ähm, ja, sie waren dunkler. Sie alle hatten schwarze Haare und dunkle, sehr dunkle Haut. Aber die wichtigste Art und Weise, wie sie sich unterschieden haben, ist, dass... Ich kann das nicht gut beschreiben. In unserem Dorf kann jeder erkennen, was alle anderen fühlen, ohne sagen zu müssen, was sie denken oder fühlen, denn wir sind in Harmonie miteinander. Aber bei diesen Menschen war ihre Harmonie anders und ich konnte nicht erkennen, was sie dachten. Und ich wollte nicht ins Dorf hinuntergehen, um sie zu sehen, denn ich fürchtete, dass sie, wenn ich es tat, nicht genug in Harmonie sein würden, um zu wissen, dass ich es nicht böse meinte. Damals brauchte das Dorf noch meine Hilfe für den Winter, also beobachtete ich sie eine Weile. Dann war es Zeit für mich, zurück ins Dorf zugehen, also ging ich.

D: *Haben sie dich gesehen?*

B: (Betonend) Nein! Ich habe dafür gesorgt, dass sie es nicht tun.

D: *Haben sie sich anders gekleidet als deine Leute?*

B: Ja. Einige. Sie schienen unterschiedliche Bräuche zu haben, aber ich konnte es nicht sicher sagen, da ich mit keinem von ihnen sprach. Sie verwendeten Leder anders als wir, und ihre Verzierungen waren anders als unsere. Es ist so viele Jahre her, dass es schwierig ist, sich daran zu erinnern. Ähm.... sie haben ihr Haar anders gemacht als wir. Wie du weißt, halten sich die Männer in unserem Dorf die Haare abgeschnitten, mit einem Messer. Und die Frauen verdrehen ihr Haar nach hinten und kleben Ornamente hinein, je nach Tradition und wie sie es machen wollen. In diesem Dorf ließen die Männer ihre Haare lang wachsen, und sie ließen sie auf verschiedene Weise flechten. Manchmal wickelten sie Zöpfe, manchmal nicht. Und einige der Männer im Dorf würden einen Teil ihres Kopfes rasieren und den anderen Teil lang werden lassen. Es sah sehr seltsam aus. Ich konnte nicht herausfinden, was die Bedeutung davon war.

D: *Welchen Teil haben sie entfernt?*

B: Nun, normalerweise wurden die Seiten abgeschabt, und dann gibt es einen Streifen in der Mitte, der lang wird.

D: *Und sie hatten auch noch Zöpfe?*

B: Normalerweise nicht, sie lassen es einfach lang werden. Die Frauen hatten Ornamente und dergleichen aus Lederstreifen gefertigt und trugen diese auf verschiedene Weise. Und es schien, als hätten die Männer in diesem Dorf die Frauen nicht so viele verschiedene Dinge tun lassen wie wir unsere Frauen. Sie waren nicht in der Lage, sehr offenherzig zu sein.

D: *Konntest du sehen, in welcher Art von Häusern sie lebten?*

B: Sie sahen ähnlich aus wie unsere, aber es gab Unterschiede. Nichts besonderes. Aber sie hatten andere Arten von Booten als wir. Da es weiter flussabwärts lag, ist der Fluss an dieser Stelle größer. Sie bauten Flachbodenboote, die sehr gut schwammen. Und sie hatten Kehrstäbe, die sie, wie ich hörte " Paddel " nannten, mit denen sie diese Boote über das Wasser führten. Und sie haben viel geangelt. Das meiste von ihrem Fleisch, das sie aßen, war Fisch. Und das einzige Fleisch, das sie töteten, waren die großen Tiere für ihre Haut. Sie würden auch deren Fleisch essen, aber der Fisch war ihre wichtigste Fleischquelle.

D: *Waren die Boote groß genug, um darauf zu stehen, wie deine Boote?*

B: Nein. Diese Boote waren lang und schmal, an jedem Ende gebogen, mit flachem Boden. Normalerweise würden es zwei Männer leiten, höchstens drei. Und sie knieten immer in den Booten.

D: *Erinnerst du dich an andere Dinge, die anders waren?*

B: Nun, sie hatten keinen weisen Mann wie wir. Und sie hatten kein Metall. Ihre Messer waren aus Stein, wie die, aus denen wir die Pfeilspitzen herstellen.

D: *Hatten sie irgendeine Art von Anführer?*

B: Ja. Sie hatten einen Anführer, der sich um die gleichen Funktionen kümmerte wie unser Weiser, aber er hatte nicht das Wissen, das er als weiser Mann haben sollte.

D: *Ich frage mich, ob diese Leute an die gleichen Dinge glauben wie deine Leute?*

B: Ich glaube nicht. Ich hörte nicht, wie einer von ihnen einen die Geister um etwas bat. Wenn sie es taten, hatten sie eine andere Art, es zu tun. Und sie schienen sich der Dinge nicht bewusst zu sein, die sie wissen sollten, wie z.B. wo die Tiere sind und so weiter.

D: *Sie haben auf eine andere Weise gejagt als du?*

B: Ja. Sie hingen mehr von den äußeren Zeichen ab, als von den inneren Gefühlen.

D: *Hast du sie sprechen hören?*

B: Ja. Ich konnte aber nicht verstehen, was sie sagten, also achtete ich nicht darauf.

D: *Sie waren wie eine ganz andere Gruppe von Menschen. Aber du bist eine Weile geblieben und hast nur zugesehen?*

B: Für ein paar Tage.

D: *Als du dann zurückkamst und es den Leuten erzählt hast, haben sie dir nicht geglaubt?*

B: Sie dachten, ich würde nur Dinge erfinden, um die Kinder zu unterhalten, und über lustige Dinge erzählen, die andere Leute auf dem Fluss gemacht haben. Und das Volk würde sagen: "Wir sind das Volk. Wir sind die Einzigen. Was meinst du mit "andere Leute"?" Ich weiß, was ich gesehen habe. Und die Kinder finden es lustig, die Geschichten zu hören, die Tuin über Menschen erfindet, die dies und das tun. Jeder weiß, dass niemand das tut.

D: *Aber bevor du diese Leute gesehen hast, hast du auch gedacht, dass ihr die einzigen Leute seid, oder?*

B: Ja. Ich wusste nicht, dass es noch andere Leute gibt. Ich dachte, wir wären die Einzigen. Ich wollte gerade den Fluss hinuntergehen, um zu sehen, wohin der Fluss floss. Und ich bin an drei Wasserfällen vorbeigegangen und ich folgte einfach nur dem Fluss. Ich war überrascht, als ich zum ersten Mal eine andere

Person sah. Es war jemand auf dem Fluss in einem der Flachbodenboote. Es hat mich sehr erstaunt.
D: Ich frage mich, wie viele Leute noch da draußen sind.
B: Ich weiß es nicht. Das war das das Weiteste, was ich gehen konnte damals.
D: Hast du es jemals wieder versucht?
B: Nein. Es gibt noch so viele andere Richtungen. Ich habe es einmal gesehen und wusste, dass ich es nicht vergessen würde.
D: Hast du jemals einen anderen Menschen in die andere Richtung gesehen?
B: Nein. Nur Berge und Tiere.
D: Hast du irgendwelche seltsamen Tiere gesehen?
B: Nein. Ich sah Tiere, die aussahen wie Tiere, die ich kannte, aber vielleicht etwas anders. Vielleicht ein bisschen größer oder kleiner, oder eine etwas andere Farbe. Aber ich konnte immer noch erkennen, dass es das gleiche Tier war. Es gab einige Bäume, die unterschiedlich waren. Manchmal sahen die Kiefern anders aus oder es gab verschiedene Arten von Eichen, aber nichts Drastisches.
D: Du hast eine große Entdeckung gemacht. Du hast Dinge gesehen, die die anderen Leute nie sehen würden.

Ich habe ihn zu einem anderen wichtigen Tag in seinem Leben gebracht,
als er älter wurde.

B: Ich sitze auf einem Felsbrocken. Ich meditiere schon seit geraumer Zeit mit den Geistern. Und ich habe gerade eine wichtige Entdeckung über die Natur des Universums gemacht.
D: Kannst du sie mit mir teilen?
B: Es ist schwer zu erklären. Aber die Tatsache, dass alles eins ist, wurde gerade stark verstärkt. Das Erlebnis ist etwas ganz Besonderes.
D: Meditierst du sehr oft so?
B: Ja, jetzt, wo ich nicht mehr jage. Ich komme oft in den Wald hinaus, weil ich immer noch nicht gerne unter einem Dach bin. Ich bin zu alt, um zu jagen, also denke ich über die Dinge nach.
D: Hattest du schon einmal an diese Idee gedacht?
B: Nun, natürlich habe ich es für selbstverständlich gehalten. Ich hatte vorher nicht wirklich darüber nachgedacht.

D: Du meinst, dass jeder eins ist?
B: Dass alles: Menschen, Pflanzen, Tiere, Mutter Erde, der Himmel, das alles ist eins.
D: Wie in völliger Harmonie? Ist es das, was du meinst?
B: Als ob es Teil eines großen Wesens wäre, das zusammenarbeitet.
D: Das wäre eine andere Idee, nicht wahr? Denken die anderen Menschen in deinem Dorf genauso?
B: Ja, denn wir glauben, dass alles eins ist und in Harmonie. Und mir wurde gerade klar, dass, wenn sich alles in Harmonie treffen würde, es Teil eines Körpers oder einer Art von Wesen sein müsste, denn unsere Körper arbeiten zusammen. Schließe einfach deine Hand und öffne sie wieder. Es sagt dir alles, was du über die Einheit des Universums wissen musst.
D: Glaubst du, dass dieses Wesen einen Namen oder so haben würde?
B: (Betont) Oh, nein, nein, nein, nein! Wir sind Teil dieses Wesens. Dieses Wesen sind wir. Es ist wie ein Geist. Ich weiß nicht, wie ich es beschreiben soll. Es ist nur eine Idee, wie alles so gut zusammenarbeitet, weil wir alle Teil eines Wesens sind. Wir mögen denken, dass wir getrennt sind, aber das ist eine Illusion.
D: Natürlich gibt es einige Dinge, die jedoch nicht in Harmonie sind.
B: Oh ja. Wenn du gelegentlich dich selbst vergisst oder so etwas.
D: Aber es ist trotzdem eine interessante Idee; so zu denken. Ich weiß, dass du verschiedene Tage hast, an denen du feierst und mit den Geistern redest. Du sagtest, du singst den Geistern vor und rufst sie herbei. Aber glauben die Menschen in deinem Dorf an ein Wesen oder einen Geist, der über allem anderem steht?
B: Nein! Die Geister sind alle gut und sie alle haben ihre Position auf das bezogen, worum sie sich kümmern und so, wie die Menschen im Dorf. Jeder ist gleichermaßen wichtig, und jeder muss tun, was er tun muss. So ist es auch mit den Geistern, und die Geister sind unsere Freunde.
D: Dann gibt es keinen, der wie ein Häuptling über all den anderen Geistern stehen würde?
B: Nein, die Geister sind weise; sie brauchen keinen weisen Mann.
D: Einige Leute glauben solche Dinge. Deshalb habe ich mich gefragt, was du glaubst.
B: Das wäre ein kindlicher Glaube.
D: Dann glaubst du an viele Geister verschiedener Dinge in der Natur?

B: Alles, jeder, alles, was existiert, hat seinen Geist. Eine Pflanze, du, ein Tier, ein Stein, der Wind, der Regen, der Donner, der Blitz, die Wolken, die Sonne, die Sterne, alles. Jeder der Sterne hat einen Geist. Einige Geister sind mächtiger als andere auf bestimmte Art und Weise, aber sie alle haben ihre Fähigkeiten und Kräfte. Und sie sind da, um zu helfen. Alles, was wir tun müssen ist, mit ihnen zu kommunizieren und ihnen zu präsentieren, was wir brauchen, und sie finden einen Weg, dass es in Harmonie mit allem anderen sein wird, aber du immer noch bekommst, was du willst.

D: Singst du dann für einen bestimmten Geist mehr als für die anderen?

B: Nicht mehr als andere auch. Manchmal kennst du die Situation ziemlich gut und weißt, welcher Geist gut wäre, um sich um die Situation zu kümmern. Oder warum zwei, drei oder vier Geister sich um die Situation kümmern könnten. Dann wendest du dich an sie. Aber manchmal, wenn es sich nur um eine allgemeine Situation handelt und du dir nicht sicher bist, wer damit am besten umgehen kann, sprichst du alle Geister im Allgemeinen an. Und sagst: "Bitte hört mich an. Wer auch immer sich darum kümmern kann. Das ist es, was ich brauche."

D: Das klingt nach einem sehr guten Glauben.

B: Wir sind zufrieden damit, dass ist es, worauf es ankommt. Und es funktioniert.

D: Ja, solange es gut für dich ist. Aber du wirst jetzt älter?

B: Ja. Mein Haar ist größtenteils weiß geworden.

D: Und du betreibst keine Jagd mehr?

B: Nein. Ich bin zu alt dafür. Derjenige, den ich ausgebildet habe, ist jetzt für die Jagd zuständig.

D: Hast du jemanden, der sich um dich kümmert?

B: (Empört) Ich brauche niemanden, der sich um mich kümmert.

D: Ich meine, dir Essen und andere Dinge zu geben.

B: Ich habe kein Problem damit, Essen zu bekommen. Ich habe so lange gejagt, dass ich alles bekomme, was ich will.

D: Du hast es dir verdient.

B: Das ist es, was sie sagen. Ich gab dem Dorf das ganze Fleisch, das es je gab. Man sagt, es ist kein Problem für mich, das Essen zu bekommen, das ich brauche. Es ist nur fair.

D: Und der, den du unterrichtet hast, ist ein guter Jäger, und er versorgt jetzt das Dorf mit Nahrung. Was machst du dann mit deiner Zeit?

B: Ich mache viele Spaziergänge im Wald. Ich bin immer draußen im Wald und wandere herum, wenn ich nicht bei den Kindern bin.

D: *Gibt es bestimmte Kinder, mit denen du gerne zusammen bist?*

B: Ich bin mit allen gerne zusammen.

D: *In Ordnung. Nun verlassen wir diese Szene. Lass' uns zu einem weiteren wichtigen Tag voranschreiten, wenn du älter wirst. Ich werde bis drei zählen und wir werden dort sein. Eins, zwei, drei; es ist ein weiterer wichtiger Tag in deinem Leben. Was machst du da?*

B: Ich laufe durch das Dorf und sehe, was sich verändert hat und was gleich geblieben ist. Ich habe das Gefühl, dass dies das letzte Mal sein wird, dass ich das Dorf sehe, also sehe ich es wirklich. Ich betrachte es wirklich, um alle Details zu sehen.

D: *Warum glaubst du, dass sich etwas geändert hat? (Ich habe nicht wirklich verstanden, was er gerade gesagt hat) Bist du weg gewesen?*

B: Oh, die Dinge ändern sich im Laufe der Jahre allmählich. Und ich vergleiche das Aussehen des Dorfes jetzt mit meinen frühesten Erinnerungen.

D: *Siehst du irgendwelche Änderungen?*

B: Nun, es gibt ein paar, weißt du. Früher gab es dort drüben ein Haus, in dem gewohnt wurde, aber es wurde von den Winterstürmen niedergerissen. Und da drüben ist eines, das gebaut wurde, und die Dinge ändern sich. Die Kinder sind anders, weil, naja, Kinder immer erwachsen werden. Keine großen Veränderungen, nur die kleinen Veränderungen. Dem neuen weisen Mann geht es sehr gut.

D: *Ist der alte Weise gestorben?*

B: Ja. Es war einen Winter lang zu kalt. Aber der neue Weise erinnert sich an alles und so sind wir in guter Verfassung. Wir sind in guten Händen.

D: *Er hat die Erinnerungen an ihn weitergegeben, die Legenden und alles. Gibt es mehr Menschen als es in der Zeit gab, an die du dich erinnern kannst?*

B: Oh nein. Nicht wirklich. Manchmal scheint es so, aber ich denke, es ist einfach, weil ich alt bin.

D: *Gibt es noch das große Gebäude, das für die Versammlungen benutzt wurde?*

B: Ja.

D: *Hast du mir nicht gesagt, dass es einmal ein Schild oder so etwas an diesem Gebäude gab?*
B: Ja. Es hat ein Bild darauf, das zeigt, für welche Art von Gebäude es sich handelt, obwohl es jeder kennt. Diese Art von Design, so der Weise Mann, sagt, wofür das Gebäude da ist. Es wurde angeblich von den Alten dort aufgestellt. Das Schild ist aus deren Metall, und man kann nie erkennen, dass es bei dem Wetter draußen war.
D: *Könntest du die Designs für mich zeichnen, die auf dem Schild stehen?*
B: Das wäre schwierig. Ich sehe nicht mehr so gut, wie früher.
D: *Aber du könntest dich daran erinnern, wie es aussah, nicht wahr?*
B: Nun, ich habe nie viel Wert darauf gelegt. Ich wusste, wofür das Gebäude da war. Das Schild war zufällig da. Ich würde es mir ansehen, aber für die Designs gibt es nichts vergleichbares. Sie sehen nicht aus wie Bäume. Sie sehen nicht aus wie Tiere. Es sind bedeutungslose Kritzeleien. Jedes Kind könnte es im Schlamm tun. Und so habe ich mich einfach nie daran erinnert, wie sie alle aussahen, weil es keinen Grund dafür gab.
D: *Nun, ich würde es wirklich begrüßen, wenn du es dir ansehen könntest und schaust, ob du es für mich kopieren könntest. Glaubst du, du könntest das tun?*
B: Ich könnte es versuchen. Es wäre nicht so, wie es aussieht, denn das kann ich nicht sehen. Es ist zu weit weg.
D: *Könntest du näher ran gehen?*
B: (Verärgert) Ich stehe jetzt darunter! Ich sehe einfach nicht mehr gut. Ich entschuldige mich wirklich dafür.

Es war ein guter Versuch, aber es war offensichtlich, dass, wenn er die Zeichen nicht sehen konnte,
dass er es nicht wird zeichnen können.

D: *Warum denkst du, dass dies das letzte Mal sein wird, dass du das Dorf siehst?*
B: Wegen der Art und Weise, wie die Geister heute für mich singen. Das Lied hat sich geändert. Und ich kann anhand der Art und Weise, wie es sich verändert hat, erkennen, dass ich es anders wahrnehme, was bedeutet, dass meine Zeit zum Übergang sich nähert.
D: *Nun, du wirst alt, aber bist du immer noch in guter Verfassung?*

B: Ja. Wenn das Wetter kalt ist, und heute ist es kalt, schmerzen meine Gelenke und sind steif. Ich kann mich nicht schnell bewegen. Ich muss mich langsam bewegen und ich kann nicht mehr richtig sehen. Aber ansonsten ist meine Gesundheit immer noch gut.

D: Das sind Dinge, die beim Altern von Natur aus passieren, nicht wahr?

B: Für einige Leute. Bei einigen Menschen ist es so, dass sie nicht mehr hören können, bei anderen ist es so, dass sie nicht mehr sehen können, das hängt davon ab.

D: So ist das Leben.

Nach dem Erwachen erzählte Beth, an was sie sich aus der Sitzung noch erinnerte.

B: Ich erinnere mich an den Lehrling. Er begann eine wichtigere Rolle zu spielen. Daran erinnere ich mich. Und ich erinnere mich an etwas vom Reisen. Ich schien viele Berge zu sehen.

D: Gab es sonst noch etwas, an das du dich erinnerst?

B: Ich glaube, ich hatte das Gefühl, dass etwas passiert, was feierlich war. Du weißt schon: gut, positiv, aber trotzdem feierlich.

D: Das war wahrscheinlich der Zeitpunkt, als Tuins Lehrling den offiziellen Segen des Weisen bekam, dass er nun seine Aufgaben übernehmen konnte. Es war eine Art Zeremonie. Und während dieser Zeit übergab er seine Aufgaben an seinen Lehrling. Danach hatten sie ein freudiges Fest.

B: Ich hatte das Gefühl, nachdenklicher zu werden, also mehr Zeit damit zu verbringen, über Sachen nachzudenken, anstatt der normalen Alltags-Angelegenheiten.

D: Das war, als er älter wurde.

Beth beschrieb auch eine kurze 'Außerhalb-des-Körpers-Reise', die sie am Ende der Sitzung machte, kurz bevor ich sie aus ihrer tiefen Trance herauszählte. In ihrem astralen, spirituellen Körper ging sie in eine nahegelegene Stadt und in das Wohnwagen-Zuhause ihres Freundes. Sie hatte vor der Sitzung an diesen jungen Mann gedacht und sich gewünscht, dass es eine Möglichkeit gäbe, ihn dazu zu bringen, sie für ein Date anzurufen. Ich hatte eine scherzhafte Bemerkung darüber gemacht, dass sie ihm mentale Schwingungen oder Ideen schicken könnte, sie anzurufen. Anscheinend waren es die letzten Gedanken, die sie im Kopf hatte, als sie unter Hypnose geriet, und sie nutzte den letzten Teil der Trance, um einen Abstecher zu machen, um ihn zu sehen und zu versuchen, ihn zu beeinflussen.

Dieser Vorfall zeigte, dass das Thema der Sitzung für sie zu diesem Zeitpunkt nicht das Wichtigste war. Sie war über ihr heutiges Privatleben besorgter, als sie es über Tuins Leben war, das vor Tausenden von Jahren begann.

Eine interessante Sache passierte, als ich sie aus der Trance zählte. Normalerweise beginnt bei der Zählung von fünf auf sechs, der Körper des Subjekts zu reagieren und zeigt Anzeichen einer Rückkehr zum Bewusstsein. Sie lag noch völlig bewegungslos da, bis ich die Zahl sieben erreichte, als ihr Körper unkontrolliert anfing zu zucken. Dann erst begann sie zu reagieren. Sie sagte später, dass sie, während sie im Wohnwagen stand (oder schwebte) und ihrem Freund sagte, er solle sie anrufen, sie mich im Hintergrund sieben, acht zählen hörte. Sie dachte: "Hoppla, ich muss los!" und sie wurde dann zurück in den Raum gezappt. Dies war wahrscheinlich der Zeitpunkt, an dem die Körperkontraktion stattfand, als sie wieder in ihren Körper eintrat. Sie sagte, dass sie mich normalerweise gut zählen hören konnte, während ich langsam lauter wurde, und normalerweise folgte sie meiner Stimme und wachte dann langsam auf. Dies war das erste Mal, dass sie so lange wartete, um darauf zu reagieren. Aber sie war sehr beschäftigt. Es ist ziemlich erstaunlich, wie schnell sie die Reise zum Wohnwagen und die Rückkehr außerhalb des Körpers bewältigen konnte, und das alles in dieser kurzen Zeitspanne vor dem Erwachen. Es zeigt auch die Wirksamkeit der Stimme des Hypnotiseurs, das Subjekt zurückzuzählen, und wie das Subjekt das Verfahren aus eigener Sicht wahrnimmt. Dieser Abstecher war eine interessante Erfahrung.

Übrigens hat ihr Freund sie innerhalb weniger Tage angerufen und sie um ein Date gebeten. Ob es Zufall war oder ob sie tatsächlich mental mit ihm kommuniziert hat - wir sollen es nicht wissen.

Kapitel 13

Tuin's Tod
und die Konsequenzen

WÄHREND MAN MIT EINEM SUBJEKT ein vergangenes Leben erforscht, kommt man schließlich zu dem Punkt, an dem man das Gefühl hat, die wichtigsten Höhepunkte dieses Lebens erkundet zu haben, und es gibt nur noch einen letzten Part, den Tod dieser Persönlichkeit. Wenn dieser Punkt erreicht ist, ist mein übliches Verfahren, das Subjekt anzuweisen, zum letzten Tag in dem betrachteten Leben überzugehen, damit sie mir sagen können, was dort passiert. Ich gebe ihnen die Wahl, den Vorfall als Beobachter zu betrachten, wenn sie es wünschen, so dass sie keine körperlichen Reaktionen oder Traumata erleben werden. An dieser Stelle sind viele ungewöhnliche Reaktionen aufgetreten, abhängig von der Art des Todes (gewalttätig oder natürlich). Aber das Subjekt erlebt danach immer ein Gefühl der Distanz, und sie können eine unpersönliche Stellungnahme abgeben. Alle physischen Empfindungen bleiben dem Körper überlassen. Sie gehen sie nie auf den Geisteszustand über.

B: Ich habe das Dorf verlassen und laufe durch den Wald zu einem der Berge. Es gibt dort eine Höhle, in die ich gerne gehe, um nachzudenken. Es hat geregnet. Es ist kalt draußen. Ich gehe zur Höhle, und ich komme zum Eingang der Höhle.... Ich weiß nicht, ob es sich um eine Lawine oder einen Einsturz handelt, aber ich bin in den Felsen gefangen und zerquetscht. Die Steine vergraben mich. Das Dorf, das weiß, dass ich alt bin, denkt, dass ich direkt auf die andere Seite gegangen bin. Sie haben meine Leiche nie gefunden.

D: *Das war die Höhle, in die du immer gegangen bist?*

B: Nun, ich war schon älter, als ich die Höhle entdeckte, und ich habe nie jemandem davon erzählt. Und ich ging ziemlich oft hin.
D: *Dann ist es sehr unwahrscheinlich, dass sie wussten, wohin du gehst.*
B: Stimmt.

Ich habe gesehen, dass so viele hundert Personen durch die Todeserfahrung gehen sehen, dass ich es nicht mehr verblüffend oder ungewöhnlich finde. Aber ich bin immer gespannt auf ihre Beschreibung des Übergangs von der physischen Welt in den spirituellen Zustand.

D: *Wie war es, als du gestorben bist? Ich meine spirituell, wie hat es sich angefühlt, den Körper zu verlassen?*
B: Bist du jemals in einen tiefen Pool getaucht, wo es dunkel und trüb auf dem Boden ist? Doch, wenn du wieder auf die Wasseroberfläche zukommst, wird es immer heller. Wenn man dann die Oberfläche des Wassers durchbricht, gibt es überall Sonnenlicht. So war es.
D: *Glaubst du, dass es so war, wegen der Steine, die auf dich gefallen sind?*
B: Nein, es war so, weil ich von der physischen Ebene zur spirituellen Ebene überging. Als ich meinen Körper verließ, war es, als ob ich im Pool nach oben kam. Und als ich dann die spirituelle Ebene erreichte, war es, als würde ich die Oberfläche des Wassers durchbrechen und in das Sonnenlicht hinauskommen.
D: *Viele Menschen machen sich Sorgen darüber, wie es ist, zu sterben.*
B: Wenn du bei einem Unfall stirbst, ist es körperlich schmerzhaft, kurz bevor du das Bewusstsein für die physische Ebene verlierst, weil dein Körper verletzt wurde. Aber nachdem du das Bewusstsein verloren hast, ist es sehr einfach und natürlich. Es ist so natürlich wie alles andere im Leben: Liebe machen, gehen, rennen, schwimmen. Es ist nur ein weiterer Teil des Lebens. Es gibt kein Sterben. Du gehst einfach in eine andere Lebensphase.
D: *Das ist es, was ich den Leuten sagen möchte, weil einige von ihnen sich darum sorgen. Deshalb möchte ich gerne wissen, wie es wirklich ist.*
B: Es ist angenehm. Wenn sie sich Sorgen machen, sag' ihnen, dass sie an einen Ort im Fluss gehen sollen, der eine tiefe Stelle hat. Sag ihnen, sie sollen zum Boden tauchen. Und sich dann am

Boden kräftig mit den Füßen nach oben drücken, und an die Oberfläche kommen. Sag ihnen, dass es so ist.

D: *Das war also deine Erfahrung.*

B: Ich schaue auf die Erde und auf den Ort, an dem ich gestorben bin. Ich denke an mein Leben. Ich fühle, dass es gut war. Es war erfüllt. Ich war in Harmonie mit den Geistern. Ich war ein Jäger und habe gute Arbeit bei der Jagd geleistet.

D: *Ich denke, es war ein gutes Leben. Du warst ein guter Mensch und hast Dinge für die Menschen getan.*

B: Nun, das ist normal. Im Dorf tun das die meisten Menschen. Dinge für andere Menschen zu tun.

D: *Aber du hast ein nützliches Leben geführt.*

B: Ich schaue jetzt auf die Erde herab. Durch den Wald und die Berge.

D: *Es war ein schöner Ort, an dem du gelebt hast.*

B: Ja, die Erde ist wunderschön. Und ja, der Ort, an dem ich lebte, ist etwas Besonderes für mich. Er ist sehr wundersam. Ich sehe und verstehe Dinge, die ich nie für möglich gehalten hätte. (Plötzlich) Grüße!

D: *Was?*

Diese Bemerkung kam unerwartet. Ich war erschrocken.

B: Grüße.

D: *Grüße? (Lacht) Was machst du da?*

B: Ich beobachte dich. Du kommst aus einem weitaus fremderen Ort, als ich es mir vorgestellt habe.

D: *Oh? Sag mir, was du denkst.*

B: Ich sehe, wie du deine Informationen erhältst. Das ist so seltsam. Dieser schwarze Kasten. Es ist wie die Dinge, die die Alten hatten. (Er bezog sich auf mein Tonbandgerät.) Und ich sehe, dass du gerne Fragen stellst.

D: *Aha. Aber stört es dich?*

B: Nein. Ich finde es amüsant.

D: *Warum ist es amüsant?*

B: Einfach so. Ohne besonderen Grund.

Das war ein sehr seltsames Gefühl, wenn man bedenkt, dass er mich irgendwie beobachtete oder mir über die Schulter schaute. Ein unsichtbarer Mensch oder etwas, das beobachtet, was ich tue. Ich fühlte mich ein wenig unwohl und schaute immer wieder hinter mich.

Ich weiß nicht, was ich erwartet habe zu sehen... ihn als Jäger in geisterhafter Form in der Luft schwebend? Es war nur eine normale Reaktion auf die überraschende Aussage, aber es gab mir ein stechendes Gefühl unten bei der Wirbelsäule. Ich versuchte, so weiterzumachen, als wäre nichts passiert. Obwohl ich nun den unheimlichen Eindruck hatte, dass ich mit einem Geist sprach, der mit mir im Raum war.

D: *Weißt du, wofür die schwarze Kiste verwendet wird?*
B: Nun, da du die Antworten nicht aufschreibst, gehe ich davon aus, dass es Informationen darin gibt. Genauso wie einige der Dinge, die die Alten hatten.
D: *Es gibt Möglichkeiten, Informationen zu erfassen. Es gibt viele seltsame Dinge, nicht wahr?*
B: Ja. Das Lied des Universums endet nie.
D: *Was siehst du noch, wenn du mich ansiehst?*
B: Ich sehe, du bist von vielen Dingen umgeben.
D: *Kannst du mir sagen, was du meinst?*
B: Ich sehe sie nicht klar. Ich sehe hauptsächlich dein Gesicht. Ich schaue mich um und sehe das Lied des Universums. Das Tanzen der Sphären.
D: *Aber du kannst jetzt sehen, warum ich die Fragen gestellt habe. Ich wollte, dass das Wissen in Erinnerung bleibt. Es ist sehr wichtig, dass es nicht verloren geht.*
B: Weil es vollständig verloren gegangen ist.
D: *Ja. Das ist dir jetzt klar, nicht wahr? Und ich versuche, es wiederzubekommen.*
B: Ich bin froh, dass ich kooperativ war, als ich dort unten auf der Jagd war.
D: *Ja. Wenn ich mit Leuten spreche, wollen sie oftmals nicht auf meine Fragen antworten.*
B: Das ist töricht. Sie haben kleine Geister. Sie singen nicht.
D: *Nun, manchmal ist das Wissen geheim und sie haben Angst es mir zu sagen.*
B: Sie singen nicht gut. Sie sind nicht in Harmonie mit der Erde. Die Erde hat keine Geheimnisse. Das Wissen und das Lied sind für alle da.
D: *Oh, du warst sehr kooperativ. Du warst sehr begierig darauf, es mir zu sagen. Und das hat mir absolut gefallen.*

B: Gut. Einer sollte es sein. Wissen darf nicht verloren gehen. Es geheim zu halten ist nicht klug.
D: *Ich denke, sie hatten Angst, dass einige Leute es nicht verstehen würden, oder.....*
B: Wenn sie in Harmonie mit der Erde sind, sollten sie es verstehen.
D: *Manchmal hatten sie Angst, dass sie auch in Gefahr geraten könnten. Sie hatten Angst, dass ihnen Schaden zugefügt würde, wenn das Wissen offenbart würde.*
B: Nun, unter meinen Leuten würde das nicht passieren.
D: *Ja, ich weiß. Sie waren ein sehr gutes Volk, sehr sanfte Menschen. Und das war der Grund, warum ich die Fragen stellte, und als ich entdeckte, dass es verloren war, wollte ich versuchen, es zurückzubekommen. Und ich habe es in meine schwarze Kiste gelegt.*
B: Wenn es sich in der schwarzen Kiste befindet, werden andere Leute die Informationen erhalten?
D: *Ja. Denn wenn ich es aus der schwarzen Kiste nehme, werde ich es auf Papier bringen und sie werden es lesen können.*
B: Papier? (Er schien verwirrt.)
D: *Nun, es wird wie Schreiben sein. Weißt du, was Schreiben ist?*
B: Ja, in Ordnung.
D: *Papier ist nur ein Material zum darauf Schreiben.*
B: Aha! Ich verstehe.
D: *Es wird aufgeschrieben und dann können viele Leute es lesen und sie werden von deinem Volk erfahren.*
B: Gut.
D: *Sie werden von deiner Geschichte erfahren und wissen, woher du kommst. Und es wird nicht mehr verloren gehen.*
B: Für ein anderes Alter oder so.
D: *Deshalb habe ich so viele Fragen gestellt. Ich habe versucht, darüber nachzudenken, was die Leute über deine Leute wissen wollen.*
B: Das erklärt einige der Fragen.
D: *Weil sich die Dinge geändert haben. Deshalb wollte ich wissen, wie es früher war. Und manchmal dachte ich, dass Tuin ein wenig verärgert war. Er wusste nicht, warum ich so viele Fragen stellte.*
B: Er war nicht verärgert, nur verwirrt.
D: *Er konnte nicht verstehen, warum ich diese Dinge nicht wusste.*
B: Stimmt.

D: *Aber wenn du dir jetzt die Erde ansiehst, kannst du wahrscheinlich sehen, dass sich viele Dinge verändert haben.*

B: Ja. Arme Erde. Der Mensch ist nicht in Harmonie mit der Erde. Es schmerzt sehr.

D: *Das ist wahr. Diese Art von Informationen könnte uns helfen, die Harmonie wieder zu erlangen.*

B: Ich hoffe es.

D: *Deshalb bin ich immer auf der Suche nach Wissen. Ich fand es interessant, dass deine Leute kein Konzept eines Gottes hatten. Weißt du, was ich meine? Sie glaubten an Naturgeister?*

B: Ja. Die Einheit des Universums. Es gibt keinen Platz für einen Gott, wenn man eins mit dem Universum ist. Damit ist alles erledigt, was erledigt werden muss. Ein Gott wäre kindisch und überflüssig.

D: *Aber viele Menschen denken gerne an ein Wesen oder einen Gott über allem.*

B: Das ist erstickend für dein Lied. Das bringt dein Lied nicht in Harmonie mit der Erde. Denn es hält dich von dem ab, was du sein solltest.

D: *Dann ist es besser, an viele verschiedene Geister zu denken, oder wie?*

B: Nein. Alles ist in einem vereint, und zusammen in einer großen Einheit, wo alles in Harmonie ist. Ich nehme an, dass man sich in gewisser Weise so viele Geister vorstellen könnte, so viele Aspekte derselben Sache. Solange du dich daran erinnerst, dass du in Harmonie bist und Teil des Ganzen von allem. Diese Idee, die Dinge in Gott und Nicht-Gott und Antigott zu trennen, ist unvereinbar. Es ist nicht so, wie es sein sollte. Es ist nicht so, wie es ist.

D: *Das ist es, was sie denken: Das Wesen, das sie "Gott" nennen, soll über allem sein.*

B: Aber das ist nicht so, wie es ist. Alles ist zusammen. Nichts über etwas anderem. Alles ist zusammen.

D: *Ja, einen über den anderen zu haben, würde sie voneinander trennen, nicht wahr? Was wirst du jetzt tun?*

B: Ausruhen und lernen. Und zurückgehen. Ich sehe jetzt, dass es andere Menschen gibt. Als wir im Dorf lebten, sahen wir nie welche. Ich sehe die Unermesslichkeit des Raumes. Ich schaue mich um bei Sachen, die ich nie sehen konnte, als ich noch am Leben war.

D: *Was hältst du davon?*
B: Es ist wunderschön. Die Harmonie und das Lied des Lebens ist viel komplizierter und viel größer, als ich es mir je erträumt hätte.
D: *Was schaust du dir jetzt an?*
B: Ich betrachte den ganzen Planeten.
D: *Wenn du dir das ansiehst, kannst du mir sagen, wo dein Dorf war? Auf welchem Teil des Planeten? Du wusstest es nicht, als du dort gewohnt hast.*
B: Das ist wahr. Soll ich deine oder meine Bezeichnung verwenden?
D: *Wie auch immer. Ich mag deine Bezeichnung. Sag mir die und dann können wir vergleichen.*
B: Nun, es spielt keine Rolle.
D: *Was wäre deine Bezeichnung?*
B: Ähm, Beschreibungen von Formen meistens.
D: *Erzähl mir die zuerst.*
B: In Ordnung. Es gibt ein Land, das wie ein Horn ist, und es ist durch einen schmalen Hals mit einem anderen Land verbunden. Und dieses andere Land ist wie eine Schüssel. Es hat Berge auf beiden Seiten und ist in der Mitte flach. Und es erstreckt sich von einem Pol fast bis zum anderen. Das ist eine Beschreibung. Eine andere Beschreibung wäre ein Land wie ein Schild mit Inseln ringsum. Und es gibt ein Land, das wie ein Horn ist, auf dem extrem hohe Berge liegen. Deine Bezeichnung wäre: Das letzte wäre Indien, mit den Bergen und das Land wie ein Horn. Das Land wie ein Schild mit Inseln rund um es herum wären China und Russland, also Asien. Dasjenige wie ein Horn ist Südamerika, das durch einen schmalen Hals mit dem Land wie eine Schale verbunden ist, das Nordamerika ist.
D: *Auf welchem dieser Orte befand sich das Dorf, in dem du als Jäger gelebt hast?*
B: Nordamerika. In den Bergen von Westkanada.

Endlich hatten wir die Antwort gefunden, nach der ich gesucht hatte.

D: *Ich habe mich immer wieder gefragt, wo es liegt. Könntest du dir den Planeten heute ansehen und genauer sein?*
B:Nordwestkanada, in den Bergen nahe Alaska.
D: *Dort befand sich das Dorf. Wenn du es dir ansiehst, kannst du sehen, was mit den Menschen passiert ist, die in diesem Dorf lebten? Haben sie das Tal jemals verlassen?*

B: Sie gingen nicht, aber einige Leute kamen schließlich herein. Zuerst gab es einen Konflikt, aber dann verloren die Menschen, die im Dorf lebten, ihren Fokus auf die Harmonie. Sie mussten in der Lage sein die anderen Menschen zu überleben. Als sie in die anderen Menschen einheirateten, wurden sie allmählich absorbiert.

D: *Welche Art von Leuten waren die anderen?*

B: Es waren Eskimos.

D: *Die Leute, die die Pelze trugen und in Schneehäusern lebten?*

B: Ja. Oder im Sommer in Holz- und Haut-Häusern.

D: *Wie haben sie deine Leute entdeckt?*

B: Ein Jagdausflug. Sie hatten sich allmählich ausgebreitet. Sie vervielfachten sich und zogen aus und nahmen mehr Platz in Anspruch. Und schließlich kamen sie in dieses Tal.

D: *Aber sie haben deine Leute nicht verstanden, oder?*

B: Nun, sie haben viel vom Dorf gelernt. Es half ihrer spirituellen Entwicklung, sich der Geister bewusst zu werden und sie versuchten, in Harmonie mit den Geistern zu leben. Sie waren wie Kinder, die nie unterrichtet worden waren. Und sie wussten nicht, was sie tun sollten, um in Harmonie zu bleiben. Sie haben nicht so gute Arbeit geleistet, aber sie haben es versucht.

D: *Gab es mehr von diesen Eskimos als deine Dorfbewohner?*

B: Irgendwann, ja. Bei der Jagdexpedition, nein, aber später kamen mehr von ihnen.

D: *Du sagtest, es hätte einen Konflikt gegeben. Meinst du, es gab in irgendeiner Form einen Kampf?*

B: Nicht wirklich. Es gab nur Verdächtigungen auf beiden Seiten. Und es gab einige verbale Auseinandersetzungen.

D: *Ich kann mir vorstellen, dass die Menschen im Dorf sehr schockiert gewesen sein mussten, als sie andere Menschen sahen.*

B: Ja. Zu diesem Zeitpunkt war das, was ich ihnen gesagt hatte, zu einer Legende über den verrückten Jäger geworden, der sagte, es gäbe andere Leute. Und als die Eskimos dann das Tal hinunterstürzten, waren sie überrascht, als sie sahen, dass es wahr war.

D: *Aber es gab nichts, was sie tun konnten, oder?*

B: Nein. Du kannst dich nicht für immer verstecken.

D: *Und schließlich haben sie sich mit den Eskimos vermischt. Was ist mit den Legenden der Dorfbewohner passiert?*

B: Sie wurden allmählich vergessen oder von den Eskimos aufgenommen und verändert und mit ihren Legenden vermischt. Einige von ihnen wurden überliefert. Einige der zugrunde liegenden Konzepte waren hauptsächlich von den neuen Leuten aufgenommen und weitergegeben worden, aber die Details gingen verloren.

D: *Die neuen Leute hätten ihre eigenen Legenden gehabt, nicht wahr?*

B: Das ist wahr. Aber das Konzept konnte noch in ihre Legendenstruktur aufgenommen werden.

D: *Sie haben die beiden also kombiniert. Kannst du sehen, was mit den Dingen in der Hütte des Weisen passiert ist?*

B: Sie wurden schließlich begraben.

D: *Die Leute haben nicht verstanden, was sie sind? Haben sie sie deshalb begraben?*

B: Einige von ihnen, ja, weil die mit ihnen verbundenen Legenden vergessen wurden. Und einige von ihnen wurden bewusst begraben, besonders nach dem ersten Kontakt mit den Eskimos. Sie dachten: "Wir wollen nicht, dass diese Leute das bekommen. Das ist für die Geister." Und so begruben sie es.

D: *Was ist mit dem großen Ding, auf dem all die kleinen Knöpfe waren?*

B: Ja, das wurde mit einem ihrer Weisen begraben.

D: *Nachdem die Eskimos kamen, haben sie dieses Ding begraben?*

B: Nein, es war bereits mit einem der Weisen begraben worden.

D: *Der alte weise Mann?*

B: Nein, nein, noch einer. Ich weiß nicht, welcher davon. Sie wussten nicht, wofür es da war. Und der Weise war sehr geliebt worden, also taten sie es, um ihn zu ehren.

D: *Was ist mit den Dingen wie dem Hut und den Metallstücken?*

B: Der Hut ist versehentlich kaputt gegangen und konnte nicht repariert werden. Da niemand mehr wusste, wofür er da war, wurde er weggeworfen. Sehr nachlässig, diese Nachkommen.

D: *Ich hätte nicht gedacht, dass er kaputt gehen würde.*

B: Ich auch nicht, aber.... Ich weiß nicht, was passiert ist.

D: *Und die anderen Dinge, die Metallteile und solche Dinge wurden immer dann vergraben, wenn die.....*

B: Entweder vergraben oder verbraucht.

D: *Sie wollten nicht, dass die Eskimos diese Dinge haben.*

B: Nun, Metallstücke waren kein großes Problem, denn es gab kaum noch Metall, als die Eskimos kamen.

D: Waren das viele Generationen, nachdem Tuin dort gelebt hatte?
B: Ja, mehrere Generationen.
D: Dann wurden die Legenden entweder vergessen oder geändert.
B: Beides. Einige wurden vergessen, das passiert. Und als die Eskimos kamen, begannen sie, Legenden auszutauschen. Einige waren unterschiedlich, andere waren ähnlich, und die Kinder vermischten sie alle miteinander und so änderten sie sich allmählich. Dann wurden einige vergessen. Es ist ein natürlicher Kreislauf.
D: Dann haben die Eskimos einige der Gewohnheiten deines Volkes übernommen. Was Denkst du über diese Legenden, jetzt, wo du auf der anderen Seite bist und dir das ansehen kannst, so wie hier?
B: Sie waren unglaublich.
D: Glaubst du, es steckt die Wahrheit dahinter?
B: Ja, das war so. Das ist es, was sie so erstaunlich macht, dass sie so viel intakt halten konnten, so lange.
D: Ja, Tuins Leben war sehr eng begrenzt auf das, was er sehen konnte.
B: Alles, was er hatte, waren seine fünf Sinne. Aber seine Leute sahen viel mit ihren Geistern. Sie hätten sich selbst beschränken können, aber das taten sie nicht. Das war gut für ihr Karma.
D: Das haben sie sehr weit entwickelt, nicht wahr?
B: Ja, das haben sie. Ein Aspekt, den sie bewusst abschalteten, war die Möglichkeit, die Tiere zu hören. Aber es war das Beste. Sie mussten diesen Teil abschalten, um zu überleben.
D: Ich dachte mir, das wäre so passiert. Die Legende sagte, sie wollten die Tiere nicht mehr sprechen hören, weil es eine Zeit gab, in der sie sprechen konnten? Meinte er damit, dass es mental war?
B: Ja, sie konnten das Tier hören, das darum bat, dass es leben wollte. Und es hat sie zu sehr psychisch belastet.
D: Das ist es, was ich mir dachte; dass sie diese Fähigkeit abgeschaltet hatten.
B: Aber das war eine Frage des Überlebens, so dass ihr Karma nicht anstieg.
D: Tuin hat immer noch gute psychische Fähigkeiten eingesetzt, um die Tiere zu lokalisieren.

Kapitel 14

Der Ursprung der Alten

WENN EIN ZURÜCKVERSETZTES SUBJEKT den Zeitpunkt seines Todes durchlebt und das Portal auf die andere Seite unserer Realität durchquert, tritt ein interessantes Phänomen auf. Ich habe das so oft beobachtet, dass ich es erwarte, wenn dieser Punkt einer Regression erreicht ist. Wenn sie sich wieder im Geisterzustand befinden, werfen sie den physischen Körper wie alte, abgenutzte Kleidung ab, und damit die Hemmungen und Einschränkungen, die ihnen dieser Körper auferlegt hat. Wenn ein Mensch in der physischen Welt lebt, ist er sich nur dieser Ereignisse und dieses Wissens bewusst, das ihm durch seine physischen Sinne und Erfahrungen vermittelt wird. Tuins Welt war extrem begrenzt, und er wusste nicht, welches Wissen hinter den Legenden stecken könnte, die er sein ganzes Leben lang gehört hatte. Mit dem Ablegen des physischen Körpers gab es auch das Ablegen dieser Einschränkungen. Ich wusste, dass, wenn Tuin dem wiederholten Muster folgte, das ich beobachtet hatte, er Zugang zu weitreichendem Wissen im geistigen Zustand haben würde. Und das Wissen um den Ursprung der Alten könnte schließlich aus seinem Versteck hervorgeholt werden, wenn diese Quelle des Wissens angezapft werden könnte.

Ich hatte viele Informationen erhalten, aber es gab noch einige offene Fragen. Ich fühlte ein zwingendes Bedürfnis, die Antworten zu finden, also wandte ich mich bei der Suche in diese Richtung.

D: Wo du jetzt bist, verfügst du über viel mehr Wissen, nicht wahr?

B: Ja, ich verstehe nun viel mehr. Man gewinnt immer mehr Wissen. Das ist ein Teil des Lebens.

D: Nun, ich habe mir über die Alten Gedanken gemacht, und darüber, was wirklich passiert ist. Ich dachte, du könntest jetzt vielleicht mehr sehen, als du von deinen Legenden kennst. Ich glaube, die Legenden waren sehr genau, oder?

B: Ja, sie waren überraschend genau. Sie waren an manchen Stellen vage, aber das ist zu erwarten, wegen der langen Zeitspanne, die sie beinhalten. Meine Leute legten großen Wert darauf, zu versuchen, die Dinge akkurat festzuhalten. Und ich glaube, sie haben gute Arbeit geleistet, wenn man bedenkt, dass nichts aufgeschrieben wurde.

D: Es gab eine so lange Zeitspanne. Das ist erstaunlich, dass sie es geschafft haben, alles beieinander zu halten.

B: Ja. Der Schwerpunkt lag darauf, das gab zusätzliche Impulse, die Dinge genau festzuhalten. Ich sehe, dass es einige Völker gibt, die ihre Geschichten gerne verschönern und verändern, und nach einigen Jahrhunderten sind sie so vereinfacht, dass sie keinen Sinn mehr ergeben.

D: Ja, viele Menschen tun das. Sie versuchen, sie interessanter zu machen. Deine Legenden enthielten dagegen sehr viel Wahrheit.

B: Ja. An einigen Stellen waren sie vage. Einige Details sind im Laufe der Zeit verloren gegangen, aber auf der physischen Ebene ist dies unvermeidlich.

D: Gibt es etwas, was du mir über die Alten sagen könntest, was du damals nicht wusstest?

B: Vielleicht. Ich könnte dir berichten, was ich sehe.

D: Sind sie von dieser Welt gekommen?

B: (Betont) Nein! Sie kamen aus einer anderen Welt, durch die Leere hindurch. Sie kamen aus einem anderen Teil der Galaxie. Es gab politische Umwälzungen. Das war der Grund, warum sie gehen mussten. Sie wussten, dass sie nicht zurückkehren würden, also gingen sie mit der Absicht, ein anderes Zuhause zu finden. Auf dem Planeten, von dem sie kamen, gab es viele politische Unruhen. Sie hatten eine planetarische Regierung, und sie standen kurz davor, in einen Bürgerkrieg zu ziehen. Sie hatten Waffen, die in der Lage waren, den Planeten und alles Leben zu zerstören. Aber sie entschieden: "Nein, wir wollen das nicht tun. Wir wollen leben. Was sollen wir tun?" Und sie erzielten einen Kompromiss. Eine der Parteien in diesen politischen Unruhen, die Partei, die etwas in der Minderheit war, liebte ihren Planeten so sehr, dass sie nicht wollte, dass er zerstört wurde. Also stimmten sie zu, zu gehen, und sie hatten die Technologie, dies zu tun. Das grundlegende Problem der politischen Situation war, ob man Kolonien auf anderen Planeten gründen sollte oder nicht. Die regierende Mehrheit wollte dies nicht tun, aber es gab eine Minderheit, die dies tat. Und die Situation drohte zu eskalieren. Also beschlossen sie, um die Situation zu beruhigen und ihren Planeten zu retten, dass die Minderheit gehen und eine Kolonie gründen sollte. Aber in dem Wissen, dass sie keinen Kontakt mit dem Heimatplaneten haben würden, da der Heimatplanet keine Kolonien wollte. Und sie stimmten zu, dies zu tun, denn sie wollten nicht, dass ihr Planet zerstört wird. Sie dachten, sie würden auf diese Weise das Beste aus beiden Welten haben. Ihr Heimatplanet würde nicht zerstört werden, und sie könnten Kolonien gründen.

D: *Wenn sie all diese Unruhen mit der Fähigkeit hatten, den Planeten zu zerstören, warum sollte ihr Weggang das beenden?*

B: Weil die Hauptakteure, die für die Kolonien votierten, nicht mehr da sein würden, um zu votieren. Deren Bevölkerung, wie die meisten Bevölkerungen überall, waren neutral und kümmerten sich nicht wirklich darum.

D: *Und diejenigen, die sozusagen auswandern wollten, um mit den Schiffen loszufahren, waren diejenigen, die die Probleme verursacht haben?*

B: Ja, sie haben die Regierung irgendwie in die falsche Richtung gerieben. Die Hauptregierung hätte entscheiden können: "Ja, wir werden das tun." Aber sie waren etwas bürokratisch und sagten aus irgendeinem abstrusen Grund: "Nein, das ist unmöglich. Wir brauchen die Leute hier. Wir müssen die Technologie hier behalten." Es hätte dem Planeten nicht geschadet, weil der Planet wohlhabend war und sie einen hohen Lebensstandard hatten. Und tatsächlich hätte es schließlich dem Planeten geholfen, Kolonien zu gründen. Aber die, die in der Regierung waren, waren engstirnig. Die Gruppe, die sich für die Kolonien einsetzte, hatte einige reiche Anhänger. Und sie kamen zusammen und bauten einige Schiffe. Sie beschlossen dann, dass sie sowieso alleine losziehen würden. Und die Regierung gab ihre unausgesprochene Zustimmung und dachte, dass.....

D: *Ich dachte, sie würden die anderen auf diese Weise loswerden.*

B: Ja. Um ihnen viel Ärger zu ersparen, denn sie waren ihnen schon seit geraumer Zeit ein Dorn im Auge. Also gingen sie. Es gab fünf große Kolonieschiffe. Insgesamt ging es um... ähm, wie viele Leute waren es? (Er hielt inne) Insgesamt waren es fast 5.000 Menschen, die gingen.

D: *Hatte dieser Planet schon einmal Raumfahrt betrieben?*

B: Oh, ja.

D: *Dann war es etwas, das üblich war. Sie wollten einfach nur keine Kolonien?*

B: Richtig. Sie hatten ihr System ausgiebig erforscht und an einigen der Monde, die größtenteils aus Mineralien bestanden, Bergbau betrieben. Einer der Gründe, warum der Planet so wohlhabend war, ist, dass das Land, auf dem nicht gelebt wurde, für die Agrarwirtschaft genutzt wurde. Die meisten Industrien waren ins All gezogen. Die Minengesellschaften befanden sich auf einigen der kleinen felsigen Monde einiger der anderen Planeten. Und es hat sehr gut funktioniert. Sie gründeten einfach keine Kolonien, weil die Regierung der Meinung war, dass die Menschen nicht dauerhaft von ihrem Planeten ferngehalten werden wollten. Die Bergleute und die Menschen, die im Weltraum arbeiteten, hatten wechselnde Schichten. Eine bestimmte Anzahl von Tagen im Job und dann eine bestimmte Anzahl auf dem Heimatplaneten. Es arbeiteten mehrere tausend im Weltraum, aber sie rotierten hin und her, es gab nur wenige tausend gleichzeitig an einer Stelle. Und der Rest wäre auf dem Heimatplaneten für ihre Arbeit dort. Aber es rotierte ständig, so dass sie einen stetigen Verkehr hin und her hatten.

D: *Dies war das erste Mal, dass sie so weit weg waren.*

B: Ja. Sie wollten ihr Sonnensystem verlassen. Es war eine Zeit großer Turbulenzen auf diesem Planeten, und wahrscheinlich hatten alle Beteiligten verschiedene Gründe, zu gehen. Viele waren sich wahrscheinlich selbst nicht sicher, warum sie gehen wollten. Es gab viele Wissenschaftler, die mit der Gruppe mitgingen, und sie waren begeistert von der Sache. Es gab andere Wissenschaftler, die gehen wollten, aber nicht konnten. Das Haupthindernis war die Regierung, die an den Planeten gebunden war -ohne eigenes Verschulden. Sie hatten einfach nicht so viel Weitsicht, wie sie hätten haben können.

D: *Aber es klang, als ob sie erwarteten, dass sie nie wieder zurückkommen würden.*

B: Ja, sie wussten, dass sie nie wieder zurückkommen würden.

D: *Du sagtest, es waren fünf Schiffe. Was ist mit den anderen passiert? Ist nur eines auf unsere Erde gekommen?*

B: Ja, es hat nicht funktioniert und konnte es nicht weiter reisen. Die Schiffe waren als Mehrgenerationenschiffe eingerichtet. Jede Generation musste den nachfolgenden Generationen alle ihre Fähigkeiten weitergeben, damit das Schiff weiterlaufen und das Wissen fortgesetzt werden konnte. Und so wussten die Nachkommen, worum es ging und was zu tun war, ohne den Zweck der Reise aus den Augen zu verlieren.

D: *Meinst du, dass die Leute, die die Reise beendet haben, nicht die gleichen waren, die sie begonnen haben?*

B: Nein. Ihre Entfernung betrug mehrere Lichtjahre und sie hatten noch nichts schnelleres als die Lichtreise. Sie versuchten, es zu entwickeln, aber sie hatten es noch nicht geschafft. Die Geschwindigkeit, mit der sie reisen konnten, war nahe an der Lichtgeschwindigkeit, aber es würde immer noch viele, viele Jahre dauern, bis sie von einem Stern zum anderen kamen. Der Stern, auf den sie zielten, war ähnlich wie ihr eigener Stern. Es war am roten Ende des Spektrums, also steuerten sie ihn an. Sie hatten starke Beweise dafür, dass es einen Planeten geben würde, der für sie bewohnbar wäre. Und auf ihrer langen Reise durch das All richteten sie jedes Schiff als eine Stadt für sich ein. Es gab Familien. Die Menschen waren verheiratet und hatten Kinder. Sie hatten Lernmöglichkeiten, und als die Kinder aufwuchsen, wurden sie so gebildet, wie sie auf dem Planeten waren, sogar eine Ausbildung mit der einer Universität vergleichbar. Jedes Kind konnte entscheiden, in welchen Bereich es gehen wollte, und dafür wurde es ausgebildet. Alle Kinder erhielten eine umfassende kulturelle Ausbildung, damit sie die Art der Kultur, aus der sie kamen, nicht vergessen würden.

D: *Wenn das Schiff so viele Jahre lang in der Luft war, welche Art von Energiequelle hat es angetrieben?*

B: Kernfusion. Nicht Spaltung wie ihr sie habt, sondern Fusion.

D: *Worin besteht der Unterschied?*

B: Eure Wissenschaftler versuchen, die Fusion zu entwickeln. Die Kernspaltung ist, wenn Atome gespalten werden, um Energie und damit viel Radioaktivität und dergleichen freizusetzen. Etwas chaotisch. Andererseits, sobald die Technologie für die Fusion entwickelt wird, lässt es sich leichter steuern, wo man Atome miteinander verbindet, anstatt einzelne Atome in Fragmente zu zerlegen.

D: *Oh, es ist das Gegenteil.*

B: Richtig. Und wenn man sie miteinander verbindet, setzt es auch Energie frei, aber man muss sich nicht mit einer so hohen Strahlung auseinandersetzen. Und solange man Material hat, um es zu füttern, kann es weiterhin Atome kombinieren. Es spielt keine Rolle, was die Kraftstoffquelle ist. Alles, was physikalisch ist: Luft, Wasser, Holz, Metall, Stoff; alles, was damit zu tun hat, kann als Brennstoff verwendet werden. Denn so wie sie ihr System aufgebaut hatten, hatten sie ein Energiefeld, das die Dinge in einzelne Atome aufspaltete, in eine Art von Energieplasma-Typ. Ich kenne die technischen Wörter nicht sehr gut. Und es speist die Atome mit einer vorbestimmten Geschwindigkeit, so dass sie sich zusammen verbinden und eine bestimmte Menge an Energie mit der erforderlichen Geschwindigkeit freisetzen würden. Sie ließen diese Schiffe so aufstellen, dass sie sich selbst versorgen konnten. In einer solchen geschlossenen Umgebung ist das Hauptproblem in der Regel überschüssiges Wasser, Kondensat und dergleichen. So speisten sie oft Wasser in den Prozess ein, um das überschüssige Wasser loszuwerden.

D: *Das war eines der Materialien, die sie verwendeten?*

B: Ja, sie konnten alles gebrauchen, was Materie ist. Und so hatten sie kein Problem mit der Energiequelle. Sie hatten dafür Material zur Verfügung gestellt.

D: *Ich dachte, sie müssten viel Material tragen, wenn sie über all diese Generationen reisen würden.*

B: Sie brauchten nicht so viel. Die Kernenergie ist effizient und kompakt, und die Kombination von Atomen erzeugt eine enorme Menge an Energie. Es ist ähnlich wie Eure Atombomben, aber es ist kontrolliert und nicht explosiv. Es ist die gleiche Menge an Energie, aber es wird für Anschub benutzt und nichts explodiert und nichts ist gewalttätig, aber man bekommt ein Gefühl für die Menge der beteiligten Energie. Anstatt unkontrolliert wie in einer Bombe zu sein, wird sie wie ein elektrischer Strom gesteuert.

D: *Ich dachte mir, dass all diese Leute Lebensmittel verbrauchen müssen, und sie nicht so viel Platz für die Energieversorgung der Motoren haben würden oder was auch immer es war.*

B: Das ist richtig. Es gab einige Materialien, die effizienter waren als andere, und so transportierten sie diese natürlich auch. Aber sie wussten, dass sie, wenn sie zufällig zu niedrig werden würden, alles in den Motor einspeisen und trotzdem reisen könnten.

D: *Ich habe gehört, dass Kristalle manchmal als Antrieb und Energiequelle auf Raumschiffen verwendet werden. Haben sie so etwas auch benutzt?*

B: Ja. Ihre Kernfusionsgeräte waren nicht genau das, was Eure Wissenschaftler Kernfusionsgeräte nennen würden, aber das sind die ähnlichsten Worte in Ihrer Sprache. Die damit verbundene Energie war nicht rein atomar. Es gab andere Energieebenen, feinere Ebenen als die atomare. Subatomare Energien, die durch Kristalle fokussiert werden mussten. Und verschiedene Kristalle mit unterschiedlichen Matrizen wurden verwendet, um die Energie auf unterschiedliche Weise für verschiedene spezifische Zwecke zu bündeln.

D: *Was ist mit ihren Nahrungsmitteln? Könnten sie die wieder auffüllen?*

B: Ja. Sie hatten hydroponische Gärten, und sie hatten Plätze auf dem Schiff, die für den Anbau von Getreide und dergleichen eingerichtet waren. Ihre Nahrung wurde ständig ergänzt, weil sie sie anbauten. Sie ließen einen Teil des Schiffes für diesen Zweck bauen.

D: *Es muss ein großes Schiff gewesen sein.*

B: Ja, sie waren riesig.

D: *Das Bild, das Tuin von dem Entwurf für die Decken zeichnete, war das die genaue Form des Schiffes?*

B: Das war etwas grob. Es stellte tatsächlich eines ihrer Shuttles dar, mit denen sie vom Schiff zum Boden gingen. Anstatt jedes Mal das größere Schiff zu landen, benutzten sie lediglich ein Shuttle, um von den rotierenden Schiffen hin und her zu fahren.

D: *Dann sah das Hauptschiff, das abgestürzt ist, nicht so aus?*

B: Nein. Die Schiffe waren im Weltraum gebaut worden, weil sie so groß waren. Sie könnten landen, aber idealerweise müssten sie nur ein- oder zweimal landen. Sie waren im Grunde genommen so konzipiert, dass sie im Raum blieben, und so wurden sie unterschiedlich geformt.

D: *Welche Form hatte das Hauptschiff?*

B: Es war wie eine Tropfenform geformt, ein Wassertropfen. Die Vorderseite davon war der abgerundete Teil anstelle der scharfen Spitze. Und um den schlanken Teil herum befanden sich Streben und Triebwerke. An den schrägen Seiten der Tropfenform befanden sich die Austrittsöffnungen für den Schub der Triebwerke.

D: *Das spitze Ende war nach hinten gerichtet. Und es gab keine Flügel oder so?*

B: Nein. Ihr Ein- und Ausgang war im hinteren Teil. Irgendwie hatten sie ein Energiefeld, um es vor Strahlung zu schützen, so dass sie durch die Rückseite ein- und austreten konnten, denn sie hatten Laderampen.

D: *Hatte das Schiff viele Stockwerke?*

B: Oh, ja. Viele. Einige Stockwerke, wie das, das für Gartenarbeit und dergleichen verwendet wurde, waren sehr hoch, um die Maschinen unterzubringen, die sie zur Unterstützung der Pflanzen benötigten. Die Wohnräume waren von normaler Größe, aber etwas größer als Eure durchschnittliche Größe, weil sie eine größere Rasse von Menschen waren. Sie waren größer und schlanker, so dass ihre Decken etwas höher waren, um dies zu ermöglichen.

D: *Dann hatten sie alles, was man in einer Stadt finden kann. Ist das richtig?*

B: Das ist richtig. Und sie hielten alles sorgfältig im Gleichgewicht, denn es war eine geschlossene Umgebung.

D: *Haben sie Licht auf den Schiffen benutzt?*

B: Ja, um zu sehen und zu funktionieren, verwendeten sie Licht, das ihrem Sonnenlicht ähnelte. Es würde Euch gedimmter und rötlich erscheinen, wie eine Lampe, die auf halber Leistung steht, mit einer orangefarbenen Glühbirne anstelle von Weiß.

D: *Ich dachte, dass wir Glühlampen- oder Fluoreszenztypen verwenden.*

B: Ich beobachte, dass du Zifferblätter hast, die aufgrund einer internen Strahlungsquelle im Dunkeln leuchten. Es muss keine Stromquelle haben und leuchtet durch eine chemische Reaktionen. Das war die Art der Beleuchtung, die sie hatten. Es war eine Beleuchtung, die für Jahrhunderte halten würde, einfach wegen der Art der beteiligten Materialien. Aufgrund atomarer oder chemischer Reaktionen, waren es Glühplatten, die manchmal an der Decke, manchmal an den Wänden angebracht waren, je nachdem, wie und wo sie benötigt wurden. Und für bestimmte Arbeiten an unterschiedlichen Orten, wie z.B. in den Labors und so, gab es andere Arten von Lichtquellen für die verschiedenen Funktionen. Ihr habt eine ähnliche Lichtquelle, die jahrelang funktionieren kann, aber ihr habt sie nicht intensiv genutzt. Es wird nur für kleine Dinge, wie z.B. für Anzeigetafeln und Zifferblätter und dergleichen genutzt.

D: *Was ist passiert, dass sie ihr Schiff auf unseren Planeten gebracht haben?*

B: Diese Reise ging über verschiedene Generationen hinweg. Es war zwischen der zweiten und dritten Generation, als die Schiffe an diesem Sonnensystem vorbeikamen. Eines der Schiffe hatte eine Fehlfunktion entwickelt, und es wurde allmählich schlimmer. Ich weiß nicht, ob es ein Unfall oder eine Sabotage war.

D: *Glaubst du, jemand auf dem Schiff hat es sabotiert?*

B: Oder vielleicht von jemandem, vor dem Start. Ein verzögert auftretender Schaden.

D: *Ich frage mich, ob sie so etwas vielleicht mit allen Schiffen gemacht haben.*

B: Ich weiß nicht. Es ist möglich.

D: *Sie wollten vielleicht verhindern, dass diese Menschen Erfolg haben.*

B: Man kann nicht sagen, ob es einen politischen oder religiösen Hintergrund hat. Die Leute werden die Dinge im Namen von.... wem auch immer tun. Sie hatten versucht, es zu reparieren, es funktionierte weiter, aber es wurde jedes Mal ein wenig schlechter. Als sie in dieses Sonnensystem kamen, funktionierte dieses eine Schiff gerade eben noch. Sie versuchten verzweifelt, einen Platz zum Landen zu finden, damit sie ihr Schiff reparieren konnten. Nach ihren Maßstäben hielten sie die Erde für marginal bewohnbar, weil sie die Sonne für zu hell und heiß hielten. Aber sie dachten, dass dieses eine Schiff vielleicht eine Notlandung machen könnte, und sie unter den Bedingungen des Planeten in der Lage sein würden, das Schiff zu reparieren und dann weiterzumachen. Sie dachten, sie könnten dort nur unter besonderen Bedingungen leben, weil die Sonne zu stark für sie war und zu viel Strahlung hatte. Aber sie dachten, wenn sie tagsüber Schutzkleidung tragen und die meisten ihrer Aktivitäten in der Nacht taten, könnten sie dort landen, um ihr Schiff zu reparieren. Während sie reparierten, umkreisten die anderen Schiffe die Erde und schickten Hilfe, wenn sie gebraucht wurde, denn sie wollten alle zusammen bleiben. Sie dachten, zusammen wären sie stark. Als dieses Schiff zu landen begann, versagte es und geriet außer Kontrolle. Als sie die Kontrolle wiedererlangten, war es zu spät. Sie waren zwar in der Lage, den Aufprall noch zu mildern, aber das Schiff war dann nicht mehr reparierbar. So mussten die anderen Schiffe es verlassen, weil sie das Gefühl hatten, dort nicht leben zu können. Die Strahlung würde sie töten oder dazu führen, dass ihre Pflanzen nicht wuchsen. So reisten die anderen Schiffe weiter zu ihrem Ziel. Ich kann wirklich nicht erkennen, wo es war. Und die Überlebenden auf diesem Schiff - es gab mehrere, die getötet wurden, aber viele von ihnen überlebten machten das Beste daraus. Sie dachten: "Nun, wir hatten sowieso vor, eine Kolonie zu sein. Wir werden das zu unserer Kolonie machen."

D: Auch wenn es nicht die Bedingungen waren, die sie wollten?

B: Richtig. Und so machten sie sich daran, eine Kolonie zu errichten. Es war kleiner als ursprünglich geplant, da es nur ein Schiff statt fünf war. Aber sie hatten alles, was sie brauchten, um sich selbst zu versorgen und ihr neues Leben zu beginnen. Und so haben sie das Beste getan, was sie tun konnten, unter den ihrer Meinung nach rauen Bedingungen.

D: Das muss für sie sehr schwierig gewesen sein.

B: Ja, aber sie lebten.

Kapitel 15

Überleben

D: *Die Legenden sagten, dass die Alten Schwierigkeiten hatten, Kinder zu bekommen, als sie das erste Mal hierher kamen. Hatte das etwas mit dem Unfall zu tun?*
B: Sie heilten von den Auswirkungen des Unfalls, denn das waren kurzfristige Verletzungen. Aber das Hauptproblem war die Sonne. Es war heißer, und das Strahlungsband deckte einen anderen Teil des Spektrums ab. Sie war ganz anders als die Sonne ihres alten Planeten. Ihre war gedimmter, es war eine kühlere Sonne. Ihr Planet war nicht ganz so weit von der Sonne entfernt wie die Erde von dieser Sonne, aber anstatt ein gelb-weißer Stern mittlerer Größe wie unsere Sonne zu sein, war es ein kleinerer, kühlerer Stern, eher am Ende des roten Spektrums. Und so war die Strahlung ihres Sonnenlichts unterschiedlich. Die Spektrum-Linien waren völlig anders als die Emissions-Linien dieser Sonne.

Unglaublich, diese Aussage die Temperatur der verschiedenen Sterne in unserer Galaxie betreffend ist richtig. Es scheint das Gegenteil von dem zu sein, was uns gelehrt wird, aber die kühlsten Sterne sind rot und die heißesten leuchten blau. So war ihre Sonne einer der kühleren Typen (rot), und die Erdsonne liegt als Gelbtyp im mittleren Bereich. Die Temperaturen ändern sich, wenn man von einer Spektralklasse zur anderen geht, und die Farbe des Sterns scheint von seiner Temperatur abhängig zu sein.

D: *Du sagtest, sie waren auch von unserem Mond fasziniert.*
B: Ja. Obwohl andere Planeten in ihrem System Monde hatten, waren sie meist kleine felsige Planeten, die von den Bergbauunternehmen abgebaut wurden. Ihr Heimatplanet hatte

keinen Mond. Die Wissenschaftler waren fasziniert, dass die Erde einen so großen Mond im Verhältnis zur Größe des Planeten hatte. Weil sie Theorien formuliert hatten, aufgrund der Beobachtungen in ihrem Heimsystem, dass dies nicht möglich wäre. Sie hatten Theorien entwickelt, die auf den Verhältnissen der Mondpfade, der Größe der Monde und der Masse der Monde im Verhältnis zur Größe und Masse des Planeten basierten. Und der Mond dieser Erde hat all diese Regeln gebrochen. Sie waren fasziniert zu sehen, dass ein so kleiner Planet einen so großen Mond haben könnte und der Stress ihn nicht negativ beeinflusst. Sie entwickelten die Theorie, dass die Größe des Mondes ein Grund dafür war, dass die Erde so viele tektonische Plattenverschiebungen und Erdbeben und so hat. Es lag an dem Stress vom Mond, aber sie sahen, dass es nichts drastisches war. Es könnte langfristig das Leben des Planeten um einige Millionen Jahre verkürzen, aber nicht genug, um das Leben auf dem Planeten mehrere Milliarden Jahre lang zu beeinflussen.

D: *Unterscheidet sich die Schwerkraft der Erde von ihrer?*

B: Die Erdgravitation war etwas stärker, aber es reichte nicht aus, um sie wirklich zu beeinflussen. Sie fühlten sich allerdings müde, weil ihre Muskeln nicht daran gewöhnt waren. Sie entdeckten, dass sie mehr Knochenprobleme wie Arthritis und so entwickelten, weil die Schwerkraft um einiges stärker war. Aber in ein paar Generationen hatten sie sich darauf eingestellt.

D: *Wenn man sich so lange in einer geschlossenen Umgebung auf dem Schiff befindet, könnte es auch härter für sie geworden sein, als sie auf der Erde landen mussten und der Luft und der Sonne ausgesetzt waren.*

B: Das ist wahr, denn es war in der dritten Generation, als sie landeten. Einige der ersten Generation waren noch am Leben. Sie waren sehr alt und erinnerten sich daran, wie es auf einem Planeten war. Sie konnten einiges aushelfen. Aber trotzdem, da es für ihre Erfahrung völlig neu war, mussten die Jüngeren individuelle Anpassungen vornehmen. Sie hatten noch nie zuvor in ihrem Leben einen offenen Himmel gesehen. Das war der größte Schock von allen, die großen Horizonte. Sie hatten praktisch Agoraphobie (Angst vor offenen Räumen), weil sie an geschlossene Räume gewöhnt waren.

D: *Du hast auch gesagt, dass sie die meiste Arbeit nachts verrichtet haben und dass sie drinnen geblieben sind.*

B: Ja, besonders in den ersten Jahren, in denen sie hier waren. Sie versuchten, sich erst an die Dinge zu gewöhnen. Zuerst versuchten sie nur, sich an die größere Schwerkraft und die Sonne anzupassen. Und so machten sie die meiste Arbeit nachts, als es kühler war. Es erleichterte das Arbeiten mit dem erhöhten Gewicht. In der Zwischenzeit gingen sie dann auch tagsüber etwas raus, aber sie versuchten, Wege zu finden, sich an die Sonne anzupassen. Die Wissenschaftler forschten daran, und sie entwickelten spezielle Sonnenschutzmittel und dergleichen, um sie vor der Strahlung zu schützen. Sie trugen auch tagsüber Schutzkleidung. Das war ihre weiße Kleidung, die Tuin erwähnte, in der sie sie begruben.

D: *Dieses glänzende Material. Was trugen sie normalerweise?*

B: Es ist schwer zu sagen. Sie trugen immer diese Schutzkleidung. Sie hatten andere Materialien darunter, nicht das, was wir anhaben, aber es war eine Art von fließender Kleidung, die sie in der Nacht trugen.

D: *Du hast gesagt, als sie anfingen, Kinder zu bekommen, waren die Gene betroffen?*

B: Ja, so wie Strahlung normalerweise die Gene beeinflusst. Es war schwierig und sie mutierten. Es dauerte eine ganze Weile, bis sie die richtigen Vorsichtsmaßnahmen treffen konnten. Und sie mussten diese Vorkehrungen noch mehrere Generationen lang treffen.

D: *Welche Art von Vorsichtsmaßnahmen meinst du?*

B: Eine Frau im gebärfähigen Alter durfte bei Tageslicht nicht ins Freie gelassen werden. Als sie schwanger wurde, wurde sie in Schutzkleidung gehüllt, um sie zu jeder Zeit, Tag und Nacht zu schützen. Und man war sehr vorsichtig mit ihrem Essen, und so weiter.

D: *Ich glaube, Tuin sagte, dass einige der ersten Babys entweder tot geboren wurden oder in irgendeiner Weise deformiert waren.*

B: Ja. Und viele der Deformationen waren so schlimm, dass sie starben, weil sie in diesem Zustand nicht leben konnten.

D: *Das muss für diese Menschen sehr beunruhigend gewesen sein. Du sagtest, sie hatten die Möglichkeit, ihr Essen während der Reise auf dem Schiff aufzufüllen. Hatten sie Tiere dabei?*

B: Ein paar. Sie planten, die auf dem Planeten heimischen Tiere zu nutzen. Denn sie wussten, dass sie am Anfang an ein paar Tiere brauchen würden. Und so brachten sie hauptsächlich drei verschiedene Arten von Tieren mit. Ein Tier war im Grunde genommen eine Nahrungsquelle. Ein anderes Tier war eine Nahrungsquelle und eine Quelle für die Herstellung von Stoff aus seinem Fell, und ein drittes Tier war im Grunde genommen ein Zugtier. Sie brachten nicht viele mit, nur Bruttiere, weil es schwierig war, zusätzliche Tiere auf dem Schiff mitzuführen.

D: *Ich nehme an, dass sie in dieser langen Zeitspanne welche gezüchtet hätten, bis es zu viele auf dem Schiff waren.*

B: Sie hatten Möglichkeiten, es durch kontrollierte Zucht einzuschränken. Im Grunde genommen würden sie nur so viel züchten, dass sie den alten Bestand, der starb, ersetzen könnten, um die Zahl konstant zu halten, bis sie zu einem Planeten gelangen konnten. Sie planten, sie zahlreicher brüten zu lassen, wenn sie wussten, dass sie sich einem Planeten näherten, und es bewiesen wurde, dass er bewohnbar war, so dass sie beim Landen mehr Tiere haben würden. Sie kümmerten sich sehr umsichtig um die Tiere.

D: *Es gab ein Tier, das Tuin "Ochsen" nannte. War das eines davon?*

B: Ja. Das war das Zugtier. Es waren keine echten Ochsen, wie ihr sie kennt, aber das war das nächste Wort, das er finden konnte, um sich auf die Tiere zu beziehen. Sie wurden wie Ochsen verwendet und ähnelten ihnen vage, da sie nicht wie Pferde aussahen und nicht wie Elefanten. Und sie sahen nicht aus wie Wasserbüffel, die andere Zugtiere auf eurem Planeten sind. Aber sie ähnelten vage den Ochsen, so nannte er sie. Sie wurden anders gebaut. (Er hielt inne, als würde er versuchen, darüber nachzudenken, wie man sie beschreiben könnte.) Ihr allgemeiner Rahmen, ihre Skelette, waren anders. Ihre Gelenke waren etwas anders zusammengefügt, so dass sie einen anderen Gang hatten. Und ihr Schädel war anders geformt. Einige von ihnen hatten Hörner, andere nicht; es kam auf die Genetik an. Ihre Ohren waren gut hinten am Kopf angebracht und nach hinten gerichtet. Die Augen neigten dazu, grau zu sein und waren höher auf dem Kopf angesetzt als die Augen der Ochsen. Und das Gebiss war anders.

D: *Ich glaube, er sagte, dass die Hörner direkt zur Seite gingen. Ist das richtig?*

B: Ja. Und sie hatten keine gespaltenen Hufe. Es sah aus wie knöcherne Zehen - drei im Hintergrund und vier im Vordergrund. Es waren vier zehenähnliche Anhängsel, die sehr knöchern waren und mit Miniaturhufen an jedem Zeh enden. (Alle diese

Beschreibungen wurden mit entsprechenden Handbewegungen hervorgehoben.)

D: Das wäre ein Unterschied. Aber er sagte, dass sie nie viele dieser Tiere hatten.

B: Das ist wahr. Die Strahlung der Sonne erschwerte ihre Vermehrung, und die männlichen Tiere waren oft unfruchtbar. Wann immer es also einen fruchtbaren Mann gab, musste er keine Arbeit verrichten. Er wurde sehr verwöhnt und ausschließlich für die Zucht verwendet. Es wurde angenommen, dass die Hoden, da sie mehr exponiert waren als die Eierstöcke, eine höhere Dosis an Strahlung erhielten und daher eher unfruchtbar wurden. 1i

D: Und es gab nichts, womit sie sich hätten kreuzen können?

B:Nein, ihre Gene waren zu unterschiedlich zu den anderen Tieren auf der Erde. Wenn sie echte Ochsen hätten finden können, hätten sie so genannte "Maultier"-Hybride entwickeln können, die unfruchtbar gewesen wären, aber funktionieren könnten. Sie überlegten, Karibu zu verwenden, aber die körperlichen Eigenschaften und Strukturen waren zu unterschiedlich, um brauchbare Kreuzungen zu entwickeln.

D: Du sagtest, es gäbe zwei andere Arten von Tieren, die sie hatten. Haben diese nach dem Unfall überlebt?

B: Eines tat es, eines nicht. Dasjenige, das überlebte, war ein Tier, das der domestizierten Ziege bemerkenswert ähnlich war.

D: War das das Tier, von dem Tuin sagte, dass jemand im Dorf sich darum gekümmert hat.

B: Ja, sie wussten nicht mehr, woher es kam, also nahm er an, dass es von den wilden Bergziegen gezüchtet worden war, weil es eine enge Ähnlichkeit gab. Aber es gab auch viele Unterschiede. Sie waren deutlich kleiner als die Bergziegen. Sie hatten eine ähnliche Art von Fell und Knochenbau, aber die Hörner waren unterschiedlich. Sie waren nicht so groß. Die Hörner waren schlanker und gingen nur ein wenig zurück, ähnlich wie bei deinen Milchziegen. Zuerst konnten die Wissenschaftler die von ihnen mitgebrachten Tiere mit einigen Bergziegen mischen, denn erstaunlicherweise gab es eine brauchbare Kreuzung. Sie taten dies, um die Tiere an den Planeten zu gewöhnen und trotzdem die Eigenschaften zu erhalten, für die sie gebracht wurden. Und so gerieten sie in ein sehr schwieriges spezialisiertes selektives Zuchtprogramm. Das andere Tier, das hauptsächlich als Nahrungsquelle mitgebracht wurde, überlebte nicht. Das Tier hatte Schwierigkeiten bei der Zucht und seine Nachkommen waren meist deformiert. Und so wurde beschlossen, da sie festgestellt hatten, dass die auf dem Planeten heimischen Tiere ohne Schaden essbar waren, dass sie die von ihnen mitgebrachten Tiere schlachten und für den ersten Winter verwenden würden.

D: *Sie brauchten die, die sie mitgebracht hatten, sowieso nicht wirklich oder?*

B: Richtig. Denn sie entdeckten, dass, obwohl die Sonne anders war, die Körperchemie der Tiere auf dem Planeten für sie nicht giftig war und sie von ihnen Nahrung erhalten konnten.

D: *Haben sie experimentiert, um diese Dinge herauszufinden, haben sie Tests irgendeiner Art durchgeführt?*

B: Sie haben Untersuchungen dazu vorgenommen.

D: *Du sagtest, die Ochsen wären ausgestorben. Was ist mit dem Ziegentier? Hat das bis in unsere Zeit überlebt?*

B: Ja. Die Ziege vermischte sich mit den Bergziegen und überlebte. Aber nach so vielen Generationen der Zucht ist sie heute nicht mehr wirklich von den Bergziegen zu unterscheiden. Vielleicht können Wissenschaftler es als eine andere Art von Bergziege betrachten. Alle beobachteten Unregelmäßigkeiten ließen sich eher als Unterschiede zwischen den Rassen als als zwischen den Arten erklären. Im Grunde genommen ist es das, was es heute ist.

D: *Du hast darüber gesprochen, dass sie Samen und solche Dinge mitbrachten. Hat eine dieser Pflanzen überlebt?*

B: Sie haben sie so sehr mit Pflanzen gekreuzt, die bereits hier waren, dass man sie nicht wirklich finden könnte. Eine Pflanze, die eine Möglichkeit ist, ist das, was man "Mais" nennt.

D: *Mais? Die Indianer nannten es Mais. Glaubst du, dass dies direkt von den Samen abstammt, die sie gebracht haben?*

B: Mais hat sich auch mit einheimischen Pflanzen vermischt, aber er hat mehr dominante Gene vom Heimatplaneten als andere Erdpflanzen.

D: *Ich habe mich gefragt, ob es vielleicht eine Pflanze gibt, die wir auf ihre Samen zurückführen können.*

B: Nein, es ist so lange her. Viele Generationen.

D: *Was ist mit den Bäumen, von denen er sprach? Es gab einige, die eine Frucht hatten.*

B: Ja, einer von ihnen hat überlebt. Es ist dir als Dattelpflaume bekannt.

D: *(Überrascht) Dattelpflaume?*

B: Eine von ihnen. Die Dattelpflaume, die auf diesem Kontinent zu finden ist, unterscheidet sich von der auf dem asiatischen Kontinent. Der andere Baum überlebte nicht, war aber der Aprikose sehr ähnlich. Sie überlebte dort oben in diesem Land nicht, weil sie verwöhnt werden musste; aber die Dattelpflaume überlebte.

D: *Dann würde die Dattelpflaume etwas, das man direkt auf sie zurückführen könnte. Und er sprach über die Pflanze, aus der sie ihr Tuch herstellten. Weißt du, welche das ist?*

B: Diese Pflanze blühte hier auf der Erde auf und verzweigte sich in viele verschiedene Arten von Pflanzen. Es ist schwer zu sagen, welche es war, da es so viele Pflanzen gibt, die auf sie zurückgeführt werden können.

D: *Ich dachte an Flachs, weil ich weiß, dass Flachs seit¬ Tausenden von Jahren für die Herstellung von Stoffen verwendet wird¬.*

B: Flachs ist eine. Eine weitere Anpassung der Pflanze ist Yucca oder Bärengras. Es gibt viele Anpassungen von der gleichen Pflanze.

D: *Dann haben sie sich einfach in verschiedene Arten aufgeteilt. Ich würde gerne ein wenig mehr über die ersten Leute erfahren, die dort waren. Tuin sagte, dass es dort eine kleine Gruppe von Leuten gab, als das Schiff abstürzte.*

B: Ja, die Einheimischen. Sie waren vom Typ der Aborigines, entfernte Vorfahren der amerikanischen Indianer. In der Evolutionskette schienen sie Steinzeitmenschen zu sein, in der Entwicklung zwischen Neandertaler und Cromagnonmenschen. Obwohl ich weiß, dass Neandertaler und Cromagnonmenschen nicht direkt in der Linie der Evolution verwandt waren, was Wissen und kulturelle Entwicklung betrifft. Sie trugen Felle und lebten meist in Höhlen oder bauten Unterkünfte, meist aus Stöcken und Schlamm.

D: *Sie hatten keine Form der Landwirtschaft?*

B: Nein, sie waren Jäger und Sammler. Sie jagten nach Wild, und wenn die passende Zeit des Jahres kam, sammelten sie alle Früchte und Nüsse, die wild wuchsen.

Wir kamen endlich der Datierung der Ankunft der Alten näher. Geologen stellen fest, dass es vier große Abschnitte in der Entwicklung des Eises während der Eiszeit gab, die Perioden umfasste, in denen das Eis zurückschmolz. Die letzte Eisschicht verschwand vor zehn bis fünfzehntausend Jahren aus Nordamerika.

Mit dem Rückzug des Eises sind viele Tierarten ausgestorben, die durch moderne Tiere ersetzt wurden. Die Wissenschaftler sagen, dass es während der letzten Eiszeit war, als der Mensch zum ersten Mal auf der Erde erschien. Frühere Humanoidarten, wie der Neandertaler, sollen in der letzten Interglazialzeit (Zwischeneiszeit) existiert haben. Die modernen Arten des Menschen, die sich während des letzten Vorstoßes des Eises (oder vor etwa 15.000 Jahren) entwickelt haben und mit ihrem Rückzug (vor 10.000 Jahren) die Erde bevölkert haben.

Nach diesen historischen Informationen stürzten die Alten in der letzten Zwischeneiszeit ab, als der Vorgänger des modernen Menschen in dieser Region lebte. Die Außerirdischen (oder ihre Nachkommen) lebten dort, als eine Art Katastrophe eintrat, weil sie in ihren Legenden festgehalten ist. Hat das drastische Ereignis den letzten Vorstoß von Eis ausgelöst?

D: Waren es sanfte Menschen oder kriegerische Menschen?
B: Es stimmt, dass sie Waffen für die Jagd hatten, aber sie waren sanftmütig. Sie hatten aufgrund ihrer Lage nicht wirklich Kontakt zu anderen Menschen. Sie waren etwas isoliert. Sie waren extrem übersinnlich, so dass sie fast keine Notwendigkeit zum Sprechen hatten. Sie hatten einen sehr kleinen Wortschatz, weil es einfach nicht nötig war, ihn zu entwickeln.
D: Was ist mit den Leuten auf dem Schiff, die übersinnlich waren?
B: Ja, auch sie waren sehr übersinnlich, aber da sie Außerirdische waren, war es... nun, eine andere Wellenlänge, sozusagen.
D: Das meinte Tuin damit, außer Harmonie zu sein.
B: Ja, aber als sie sich an das Leben auf der Erde gewöhnt hatten, passten sich auch ihre psychischen Kräfte an, um mit den Energien der Erde in Einklang zu stehen, was es ihnen erleichterte, mit den Einheimischen in Kontakt zu treten. Zuerst war es für beide Gruppen sehr schmerzhaft, da sie empfindlich und übersinnlich waren. Sie erkannten beide, was das Problem war, aber sie wussten, dass es nichts gab, was man tun konnte, um den Prozess zu beschleunigen. So ließen die Einheimischen sie im Grunde genommen in Ruhe. Und die Kolonie arbeitete daran, sich an den Planeten anzupassen und in Harmonie zu gelangen. Da es sich bei beiden um grundsätzlich sanfte Personengruppen handelte, hatten die Einheimischen nicht wirklich viele Probleme beim aufeinandertreffen. Es gab ein paar Missverständnisse, aber

sie wurden ausgeräumt. Das Hauptproblem war der Kulturschock, der zu erwarten war.

D: *Ich frage mich, was die Kolonie-Leute dachten, als sie landeten und diese Art von.... Mensch sahen.*

B: Sie freuten sich, sie zu sehen, denn sie wussten, wenn sich eine menschliche Spezies zur Unterstützung des Planeten entwickelt hatte, hatten sie eine größere Chance zu leben. Wenn eine menschliche Spezies auf einem Planeten überleben könnte, erhöhte das ihre Überlebenschancen. Weil es bedeutete, dass es bereits eine ökologische Nische gab und sie sich nur noch anpassen mussten.

D: *Aber die Einheimischen waren intellektuell so rückständig, nach ihren Maßstäben.*

B: Nun, sie waren technologisch rückständig, aber nicht intellektuell oder psychisch. Sie befanden sich in einem Stadium der technologischen Entwicklung, in dem sie nur über Steinwerkzeuge und dergleichen verfügten. Aber wegen ihrer psychischen Fähigkeiten und ihrer Harmonie mit der Erde war ihre Religion und Philosophie so fortschrittlich wie die Philosophie der Kolonie. Auf diese Weise wurde der Kontakt erleichtert. Zuerst wollten die jüngeren Mitglieder der Einheimischen die Kolonie als Götter verehren. Aber dann erkannten sie den Fehler und verstanden, dass sie keine Götter waren, sondern menschliche Wesen wie sie selbst. Es ging nur darum, sich an sie anzupassen. Und die Einheimischen halfen den Mitgliedern der Kolonie, herauszufinden, welche Pflanzen und Tiere essbar waren und welche nicht.

D: *Ich nehme an, dass sie sich schließlich vermischt haben, und so konnten sie überleben.*

B: Ja. Obwohl sie begonnen hatten, sich an den Planeten anzupassen, wussten die Wissenschaftler, dass sie sich nie vollständig an die Strahlung der Sonne würden anpassen können. Und sie wollten überleben. Daher beschlossen sie, dass der beste Weg darin besteht, sich mit den Einheimischen zu vermischen und deshalb einige ihrer besseren Eigenschaften in Bezug auf die Toleranz gegenüber der Sonne anzunehmen. Die Eingeborenen waren kleiner und stämmiger als die Kolonievölker. Sie waren das, was man als normale Größe und Körperbau betrachten würde, aber sie waren attraktive Menschen. Und wenn die Jugendlichen der

Kolonie also sexuelles Interesse an den Einheimischen zeigten, wurden sie dazu sogar ermutigt.

D: Dann waren die Einheimischen nicht wirklich abstoßend für sie.

B: Nein, überhaupt nicht. Anders, aber nicht abstoßend. Es ging nur darum, sie an modernere Hygienestandards heranzuführen.

D: Ich habe mich gefragt, ob die Vermischung für sie schwierig war, weil es etwas war, was sie tun mussten, um zu überleben.

B: Es war nicht so schwierig. Sie mussten es tun, um im Allgemeinen zu überleben, aber es blieb jedem Einzelnen überlassen, seine eigene Entscheidung in dieser Angelegenheit zu treffen. Einige taten es und andere nicht. Einige der Koloniemitglieder paarten sich untereinander und andere mit den Einheimischen. Aber schließlich hatte nach zwei oder drei Generationen jeder von ihnen etwas einheimisches Blut in sich. Natürlich veränderte dies ihr Aussehen, und es half auch ihren psychischen Fähigkeiten, sich an die Energiefelder der Erde anzupassen.

D: Ich schätze, sie waren danach nie wieder so hell leuchtend.

B: Nein. Denn die Einheimischen hatten die typische indianische Färbung: braune, blauschwarze Haare, schwere Augenlieder. Und die Kolonievölker waren groß und schlank. Ihr Haar war blond, ihr dunkelstes Haar war aschblond. Ein helles Blau war auch eine häufige Haarfarbe (das war eine Überraschung). Es war eine Art blasses, pastellfarbenes Blau. Und ihre Hautfarbe war von einer silbrigen Farbe. Als sie starben, sah es aus wie ein helles Grau. Als sie noch am Leben waren, mit den Sekreten ihrer Haut und der Energie des Lebens, sah es aus wie Silber. Nicht, dass es besonders glänzen würde, aber es sah generell nach Silber aus. Bei direktem Licht würde das Öl auf ihrer Haut sie ein wenig schimmern lassen, aber nichts Auffälliges. Da die Eingeborenen bronzefarben waren, würden ihre Kinder, wenn sie sich mit den Außerirdischen paarten, im Grunde genommen eine hellere Bronzefarbe haben. Es würde immer noch die metallische Art der Tönung der Farbe haben, da ein Elternteil silberfarben und der andere bronzefarben ist. Es gab kein helles Braun, wie das, als die Indianer anfingen sich mit weißen Menschen zu paaren. Damit blieb Bronze immer noch Bronze, es war nur ein helleres Bronze.

D: Dann wurde die silberne Farbe sofort übertönt.

B: Ja, sie ist zurückgegangen. Sie wurde aber nicht sofort übertönt, denn über mehrere Generationen hinweg konnte man erkennen, wer von den Außerirdischen abstammte. Diejenigen, die einen

Kolonie-Hintergrund hatten, würden einen helleren Hautschatten haben als die Menschen, die rein einheimischer Abstammung waren.

D: *Aber die Mehrheit der Außerirdischen war blond. Gab es weiße Haare?*

B: Einige. Die Farben reichten von aschblond über hellblond bis platinblond und hellblau. Und verschiedene Variationen davon; manchmal mag jemand platinblond sein, aber mit hellblauen Hervorhebungen. Wenn sie im direkten Licht stehen würden, würde man in diesem platinblonden Haar hellblaue Schimmer sehen. Und andere Menschen würden direkt hellblau sein, so dass, unabhängig vom Licht, in dem sie sich befanden, es offensichtlich war, dass es hellblau war.

D: *Diese Farben wurden genetisch sofort übertönt worden, nehme ich an.*

B: Ja, in der Tat. Der blaue Aspekt dauerte länger, bis er verschwand, weil die Einheimischen ein wenig blaues Haar hatten, weil es so schwarz war. Du hast die Farbe gesehen. Es ist schwarz, wenn man es betrachtet, aber wenn die Sonne genau richtig darauf scheint, sieht man blaue Hervorhebungen, weil es so dunkel ist. Einige der ersten und zweiten Generationen hatten interessante Haarfarben. Normalerweise, wenn ein Aschblonder sich mit einem Einheimischen paaren würde, wären die Haare rot; nicht in deinem Spektrum ein rot, sondern eher eine orangene Farbe oder mehr ein sehr angenehmes rotbraun. Und manchmal, wenn sich jemand mit hellblauem Haar mit einem Einheimischen paarte, neigten die Kinder dazu, hellblaues Haar zu haben. Sie fanden das sehr amüsant.

D: *(Lacht) Hellblau!*

B: Weil sich die Dunkelheit der Haare der Eingeborenen auf halbem Weg zwischen den beiden verdunkelt hätte. Aber da beide blaue Hervorhebungen hatten, war es ein intensives Blau anstelle von Braun oder so etwas.

D: *(Lacht) Das war also die Farbe, bei der es am längsten dauerte, bis sie verschwand.*

B: Richtig. Normalerweise, wenn sich jemand mit hellblauem Haar mit einem Einheimischen gepaart hat, würde es eine dunkle Farbe ergeben und man konnte nicht wirklich entscheiden, ob es schwarz oder blau war. Aber es gab eine Menge blaue Variationen für zwei oder drei Generationen. Die blonden Farben verschwanden sofort. Besonders bei denen, die rote Haare hatten, wurde gelegentlich etwa jedes vierte Kind mit einer Variation von blonden Haaren geboren. Aber dieser spezielle Zweig der Genetik der Gruppe mit den roten Haareneigte dazu, in Richtung braun und schwarz zu gehen, da das schwarze Gen so dominant war.

D: *Ich nehme an, die Augen müssen auch eine Weile anders gewesen sein.*

B: Oh ja. Die Einheimischen hatten tiefdunkle oder goldbraune Augen. Und die anderen hatte violette Augen. So waren die Augen bei den Kindern meist violett oder dunkelbraun. Gelegentlich gab es ein paar Leute mit rezessiven Genen, die zusammenkamen und jemanden mit silbergrauen Augen zeugten, aber das war extrem selten. Bei all diesen verschiedenen Haarfarben, war es eine Weile eine Modeerscheinung mit den Kindern, die Haare zu sammeln wann immer jemand einen Haarschnitt bekam, und verschiedene Arten von Stoffen mit Designs in ihm machen - mit den verschiedenen Farben der Haare.

D: *(Lacht) Das wäre interessant. Ich schätze, sie könnten dabei Spaß haben.*

Kapitel 16

Die Artefakte

D: Anscheinend gibt es heute auf diesem Kontinent Menschen, die von den Alten abstammen.
B: Zu diesem Zeitpunkt in eurer Zeit würde jeder, der Indianerblut in sich trägt, ein wenig von dem Blut der Alten haben, weil es sich schließlich über die indianischen Völker ausgebreitet hat. Hier gab es Tausende von Jahren der Kreuzung und Vermischung. Das war lang genug, damit ihre Gene unter allen amerikanischen Indianern verbreitet werden konnten, so dass sie dadurch von den Alten abstammen.
D: Würde das bedeuten, dass die Indianer von den Eskimos abstammen?
B: Oh, teilweise. Die Eskimos vermischten sich auch mit den anderen Indianern, und so breiteten sie sich schließlich aus. Eines der Merkmale der Alten, das ziemlich intakt weitergegeben wurde, ist eine geringe Toleranz gegenüber Alkohol, denn normale Menschen hier können eine hohe Toleranz gegenüber Alkohol aufweisen. Aber auf ihrem Planeten hatten die Alten eine andere chemische Kombination für ihre Freizeitdroge. Sie hatten keinen Alkohol, also gab es keine Toleranz dafür. Deshalb können die Ureinwohner der USA verrückt werden, wenn sie Alkohol trinken. Ihr Körper kann mit dem Alkohol nicht umgehen.
D: Gibt es noch andere Eigenschaften, die weitergegeben wurden?
B: Es gibt einige Blut-Eigenschaften, aber sie sind so selten und schwer zu finden, dass sie nicht wirklich viel bewirken.
D: Meinst du Blutkrankheiten oder was?
B: Nein. Faktoren im Blut, die Ärzte und Forscher erkennen, wenn sie das Blut in eine Zentrifuge packen und eine chemische Analyse durchführen. Die Ärzte haben sie als sehr selten eingestuft. Es

sind nur kleine Ableger der Gene der Alten, die noch überleben, weil die Alten ein anderes Blut hatten als wir.

D: War die Strahlung in diesem Zeitraum generell höher, oder war sie es, weil sie nicht daran gewöhnt waren?

B: Sie stammten von einer anderen Sonne, die eine geringere Strahlung hatte, und so hatten sie keine natürlichen Abwehrkräfte dafür. Das ist ein Grund, warum Menschen in eurer Zeit Hautkrebs von der Sonne bekommen. Sie haben einige der Gene der Alten.

D: Dann sind sie jetzt noch sehr empfindlich gegenüber der Sonne?

B: Nicht so sehr wie sie es damals waren, aber es taucht immer noch etwas in deiner Zeit auf.

D: Gibt es noch andere Eigenschaften, die noch weitergegeben wurden?

B: Da ist Lupus Erythematosus. Das ist ein Zustand, in dem die Haut empfindlich auf die Sonne reagiert. Ich glaube, das Wort, das du benutzt, ist "allergisch". Die Person geht in die Sonne, ihre Haut bekommt einen Ausschlag und ihr Körper beginnt zu schmerzen und zu versagen. Es bewirkt, dass das natürliche Immunsystem des Körpers den Körper selbst angreift. Vor allem in den Gelenken. Das ist ein weiteres Merkmal der Alten.

Lupus ist eine chronische Entzündungskrankheit, die verschiedene Körperteile betreffen kann, insbesondere Haut, Gelenke, Blut und Nieren. Das körpereigene Immunsystem produziert normalerweise Proteine, die als Antikörper bezeichnet werden, um den Körper vor Viren, Bakterien und anderen Fremdstoffen zu schützen. Diese Fremdstoffe werden als Antigene bezeichnet. Bei einer Autoimmunerkrankung wie dem Lupus verliert das Immunsystem seine Fähigkeit, den Unterschied zwischen Fremdstoffen (Antigenen) und seinen eigenen Zellen und Geweben zu erkennen. Das Immunsystem bildet dann Antikörper gegen das "Selbst". Mit anderen Worten, der Körper beginnt, sich selbst anzugreifen, daher der Name Lupus, was Wolf bedeutet.

Lupus ist eine ziemlich mysteriöse Krankheit, weil sie schwer zu diagnostizieren ist und ihre Ursache unbekannt ist. Es wird angenommen, dass Umwelt- und genetische Faktoren beteiligt sind. Sie haben festgestellt, dass es eine genetische oder erbliche Prädisposition für die Krankheit gibt, und Umweltfaktoren spielen eine entscheidende Rolle bei der Auslösung von Krankheitserregern. Einer dieser Faktoren ist eine ungewöhnliche Empfindlichkeit gegenüber Sonnenlicht.

Die Krankheit tritt bei Frauen häufiger auf als bei Männern, daher wird angenommen, dass Hormone eine Rolle spielen können. Und die Ureinwohner Amerikas bekommen diese Krankheit häufiger als Kaukasier. Bestimmte indianische Stämme (Sioux, Crow, Arapahoe) haben eine hohe Prädisposition für die Krankheit.

Dies ist eine vereinfachte Beschreibung einer sehr komplexen Krankheit, aber es ist erstaunlich, wie die Symptome zeigen, dass sie möglicherweise mit einem defekten Gen verbunden sein könnte, das von den Alten über Jahrtausende hinweg weitergegeben wurde.

D: Es geht einher mit ihrer Empfindlichkeit gegenüber der Strahlung?
B: Ja. Es tauchte nicht unbedingt gleichzeitig auf, aber es hängt mit den Problemen zusammen, die sie mit der Strahlung hatten. Aber es gab auch einige gute Eigenschaften, die weitergegeben wurden. Viele der psychischen Fähigkeiten, die Menschen haben. Einige Menschen haben Nachtsicht oder "Katzenaugen", wie einige Leute es nennen. Sie können im Dunkeln sehr gut sehen. Das ist ein Merkmal der Alten.
D: Ja, sie hätten im Dunkeln sehen müssen, wenn sie nachts gearbeitet haben, oder im Dimmerlicht auf ihrem Schiff. Du sagtest, die Nordamerikaner- alle Indianer stammten von ihnen ab. Ist das der Ort, an dem die Blutlinie aufhörte, in Nordamerika?
B: Das ist schwer zu sagen. Es ist vorrangig in Nord- und Südamerika zu finden, weil dort die indianischen Völker leben. Und Menschen, die mit den indischen Völkern verwandt sind, befinden sich hauptsächlich in der westlichen Hemisphäre. Ein Teil des Blutes hat sich ein wenig in andere Rassen ausgebreitet, als Menschen aus dieser Hemisphäre an andere Orte gingen, um dort zu leben und Kinder zu bekommen. Aber es ist nicht so verbreitet wie in der westlichen Hemisphäre.
D: Dann sind die Gene hier dominanter. (Eine andere Idee kam mir plötzlich in den Sinn.) Ich frage mich, ob du das Schild, das an diesem Gebäude hing, zeichnen könntest? Das, auf dem die Symbole standen?
B: Ich sehe es. Ich weiß aber nicht, was da steht.

D: Könntest du es für mich zeichnen?
B: Ich kann es versuchen.

Ich bat Beth, ihre Augen wieder zu öffnen, und reichte ihr wieder Zettel und Stift. Sie begann, die Form des Schildes zu zeichnen.

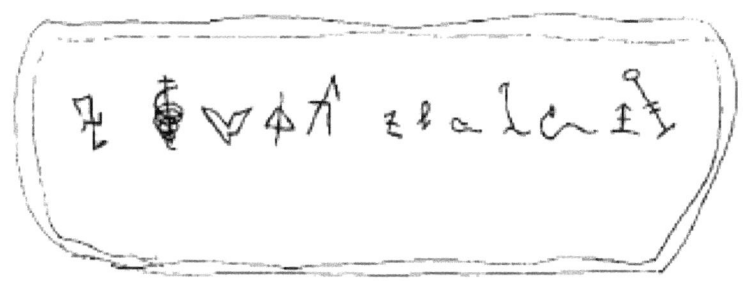

B: Das Schild hat keine sehr ungewöhnliche Form. Der Hintergrund ist dunkel, und die Beschriftung darauf ist hell. Und die Beschriftung.... Ich weiß nicht, ob ich in der Lage sein werde, die Beschriftung zu reproduzieren, da das Schild zu Tuins Zeit bereits etwas verwittert war, obwohl er das nicht wusste.
D: Versuchs einfach mal.

Sie zeichnete all die seltsam aussehenden Buchstaben.

D: Sind das alle?
B: Ja. Früher hatte es anscheinend einen feineren Druck. Ich nahm das Papier an mich und ließ Beth ihre Augen wieder schließen.
D: Kannst du von deiner jetzigen Position aus erkennen, was diese Symbole bedeuten?
B: Ja, das kann ich. Es war ein Schild vom Schiff, das auf eine Kombination aus Kapitänsquartier und Brücke hinweist, wo sich der Hauptcomputerbereich befand. Im Schiff wurden die Kapitänsunterkünfte und die Brücke und ein Großteil der Forschung in einer Einrichtung zusammengefasst, und das war das Schild, das darauf hinwies.
D: Und sie retteten das Schild und brachten es an dem Gebäude an?
B: Ja, sie hatten auch Schilder für die anderen Gebäude, als sie errichtet wurden. Sie wurden schließlich entsorgt, oder besser gesagt, dem weisen Mann wegen ihres Metallgehalts übergeben.
D: Das waren Schilder für andere Bereiche auf dem Schiff?

B: Ja. Und für die Kennzeichnung der Quartiere verschiedener Personen.

D: Glaubst du, ob es eine Chance gibt, dass Teile des Schiffes jemals gefunden werden?

B: Es ist eine weit entfernte Möglichkeit. Teile davon sind noch immer vergraben und haben wegen der intensiven Kälte überlebt.

D: Man müsste wissen, wo man suchen muss.

B: Ja. Es ist in einer sehr abgelegenen Gegend. Vielleicht eines Tages.

D: Gibt es heute eine Zivilisation in diesem Gebiet?

B: Es gibt so genannte "Eskimos", die in diesem Gebiet leben.

D: Keine Städte oder Orte?

B: Nun, keine größeren oder sehr große. Kleine Gruppen, sagen wir: 14.

D: Ich dachte, wenn sich in der Nähe einer Großstadt befindet, könnte es eines Tages jemand finden, nach unterirdischen Arbeiten oder so.

B: Nein, so würde es nicht gefunden werden. Es würde nur von Gruppen gefunden werden, die sich speziell mit der Erforschung befassen.

D: Da war ein Fluss, der da durchfloss. Weißt du, welcher Fluss das war?

B: Es war einer der Zufluss Ströme zum Yukon.

D: Es wäre ziemlich schwer, diesen Ort in einem so großen Gebiet zu finden. Es gab eine Sache, über die Tuin gesprochen hat. Alles hatte sich geändert? Hat er damit gemeint, dass es eine Verschiebung der Achsen gab?

B: Ja.

D: Weißt du, ob das vor oder nach der Zeit der Dinosaurier war?

B: Diese Verschiebung der Achsen kam kurz nach der Zeit der Dinosaurier. Es gab eine weitere Verschiebung früher während der Zeit der Dinosaurier. Aber das war schon im Zeitalter der Säugetiere.

D: Das dachte ich mir, weil er keine Dinosaurier erwähnt hat.

B: Er wusste nichts davon.

D: Dann gab es eine große Verschiebung. Und diese zweite war in der Zeit der Alten.

B: Richtig. Sie war keine so große, aber es war trotzdem traumatisch.

D: Dann war die erste Verschiebung diejenige, die die Eiszeiten geschaffen hat, habe ich Recht?

B: Alle Veränderungen trugen zu den Eiszeiten bei. Diese erste große Veränderung veränderte vor allem den Klimastrom, in den viele Tiere plötzlich und drastisch durch große Gewalteinwirkung starben. Die zweite Verschiebung ließ einen Großteil des Planeten kälter werden und trat damit in eine Eiszeit ein.

D: *Weil es die Pole bewegt hat. Aber wo er lebte, wurde es dann kälter?*

B: Es war extrem kalt. Es war nur, dass er es für selbstverständlich hielt. Wo er lebte, war ihm ohnehin schon lange kalt gewesen. Und als es etwas kälter wurde, bedeutete das nur mehr Eis, mehr Schnee.

D: *Ich dachte an eine Eiszeit und Gletscher. Ich glaube nicht, dass er so etwas erwähnt hat.*

B: Nein.

D: *Wann immer die Alten dort abstürzten, war das Klima anders als zu Tuins Zeiten?*

B: Ja, das war es. In den folgenden Jahrhunderten kam es zu einer Achsenverschiebung.

D: *Wie war das Klima, als sie dort abstürzten?*

B: Es war subtropisch, ähnlich wie das südliche nordamerikanische Gebiet, das Sie den "tiefen Süden" nennen Es war warm, feucht, viel grün, viele Pflanzen, viele Tiere, sehr fruchtbar.

D: *Dann wurde es nach der Verschiebung arktisch. Eine Sache, über die ich mich gewundert habe, war das seltsame Tier, das Tuin gefunden hat. Kannst du etwas dazu sehen?*

B: Ja. Das war ein seltenes Ereignis. Es gibt viele, viele verschiedene Universen, die im gleichen Raum wie das eure existieren. Sie sind normalerweise unsichtbar, weil sie mit unterschiedlichen Geschwindigkeiten schwingen. Diese verschiedenen Universen überschneiden sich miteinander, aber normalerweise sind die Schnittpunkte nicht kompatibel, so dass die Bewohner der beiden verschiedenen Universen sich der Schnittmenge nicht bewusst sind. Es kann einige kleine Änderungen geben, die ein oder zwei Personen bemerken könnten, aber es wird nichts Großes sein. In diesem Fall gab es einen bestimmten Punkt, der ein seltenes Auftreten einer kompatiblen Schnittmenge aufwies. Als Tuin auf der Jagd war, befand er sich in zwei Universen gleichzeitig, war sich dessen aber nicht bewusst. Das Tier, das er tötete, war ein Bewohner des anderen Universums. Aber da es eine kompatible

Schnittmenge war, konnte er das Tier in dieses Universum transportieren, ohne seine Grundmatrix zu zerstören.

Das war für mich sehr verwirrend. Ich war in meiner Arbeit noch nie zuvor auf die Idee von Paralleluniversen gestoßen. In meinem Buch Keepers of the Garden haben wir über andere Universen diskutiert, die aus Energie bestehen, und ich nahm an, dass diese irgendwo draußen im Weltraum sind. Ich hatte noch nie von solchen gehört, die erdähnliche physikalische Eigenschaften vorweisen und den gleichen Weltraum wie unseres einnehmen.

D: *Meinst du, das andere Universum war auch ein physisches Universum?*
B: Ja. Es war ein physisches Universum, das auf einer anderen Grundmatrix aufgebaut war. Aber da der Schnittpunkt kompatibel war, wurde die Matrix des Tieres nicht zerstört, als es in dieses Universum gebracht wurde. Das ist es, was dieses Ereignis so selten macht. Wenn der Schnittpunkt nicht kompatibel ist, wird die Grundmatrix von allem aus dem anderen Universum zerstört und existiert in diesem Universum nicht mehr.
D: *Wie meinst du das genau, dass es zerstört wird? Es würde einfach verschwinden oder wie?*
B: Ja. Es würde sich einfach in nichts auflösen und die Energie in den Äther abgeben.
D: *Würde jemand es wie eine Fata Morgana oder so ähnlich sehen?*
B: Vielleicht. Unter bestimmten Umständen würden sie es sehen, dann würde es schimmern und in`s Nichts verblassen.
D: *Du meinst, dass dieses andere Universum lebt; es existiert Seite an Seite mit unserem?*
B: Ja, es gibt eine unendliche Anzahl von Universen, die mit diesem Seite an Seite existieren. Und sie sind alle wie ein Tuch verwoben. (Seufzer) Die Begriffe dieser Sprache sind nicht ausreichend, dies zu erklären.
D: *Das hat man mir schon einmal gesagt.*
B: Damit es einen kompatiblen Schnittpunkt gibt, wie bei diesem einen Vorfall mit Tuin, muss ein sehr ungewöhnlicher Satz von Variablen gleichzeitig vorhanden sein. Da es so selten vorkommt, kann es nicht mit Prozentsätzen ausgedrückt werden; die Zahl ist zu klein.

D: *Nun, er sagte, dass er, wann immer er auf dieses Tier stieß, ein seltsames Gefühl hatte.*

B: Ja, er war psychisch sehr weit fortgeschritten und so war er sich der Tatsache bewusst, dass er sich in zwei Universen gleichzeitig befand, aber er wusste nicht, wie er das ausdrücken sollte. Er wusste, dass er es wusste, ohne wirklich zu wissen, was es genau war.

D: *Ja, er wusste nicht genau, was es war. Aber meinst du, dass es sehr ungewöhnlich für ihn war, dass er das Tier zu seinem Volk zurückbringen konnte?*

B: Ja. Das Tier vollständig in seinem Universum zu seinem Volk bringen zu können, ohne dass sich das Tier in nichts auflöst, ist äußerst ungewöhnlich. Es passiert, aber sehr selten.

D: *Natürlich waren die Leute zu dieser Zeit auch sehr hungrig. Das könnte einen Teil dazu beigetragen haben.*

B: Ja. Ihre psychischen Fähigkeiten halfen dem Tier zweifellos, den Übergang zu schaffen.

D: *Viele Jahre lang wurden Kopf und Haut des Tieres danach vom weisen Mann benutzt, also war es definitiv physisch, und sie haben es gegessen, und es hat ihnen anscheinend in keiner Weise geschadet.*

B: Stimmt.

D: *Das Konzept ist sehr interessant, aber auch sehr kompliziert.*

B: Ja. Ich glaube, dass ich vielleicht einige falsche Eindrücke in deinem Kopf hinterlassen habe, die auf die Unzulänglichkeiten dieser Sprache zurückzuführen sind.

D: *Nun, das ist möglich. Aber auch andere Leute, mit denen ich so gesprochen habe, haben gesagt, dass die Sprache nicht ausreicht, um Dinge zu erklären. Manchmal müssen sie mir Analogien geben.*

B: Das stimmt. Aber auch sie sind äußerst unzureichend. Sie hinterlassen eher vereinfachte Vorstellungen in deinem Kopf.

Diese Idee war so neu und kompliziert für mich, dass ich in diesem Buch nur kurz darauf eingehen wollte. Ich möchte sie, werte Leser, damit nicht verwirren, oder von der Geschichte ablenken, die ich zu erzählen versuche. Das Konzept der Paralleluniversen wird in meinem Buch The Convoluted Universe ausführlicher untersucht.

D: Tuin sprach von einigen Dingen, die in der Hütte des weisen Mannes waren. Ein Bild, das er zeichnete, sah für mich so aus, wie eine Instrumententafel.

B: Das war es. Es war das Panel, das sich mit dem Zentralcomputer verband. Der Computer war nach dem Absturz mehrere Generationen lang intakt. Und das Hauptpanel wurde in die Hütte des Anführers gebracht, so konnte er den Computer benutzen, wenn er ihn brauchte. Als sie die Kolonie erbauten, benutzten sie Teile des Schiffes. Und am Ende benutzten sie das ganze Schiff dafür. Schließlich mussten sie auch den Computer kannibalisieren, aber sie hielten das Panel intakt, um sie an ihr Erbe zu erinnern.

D: Wo befand sich der Hauptrechner?

B: Die Archive und alles Wissen wurde im Schiff gespeichert. Sie benutzten es als Lehrmittel, für die Schulbildung und so weiter. Sie hatten ein Kommunikationsgerät eingerichtet, aber es war nicht so leistungsfähig, wie sie es sich gewünscht hätten. Sie rechneten also nicht damit, jemanden anderswo kontaktieren zu können.

D: Tuin sagte, sie sprachen mit einer Wand und auch mit so etwas wie einem Stein. Ist das richtig?

B: Als die Menschen die Kolonie erbauten, lebten sie noch im Schiff und in separaten Gebäuden. In der Bibliothek des Schiffes könnte man als Teil der Kommunikationsanlage des Schiffes mit der Wand sprechen und dadurch direkt mit dem Computer sprechen. Die Wand könnte verwendet werden, um Informationen, ähnlich wie eine Kinoleinwand bei euch, über computergenerierte Bilder darzustellen. Der Kristall, von dem er sprach, war einer der spezialisierten Kristalle, die sie hatten. Die Wissenschaft der Kristallographie war extrem fortschrittlich, und es war eine sehr vorzügliche Forschung. Sie konnten einen Kristall für fast jeden Zweck entwickeln. Und einen, den sie entwickelt haben, könnte so verwendet werden, wie man es von Radios bei euch kennt. Wenn eine Person eine andere Person kontaktieren müsste, hätte sie einen Kristall, durch den sie sprechen könnte. Es würde an einem Instrument befestigt sein, so dass man es auf das Energiefeld und die Matrix eines bestimmten Kristalls, der zu jemand anderem gehört, abstimmen kann.

D: Dann sprachen sie miteinander und nicht mit den Leuten auf den anderen Schiffen?

B: Bevor die Schiffe abfuhren, sprachen sie mit den anderen Leuten durch einen Kristall wie diesen. Aber nachdem die Schiffe abfahren mussten, benutzten sie es, um miteinander zu kommunizieren.

D: *Als sie dann mit der Wand sprachen, sprachen sie tatsächlich mit dem Computer auf dem Schiff. Sie hatten keine Möglichkeit, jemanden von außerhalb zu kontaktieren, nachdem die anderen Schiffe weggeflogen waren?*

B: Sie hatten ein Art Radiogerät, mit dem sie senden konnten, aber niemand kam jemals in die Reichweite ihrer Übertragungen.

D: *Er hat auch ein Bild von einem seltsam aussehenden Hut- oder einer Art Helmvorrichtung gezeichnet. Ich bin neugierig, wofür diese verwendet wurde.*

B: Das wurde für viele Dinge benutzt. Es war ein sehr empfindliches Instrument, aber im Grunde genommen war es ein Gerät zum Lernen. Wann immer man ein bestimmtes Thema kennenlernen wollte, setzte man diesen Helm auf und die feinen Drähte im Inneren dehnten sich von der erzeugten Energie nach außen aus, bis sie sich beinahe über den ganzen Kopf hinweg berührten. Die Energie würde den Hut schweben lassen, so dass man ihn fast nicht spüren würde. Dieser Hut war mit dem Zentralcomputer verbunden, so dass man alles lernen konnte, was man wollte, oder alles sehen konnte, was man wollte. Dies lag daran, dass der Hut Bilder in deinem Kopf erzeugen und dir Wissen direkt vermitteln konnte. Es war eine konzentriertere Art zu lernen. Sie haben es nicht ausschließlich benutzt, weil dadurch das Gehirn ermüdete. Wenn es in begrenzten Dosen verwendet wurde, war es sehr therapeutisch und sehr praktisch. Es war ein äußerst komplexes Gerät.

D: *Es hatte all diese Vorsprünge auf der Außenseite. Waren diese mit den Drähten auf der Innenseite verbunden?*

B: Ja. Die Vorsprünge an der Außenseite waren Kristalle und waren durch Mikroschaltungen mit den Drähten an der Innenseite verbunden. Und diese Kristalle wurden auf den Computer abgestimmt, so dass man kontrollieren konnte, was man gerade durch Denken lernte. Man musste kein Gerät wirklich bedienen. Die Kristalle waren auf das Gehirn abgestimmt, damit sie ihre Polaritäten und Feinabstimmungen verschieben konnten, um auf die Wünsche deines Gehirns zu reagieren und die Informationen vom Computer zu erhalten.

D: *Wurde es mit dieser Art von Instrumententafel verwendet?*
B: Es konnte separat verwendet werden. Die Instrumententafel war hauptsächlich ein Gerät in der Bibliothek. Die Zentralbibliothek war wie eine Kammer im Computer. Aber alle Wände und die Decke und der Boden waren direkt mit dem Computer verbunden, also war es wie eine Erweiterung des Computers.

D: *Wurde dieser Hut verwendet, um Kindern etwas beizubringen, was sie schnell lernen wollten?*
B: Es wurde normalerweise bei jungen Erwachsenen und älteren Menschen verwendet. Die Kinder wurden mit verschiedenen anderen Methoden unterrichtet. Schneller als Ihre Methoden, aber immer noch ähnlich wie eure konventionellen Lernmethoden, so dass sie Disziplin lernen würden. Sie mussten lernen, wie man seine Gedanken diszipliniert und wie man sich konzentriert, denn man brauchte mentale Disziplin, um den Helm und die Bibliothek richtig benutzen zu können.

D: *Also benutzten sie diesen Helm nicht?*
B: Richtig. Der Helm half auch bei der Verbesserung bestimmter psychischer Kräfte. Deshalb wurde er nur bei jungen Erwachsenen verwendet, etwa 15 oder 16 Jahre später. Es wurden einige Sicherheitsvorrichtungen eingebaut. Normalerweise wurden sie nicht benötigt, weil sie als Sicherheitsfaktor dafür sorgen würden, dass die Person die richtige mentale Disziplin hat, bevor es ihr erlaubt wurde, den Helm zu benutzen. Wenn du die richtige mentale Disziplin hattest, wusstest du, wie viel du vertragen kannst, und wann du deine Grenze erreicht hast - der gesunde Menschenverstand würde dir dann sagen, aufzuhören. Und die meiste Zeit tat es die Mehrheit von ihnen. Manchmal versuchten einige, weiter zu gehen. Aber er enthielt eine Vorrichtung, die sie warnen würde, dass sie sich ihrem Limit näherten, falls sie sich nicht konzentriert hatten oder nicht aufmerksam genug waren. Wenn man diese Vorrichtung ignoriert, wird der Helm nach einer gewissen Zeit abgeschaltet, bevor ein dauerhafter Schaden entstehen kann. Man würde für ein paar Tage das Äquivalent von Kopfschmerzen haben und dafür behandelt werden müssen, aber es wäre kein dauerhafter Schaden. Es wäre nur eine vorübergehende Sache wie ein leichter Sonnenbrand von der Sonne.

D: *Sie haben den benutzt, bis sie kurz davor waren, zu weit zu gehen?*

B: Ja, sie haben den einige Generationen lang benutzt. Aber schließlich mussten sie die Materialien im Computer für andere Dinge nutzen, um zu überleben.

D: *Das muss schlimm für sie gewesen sein, ihn abschalten, und all das Wissen zu verlieren zu müssen.*

B: Ja, das war es. Sie verbrachten einen Großteil ihrer Zeit damit, das Wissen auf andere Weise, wie z.B. beim Schreiben, zu dokumentieren, weil sie wussten, dass sie schließlich den Computer auseinander nehmen mussten. Und als die Zeit kam, wussten sie, dass sie nicht annähernd alles Wissen aus dem Computer auf andere Weise aufgezeichnet hatten. Aber sie hatten das Beste getan, was sie konnten, um die wesentlichen Teile zu dokumentieren, wie ihre Wissenschaft und Technologie und andere grundlegende Dinge wie diese.

D: *Auf welchen Materialien haben sie es festgehalten?*

B: In dem Bestreben, selbstversorgend und im Einklang mit dem Planeten zu sein, stellten sie papierähnliche Produkte her und druckten es darauf. Sie lagerten dieses Papier in speziell konstruierten Metallkisten, um das Papier vor Verrottung zu schützen.

D: *Ist irgendetwas davon weitergegeben worden?*

B: Oh ja. Es wurde alles für viele, viele Generationen weitergegeben. Aber schließlich begann das Papier zu zerfallen und sie wussten nicht mehr, wie man mehr Papier herstellt. So verloren sie im Laufe der Jahrhunderte allmählich ihre Technologie. An dieser Stelle ging es in mündliche Überlieferung über, in den Formen ihrer Legenden. Daher lag der Schwerpunkt darauf, es genau zu halten, weil sie wussten, dass sie Informationen weitergaben, die einmal gedruckt worden waren, aber sie wussten, dass sie es jetzt nicht mehr drucken konnten. Und sie wollten nicht, dass Fehlinformationen weitergegeben wurden.

D: *Das war ein Grund, warum es so lange weitergegeben werden konnte. Aber Tuin sagte doch, der Weise wisse, wie man schreibt.*

B: Ja. Es wurde im Laufe der Zeit immer schwieriger, jedem das Lesen und Schreiben beizubringen, da diese Materialien immer knapper wurden. Im Laufe der Jahrhunderte entwickelte sich das Dorf zu einem Ort, an dem die Menschen im Allgemeinen das Gefühl hatten, dass sie für ihr normales Leben Lesen und Schreiben nicht wirklich benötigten. So machten sie sich nicht die Mühe, so viel zu lernen, wie sie konnten. Es wurde der Eindruck erweckt, dass der Anführer oder der weise Mann dies tun sollte, da es Teil seiner Pflicht war, die Legenden trotzdem im Auge zu behalten.

D: *War die Art des Schreibens ähnlich der, die du für mich gemacht hast?*

B: Ja, das war es. Da ich das von einer der Tafeln des Schiffes kopiert habe, war das die Art der Schrift. Im Laufe der Jahre wurde die Schriftart ein wenig verändert. Und als Tuins es schließlich erlernte, wurde der größte Teil der Schrift als Symbolik verwendet und nicht als das, wofür sie ursprünglich gedacht war. Der Weise würde es eher auf seinen Kopfbedeckungen und so für die symbolische Bedeutung verwenden, als es zu benutzen, um Wörter und so zu bilden.

D: *Ist irgendetwas davon in die heutige Zeit überliefert?*

B: Nein, es ging verloren.

D: *Ich versuche, mich an all die Dinge zu erinnern, über die er gesprochen hat. Er erwähnte etwas im Haus des Weisen, von dem ich dachte, es müssten Glasröhren gewesen sein.*

B: Es waren Kristallröhren. Alles in dieser Art wurde aus einer Art Kristall und nicht aus Glas hergestellt. Da sie Möglichkeiten hatten, Kristalle zu allem zu formen, was sie brauchten, war es sehr effizient und wirtschaftlich. Sie hatten wirklich nicht das Bedürfnis, sich die Mühe zu machen, den rohen Kristall zu Glas einzuschmelzen.

D: *Er sagte, dass der Weise darin Flüssigkeiten aufbewahrte. War dies eine Form der Herstellung von Medikamenten?*

B: Ja. Der größte Teil des weitergegebenen Laborwissens fiel in die Zuständigkeit des weisen Mannes. Und es ging vor allem um notwendige Medikamente und solche wichtigen Dinge.

D: *Es war meistens Wissen, das dem Überleben diente. Und die andere Technologie wäre nicht wichtig genug gewesen, um sich daran zu erinnern.*

B: Ja. Sie mussten sich an das Wesentliche halten. Es gab Medikamente und auch speziellen Dünger für ihre Pflanzen, die ihnen halfen, gegen einen Teil der Sonneneinstrahlung resistent zu sein.

D: *Ich denke, das wäre erstmal alles an Fragen. Ich wollte einen anderen Blickwinkel als seinen haben. Sein Blickwinkel war durch das, was er damals wusste, sehr eingeschränkt. Ich war neugierig auf die wahre Geschichte dieser Menschen, die hierher* kamen. *Ich habe oft geglaubt, dass wir in irgendeiner Weise von Menschen von anderen Planeten abstammen.*

B: Ja, das ist wahr. Es gab hier viele Entdecker. Dies war nur ein Fall.

D: *Vielleicht können wir eines Tages über andere sprechen, und du kannst mir mehr Informationen geben.*

B: Ja. Du bist die Fragestellerin.

D: *Gibt es noch etwas, was du zu dieser Zeit sagen möchtest? Über die Legenden oder über die Menschen?*

B: Sie waren ein gutes Volk. Ihre Einstellung und ihr Leben waren näher an der Realität, so wie es sein sollte. Die Menschen in eurer Situation und Zeit haben die wahre Eigenschaft verloren, sich dessen zu besinnen, woran sie für ihren weiteren spirituellen Fortschritt arbeiten sollten.

Als ich sie hochzählte, reagierte Beth genauso, wie sie es vorher getan hatte. Sie zeigte keine Anzeichen einer Reaktion, bis ich die Zahlen sieben, acht erreichte, und ich ihr Anweisungen gegeben hatte, sich ihrer Umgebung bewusst zu werden. Dann ruckte ihr Körper in einer krampfhaften Bewegung und sie erwachte wie auf Befehl. Aus der ähnlichen Erfahrung, die sie zuvor schon gemacht hatte, wusste ich, dass sie vor dem Erwachen einen weiteren Abstecher gemacht hatte. Sie beschrieb einen kurzen Besuch, den sie astral zum Haus eines Freundes gemacht hatte. Sie hatte ihn und das Haus sehr genau gesehen. Dann hörte sie die Zahlen "sieben, acht" im Hintergrund und das Geräusch des Ventilators im Raum und wurde in ihren Körper zurückgezogen. Sie sagte, dass sie sich für eine Weile außer Atem fühlte, als ob sie gelaufen wäre. Sie sah sicherlich nicht außer Atem aus; sie sah sehr erfrischt und entspannt aus.

Das hat sie gesagt: "Manchmal, wenn ich wieder bei Bewusstsein bin, fühle ich mich nicht wirklich schwindelig, aber ein wenig benommen, kurzzeitig, als müsste ich mich dehnen, als ob ich nur aufwache. Aber diesmal fühlte ich mich sofort wach."

Ich erklärte, dass dies selbst bei Menschen, die aus einem normalen Schlaf aufwachen, üblich war. Sie schien diesen fast erwachenden Zustand zu nutzen, um diese kleinen Ausflüge außerhalb des Körpers zu unternehmen. Oft erinnerte sie sich an praktisch nichts von der Sitzung, aber sie erinnerte sich sehr genau an diese Abstecher. Vielleicht lag das daran, dass sie kurz vor dem Erwachen auftraten, als sie aus der Theta-Ebene kam, und auch, weil sie für sie wichtiger gewesen sein mögen, als der Zweck der Regression. Dies ist sehr ähnlich wie bei Menschen, die sich an die letzten Überreste ihrer Träume erinnern, bevor sie erwachen.

Beth hatte definitiv keinen Einfluss auf die Informationen, die Tuin gab, weil sie kein großes Interesse an ihm hatte. Manchmal wollte sie, dass ich die Sitzung verlängere und ihr Unterbewusstsein über Gesundheitsfragen befrage. Als sie erwachte, fragte sie im Detail danach, erwähnte Tuin aber nicht. Ich lernte diesen sanften Jäger sehr gut kennen, aber er blieb für Beths Verstand nur ein Schatten. Sie war nicht einmal daran interessiert, die Bänder anzuhören.

Kapitel 17

Die Magie der Alten

DREI JAHRE VERGINGEN zwischen dem Zeitpunkt, als ich anfing die Informationen über die Legende der Alten zu sammeln, und der Zeit als ich anfing, sie für ein Buch zusammenzufügen. Ich war während dieser Zeit nie untätig. Ich war an Hunderten von normalen Regressionen mit Menschen beteiligt, die diese Erfahrung machen wollten, entweder aus Neugier oder um Hilfe bei Problemen in ihrem täglichen Leben zu erhalten. Ich verbrachte auch viel Zeit damit, andere Bücher über die Abenteuer zu schreiben, die ich währenddessen erlebt hatte. Als ich anfing, die Daten aus diesen Transkripten zusammenzustellen, wurde mir klar, dass es noch einige offene Fragen gab. Diese müssten beantwortet werden, bevor das Buch vollständig wäre. Ich hatte Beth besucht, aber wir hatten drei Jahre lang nicht an diesem Material gearbeitet. Obwohl ich die ganze Zeit nicht mit Tuin gesprochen hatte, dachte ich nicht, dass es ein Problem sein würde, ihn wieder anzurufen. In gewisser Weise sterben die Menschen in diesen Reinkarnationsexperimenten nie. Sie können so oft wie nötig wiederbelebt werden. Sie sind in diesem Sinne ewig, unsterblich; sie leben ihr Leben immer in ihren jeweiligen Zeiträumen und können leicht kontaktiert werden. Das ist ein erstaunlicher Teil dieses Phänomens, auf den ich keine Antwort habe. Ich weiß nur, dass es möglich ist, weil ich es viele, viele Male erreicht habe. Die Wesen scheinen für immer im Unterbewusstsein der Subjekte zu leben.

Ich rief Beth an und sagte ihr, dass ich Tuin wieder kontaktieren müsse. Sie hatte in den folgenden Jahren nicht bewusst an ihn gedacht, war aber zum Glück bereit, das Experiment weiterzumachen, damit ich die wenigen offenen Fragen lösen könnte. Am Tag des Termins benutzte ich wieder ihr Schlüsselwort. Es funktionierte perfekt, als ob es keine Unterbrechung unserer Sitzungen gegeben hätte. Sie trat sofort in eine tiefe schlafwandlerische Trance ein, und wir begannen. Ich wusste, dass die Informationen, die ich brauchte, zu Tuins Lebzeiten nicht gefunden werden würden, weil er einen eng fokussierten physischen Blickwinkel hatte. Ich müsste nach seinem physischen Tod in der Lawine mit seinem Geist sprechen. Ich zählte sie in diese Zeit zurück, und sie begann sofort, eine Szene von ätherischer Schönheit zu beschreiben, die sie auf der Geisterebene beobachtete.

B: Alles existiert auf mehreren Ebenen, und ich schaue auf die Erde und auf all die verschiedenen Ebenen, auf denen sie existiert. Das Bild ist sehr schön, aber auch sehr kompliziert. Ich kann sehen, dass es nicht nur die physische Erde gibt, die mir bekannt war, als ich dort jagte, sondern auch andere Erden, die den gleichen Raum einnehmen, aber auf einer anderen Energieebene.

D: *Das klingt kompliziert.*

B: Es ist sehr schön. Sie sind alle miteinander verbunden und miteinander verwandt. Aber wenn man von einer Art von Energie zur anderen und von einer Ebene der Energie zur anderen übergeht, gibt es subtile Veränderungen, die die verschiedenen Arten der Erde voneinander und die verschiedenen Ebenen der Erde voneinander unterscheiden.

D: *Sehen diese verschiedenen Ebenen und Teile darauf gleich aus?*

B: Sie sehen ähnlich aus, aber es gibt subtile Veränderungen. Als Beispiel werde ich einen Apfelbaum verwenden. Im Frühjahr, wenn es auf der normalen physischen Erde -die man sieht, und auf der man sich befindet- blüht, sieht man die graubraune Rinde und die weißen Blüten mit einem Hauch von Rosa. Es sieht aus wie ein normaler Apfelbaum. Aber auf der nächsten Ebene, wenn derselbe Apfelbaum im Frühjahr blüht, werden die Blüten stattdessen eher goldfarben sein und die Rinde wird dunkler sein. Es wird immer noch das gleiche Konzept sein, ein Apfelbaum, aber du bist auf einer anderen Energieebene. Während du durch die verschiedenen Energiestufen nach oben gehst, siehst du immer wieder subtile Veränderungen wie diese. Es gibt eine Energiestufe, bei der Apfelbäume dunkelbraune Rinde, Silberblüten und blaue Blätter haben. Aber nicht irgendein Blauton, es ist ein bestimmter Farbton. Ich versuche, mir eine Möglichkeit auszudenken, es für dich zu beschreiben. Du weißt, wie es bei Sonnenuntergang ist, wenn die Sonne untergegangen ist und es dunkel ist, und es gibt noch etwas Gold am Horizont. Aber direkt über dir liegt dieser reine Blauton. Das ist der blaue Schatten, die Blätter der Apfelbäume befinden sich auf einem dieser Energieniveaus. Die Blätter haben sich allmählich von grün zu blaugrün zu türkis zu dieser blauen Farbe gewandelt, während man durch die verschiedenen Energiestufen nach oben geht.

D: Es ist die gleiche Form. Es ändert sich nur die Farbe.

B: Richtig. Die Landschaften bleiben ähnlich, aber sie verändern sich von Ebene zu Ebene ein wenig. Wenn du in der Reihenfolge nach oben gehst, kannst du sehen, wie sich die Landschaft leicht verschiebt, aber du kannst sehen, wo sie hingehört. Aber wenn du auf einer Ebene beginnst und mehrere Ebenen dazwischen überspringen würdest, wird es anders aussehen, weil du den Verschiebungsprozess nicht gesehen hast. Es wären verschiedene Farben, verschiedene Formen, verschiedene Standorte. Aber es verschiebt sich alles sehr subtil von einer Ebene zur nächsten. Du stehst zum Beispiel in einem Feld auf der Erde auf der physischen Ebene. Hier gibt es einen Fluss zu deiner Linken und einen Berg zu deiner Rechten. Du steigst auf die nächste Ebene, und der Berg ist etwas anders geneigt. Er mag etwas weniger steile oder etwas steilere Hänge haben, aber er wird nur ein wenig anders geformt sein. Er ist immer noch am gleichen Ort, so dass man erkennen kann, dass es sich um den gleichen Berg handelt. Und der Fluss könnte zum Beispiel breiter sein, aber es ist immer noch derselbe Fluss. Er ist nur ein bisschen anders. Und wenn du die nächste Ebene hinauf kommst, ist der Fluss vielleicht noch gleich groß, aber er ist vielleicht etwas näher am Berg. Und so sind es nur subtile Veränderungen wie diese. Wenn du durch die Ebenen nach und nach hoch kommst, kannst du diese allmählichen Verschiebungen sehen, du kannst sehen, wo sie mit allem auf der darunter liegenden Ebene zusammenhängen. Wenn du von der Erdenebene springst und fünf oder sechs Ebenen hinaufgehst und diese erreichst, ohne auf eine der dazwischen liegenden Stufen zu schauen, könntest du eine Stufe finden, auf der das Gras blauer ist, der Berg ganz anders geformt ist und der Fluss sich direkt neben dem Fuß des Berges befindet. Und jetzt ist er zu einem kleinen, rauschenden Bergbach geworden. Man könnte denken, dass man sich an einem anderen Ort befindet, während man tatsächlich noch am selben Ort ist.

D: Das klingt kompliziert, aber ich denke, das kann ich verstehen.
B: Wenn man durch die höheren Energieniveaus nach oben geht, ändern sich die Beziehungen der Farben zueinander. Irgendwie ändert sich das Licht, wenn man nach oben geht, so dass die Farben für einen anders aussehen. Das Licht beeinflusst anscheinend die Farben von allem.

Es klang nach einer sehr schönen Szene und einem äußerst interessanten Konzept, aber es war Zeit, sich mit dem Teil zu befassen, für den ich Tuins Geist in diesem jenseitigen Zustand kontaktiert hatte.

D: Ich wollte einige Fragen über Dinge in Tuins Leben stellen, die er zu seiner Zeit nicht verstehen konnte. Ich dachte, du hättest vielleicht die Antworten, weil du jetzt viel mehr Wissen hast. Du hast mir bereits Erklärungen über andere Dinge gegeben, die er gesehen und erlebt hat, die er nicht verstehen konnte. Er sprach von einem seltsamen Topf des Weisen, den er einen Kessel nannte. Ich bin neugierig - es war ein seltsamer Topf, von dem er sagte, dass er die Farben wechseln könnte, und er hatte einen Griff, der sich drehte. Alles, was er wusste, war, dass der weise Mann es für etwas benutzte. Es fiel ihm schwer, es zu erklären. Weißt du, was ich meine?
B: Ja. Dieser Topf, auf den er sich bezog, ist ein sehr altes Relikt. Denn du siehst, Tuins Volk stammte von galaktischen Reisenden ab, die vor langer Zeit dorthin kamen und diesen Teil der Erde kolonisierten. Und da sie ihr Schiff nicht wieder einsatzbereit machen konnten, haben sie es ausgeschlachtet. Sie nutzten alles, was sie für den Alltag sinnvoll benutzen konnten. Aber im Laufe der Jahrhunderte verschleißen die Dinge, zerbrechen, gehen verloren oder werden weggenommen, wenn Gruppen woanders hinziehen. Zur Zeit von Tuins Gruppe war eines der Artefakte, die sie noch hatten, dieser Topf, den der weise Mann benutzte, und er kam vom Schiff der galaktischen Reisenden. Er war ursprünglich nicht als Topf konzipiert. Er begann als Teil eines Geräts, das dazu beitrug, den Energiefluss zu kontrollieren, der das Schiff steuerte. Zu Tuins Zeit hatten sie nicht mehr die Energiequelle, die für das Schiff verfügbar gewesen war. Alles, was sie hatten, war Feuer und fließendes Wasser. Die Hüter dieser Artefakte waren traditionell die Weisen des Stammes oder die weisen Frauen, was

auch immer der Fall sein mag. Und sie gaben dieses Artefakt von Generation zu Generation weiter. Sie gaben auch Anweisungen für seine Pflege und seinen Gebrauch weiter, was er war und was er tun sollte. Aber da sie wussten, dass dies eine kostbare Sache war und die Informationen wertvoll waren, waren sie sehr vorsichtig, wem sie davon erzählten. Die ursprüngliche Energiequelle, um das, was von diesem Gerät übrig war, zu aktivieren, war nicht mehr vorhanden, so dass sie gelernt hatten, es durch die Anwendung von Wärme teilweise zu aktivieren. Sie würden ihn über ein Feuer legen, um die Aktivierung zu starten, denn dieses Gerät, dieser Topf würde die Hitze des Feuers aufnehmen und in die Energie umwandeln, die er benötigt. Er konnte nicht so funktionieren, wie er sollte, weil er nicht genügend Energie hatte. Er konnte nur teilweise funktionieren. Und zu diesem Zeitpunkt war so viel Wissen verloren gegangen, dass der Topf, obwohl er nur teilweise funktionierte, als sehr beeindruckend und besonders galt.

D: Aber auf dem Schiff war er ein Teil der Steuerung?

B: Nein, nein, nein. Er war ein Teil, das dazu diente, das Energiesystem zu kanalisieren. Die Steuerung war ein anderer Bereich. Er war Teil eines Gerätes, das die Energie geformt hat. Sie hatten ein anderes Konzept von Energie. Auf dieser Erde wird Energie in eurer Zeitperiode als etwas dargestellt, das durch etwas fließt, wie Strom durch Draht oder Wasser durch einen Damm, um Energie zu erzeugen. Diese galaktischen Reisenden hatten eine andere Art, mit Energie umzugehen. Anstatt dass Energie dorthin fließen muss, wo sie hingehört, wurde Energie dort einfach geformt. Es ist schwer zu erklären. Ich bin mir nicht sicher, ob ich das verstehe, aber sie hatten Geräte, die die Energie formen würden. Und je nachdem, welche Form die Energie annehmen würde, würde sie bestimmte Dinge tun oder auf bestimmte Weise reagieren. Je nachdem, was die Energie auf dem Schiff tun musste, würde das Gerät also die Energie dafür formen. Die Steuerung war ein separates Gerät, das dieses Gerät wissen ließ, in welcher Form es die Energie brauchte.

D: Also variierte die Form je nachdem, wie sie benötigt wurde.

B: Genau. Es gab eine unendliche Anzahl von Formen, die es geben konnte. Aber es benötigte eine bestimmte Menge an Energie, um ordnungsgemäß zu funktionieren. Zu Tuins Zeit fehlte ein Teil dieses Artefakts, der Energieformer. Außerdem hatten sie keine ständige Energiequelle dafür, so dass er tatsächlich nicht richtig funktionieren konnte. Aber die Dinge, die er tat und die Farbveränderungen, die er vollzog, waren Teil des Versuchs, die Energie zu formen, die er erhielt.

D: *Er sagte, er dachte, es könnte mehr als einen Topf gegeben haben, weil er verschiedene Farben sah.*

B: Es war das gleiche Artefakt, das seine Farben änderte, als es versuchte, die Energie, die es erhielt, zu formen. Aber es erhielt nicht genug, um den Prozess abzuschließen.

D: *Er sagte, das Artefakt hätte einen seltsamen Griff oder so.*

B: Ja. Der Pott, dieses Gerät, war nicht vollständig; ein Teil davon fehlte. Und dieser Griff war ein Teil, der dazu diente, sich mit dem fehlenden Teil zu verbinden. Er war eine Art Verbindungs-Stück, um das Teil, das sie hatten, mit einem größeren Gerät zu verbinden, das für das, was es tun sollte, notwendig war. Aber sie hatten sie nur einen Teil des gesamten Gerätes, also konnten sie es nicht schaffen, es dazu zu bringen, das zu tun, was es tun sollte.

D: *Er sagte, dass sich der Griff bewegen ließ.*

B: Das war Teil der Formung der Energie. Der Teil, den sie hatten, konnte für einige Dinge genutzt werden, aber sie konnten nicht das volle Potenzial ausschöpfen.

D: *Wofür hat der weise Mann das Artefakt benutzt?*

B: Er benutzte es, um Energie zielgerichtet anzuwenden. Wenn jemand krank oder verletzt war, konnte der Topf genügend Energie leiten, um den Heilungsprozess zu unterstützen. Auch wenn der Weise etwas von dieser Energie auf sich selbst anwendete, während er sich in einem meditativen Zustand befand, brachte es ihn dazu, Visionen zu haben.

D: *Tuin sagte, wenn die Bauern manchmal Steine oder Dinge auf dem Feld fanden, würden sie sie zu dem weisen Mann bringen. Ich weiß nicht, ob er den Topf auch dafür benutzt hat oder nicht.*

B: Wenn sie einen Stein oder etwas auf dem Feld fanden, das einen hohen Metallgehalt zu haben schien, brachten sie ihn dem Weisen. Er würde Feuer und Sonnenlicht oder was auch immer auf den Topf anwenden, um ihm so viel Energie wie möglich zu geben. Und es würde ausreichen, daß wenn er diesen Stein einführte, er ihn reinigen konnte, so daß er einen höheren Metallgehalt hatte und vielleicht die Form davon verändern konnte in eine, die benötigt wurde. Ähnlich wie das, was das vollständige Gerät mit Energie tun würde, konnte dieser Teil davon für materielle Dinge genutzt werden. Es könnte die Dinge entweder reinigen oder deren Form verändern oder was auch immer damit tun. Aber es würde nur bei bestimmten Dingen funktionieren. Es würde zum Beispiel nicht mit Holz funktionieren, aber es würde mit bestimmten Arten von Gesteinen und bestimmten Arten von Metallen funktionieren.

D: *Es klingt, als könnte es nicht viel auf einmal tun.*

B: Nein, es war ein spezialisiertes Gerät. Eine weitere nützliche Sache war, dass der Topf für die Herstellung von Medikamenten sinnvoll verwendet werden konnte. Sie wussten, dass, wenn man die Blätter einer bestimmten Pflanze kaut, der Saft einem medizinisch helfen würde. Wenn du diese Blätter dann in den Topf legst und Energie darauf anwendest, würde diese Flüssigkeit aus den Blättern extrahiert werden. Und du hättest ein Medizin-Konzentrat, anstatt selber viele Blätter kauen zu müssen, das machte dieses Artefakt wertvoll.

D: *Dieses Artefakt lagerte im Haus des Weisen und niemand sonst wusste, wie man es benutzt?*

B: Das war sehr spezialisiertes Wissen, weil einige der Details verloren gegangen waren. Sie hatten es über viele Jahrhunderte von Mensch zu Mensch weitergegeben, so dass es schwierig war, alles vollständig im Auge zu behalten.

D: *Kannst du sehen, was schließlich mit diesem Topf passiert ist?*

B: Ja. Die Jahrhunderte vergingen, und schließlich ging viel Wissen verloren, so dass sie ihn nicht mehr nutzen konnten, und zwei oder drei Jahrhunderte lang wurde er dann als Statussymbol verwendet. An wen auch immer der Topf weitergegeben wurde, derjenige wurde als geistiger Führer des Stammes bezeichnet. Und schließlich gab es zu einem bestimmten Zeitpunkt einen besonderen, spirituellen Anführer, der sehr charismatisch war. Als er starb, fanden sie aus Respekt eine Höhle, die ein gutes Grab für ihn sein würde. Sie brachten ihn da hinein und legten den Topf und einige andere Dinge mit ihm bei. Dann legten sie einen Felsbrocken und etwas Schutt davor und blockierten die Höhle, um den Körper dieses weisen Mannes und die Artefakte zu schützen.

D: *Es scheint, dass es sehr unwahrscheinlich wäre, dass er gefunden werden könnte.*

B: Es ist tatsächlich unwahrscheinlich, es sei denn, es gibt ein Erdbeben oder etwas, das die Felsbrocken und Pflanzen und alles, was über der Höhlenöffnung gewachsen ist, wegstoßen würde. Es müsste sie fortreißen oder wegschleudern, um das wieder aufzudecken. Oder wenn man moderne Maschinen - Messgeräte wie Radar, Sonar oder was auch immer auf die Bergkette anwenden würde, könnte man die versteckten Höhlen und dergleichen finden. Aber, wie du sagst, ist es ziemlich unwahrscheinlich, dass es bald ans Licht kommt. Es ist zu lange her und es war anfangs eine kleine Höhle.

D: Ich war neugierig auf ein paar andere Dinge, die in den Legenden erwähnt wurden. Tuin sprach über den Sonnenspeer, den die Alten verwendeten. Ich glaube, er sagte, dass sie ihn benutzt haben, um Tiere zu töten.

B: Es war ein Gerät, das einen Energiestrahl ausstoßen würde. Es schien wie intensives Licht, aber es hatte auch andere Energien in sich. Du würdest bei diesem Gerät wie mit einer Schusswaffe etwas anvisieren und den Aktivierungsknopf drücken. Das Licht schoss heraus und traf jedes Tier -oder was auch immer du treffen wolltest-, und es würde sie auf der Stelle töten. Es war ein gerader Lichtstrahl oder ein Speer aus Licht. Es war eines dieser Geräte, die viele Jahre überlebt haben und ein Teil des Wissens ist mit der Zeit verloren gegangen. Sie fingen an, es einen Sonnenspeer zu nennen. Nach einer Weile verschliß das Gerät, so dass es nicht mehr funktionierte, und dann ging es verloren.

D: Ich dachte, es klingt wie ein Laserstrahl oder so ähnlich.

B: Man konnte das Licht im Strahl der Energie sehen, aber es gab auch andere Energien darin. Es gab ein besonderes Gleichgewicht der Energien. Wenn du es auf ein Tier schießen würdest, wäre es sofort tot, ohne dem Tier Schmerzen zuzufügen und ohne den Körper zu schädigen. Wenn du das Tier zum Essen benutzen wolltest, sollte der Körper nicht beschädigt werden, denn das wäre schädlich für das, was man essen konnte.

D: Er sprach auch von einer Kiste, in der Lebensmittel gekocht wurden. Sie soll sehr wundersam gewesen sein.

B: Ja, diese Kiste, in der Lebensmittel gekocht wurden, war eigentlich ganz einfach, aber die Technologie war weit über alles hinaus, was Tuins Leute zu dieser Zeit hatten. Diese Kiste wurde mit Solarenergie betrieben. Du würdest sie in die Sonne stellen, und die Energie, die sie von der Sonne aufgenommen hat, würde in Energie umgewandelt werden, mit der du dann kochen kannst. Es war so ähnlich wie eine Mikrowelle, aber nicht exakt, denn die

Leute, die diese Kiste entworfen haben, hatten ein anderes Konzept von Energie, das ich vorhin erwähnt habe. Es waren verschiedene Konzepte mit unterschiedlichen Prinzipien, aber im Grunde genommen wäre das Äquivalent ein solar betriebener Mikrowellenofen.

D: *Sie wurde von der Sonne angetrieben.*

B: Richtig. Einfach in die Sonne stellen und sie würde Dinge kochen.

D: *Es war für sie ungewöhnlich, da sie damit nicht vertraut waren. Es war nicht dasselbe, als wenn man einfach eine Kiste in die Sonne stellt.*

B: Richtig. Denn die Menschen, die die Kiste erfunden und gebaut haben, hatten ein anderes Konzept der Energienutzung.

D: *Er sprach von einem runden Ball, der in der Hand gehalten werden könnte, und er erwähnte auch einen Stein, der einem eine Antwort geben könnte. Ich weiß nicht, ob das die gleichen Dinge sind oder nicht, oder ob sie miteinander verwandt waren.*

B: Es gibt zwei verschiedene Dinge. Der runde Ball, der in der Hand gehalten werden konnte, war eine nahezu perfekte Kugel. Das Material, aus dem er hergestellt wurde, war eine besondere Art von Kristall, der auf dieser Erde nicht existiert. Jetzt, da die Menschheit den Weltraum erforscht, werden sie früher oder später auf dieses Material stoßen. Dieses besondere Material ist eigentlich ein Kristall, obwohl es metallisch erscheint. Und wenn du diese Kristallkugel in deiner Hand hältst, würden die Energien, die durch die Erde fließen die magnetischen und Gravitationsenergien -sowie die Energien deines Körpers den Kristall reagieren lassen. Dadurch konnte er viele wunderbare Dinge tun. Man könnte Energie durch ihn leiten und sie für alle möglichen Dinge nutzen. Zum Beispiel war ein sehr häufiger Nebeneffekt, dass, wenn jemand den Kristall benutzte, die Dinge anfangen würden, um ihn herum zu schweben, oder er versehentlich Dinge teleportieren würde. Etwas würde hier aus dem Nichts auftauchen und dann wieder dort erscheinen. Es wäre ein Nebeneffekt der Energien, die durch diese Sphäre fließen. Und der Stein, der mit dir sprechen konnte, war genau genommen kein Stein, obwohl Tuin ihn so wahrnahm. Durch die Nacherzählung war im Laufe der Jahrhunderte die Legende verändert worden. Der Stein, der mit dir sprechen konnte, war ein metallisches Gerät, und er hatte sein eigenes, in sich geschlossenes Energiesystem. Es konnte für die Übertragung und das Empfangen von Nachrichten benutzt werden, ähnlich eurem Radio, aber es gab ein anderes Maß an Energie. Sie würden es benutzen, um mit den Menschen auf den Schiffen im Orbit über der Erde zu kommunizieren.

D: *Meinst du damit die anderen, die bei der ersten Landung dabei waren?*

B: Ja. Sie standen in Verbindung mit denen, die noch im Orbit waren, um ihnen mitzuteilen, ob sie auf diesem Planeten leben konnten oder nicht. Und dieses Gerät hatte auch andere Einsatzmöglichkeiten, denn sie konnten es zur Analyse von Energiearten nutzen. So konnte beispielsweise analysiert werden, welche Art von Licht die Pflanzen absorbierten. Die Art der Energien, die vom Ökosystem auf der Erde genutzt werden. Sie schickten die Informationen zurück zum Schiff im Orbit, wo sie sie analysieren und feststellen konnten, ob sie hier leben konnten oder nicht.

D: *Ich glaube, ich habe nur noch eine Frage. Erinnerst du dich an die Zeichnung Tuin aus dem Decken-Design? Ich glaube, du hast einmal gesagt, dass dies keine Zeichnung des Hauptschiffes ist, aber es war wie ein Shuttle oder so, ein kleineres Schiff. So wie das Bild gezeichnet wurde, befand sich ein sternförmiges Objekt über der Türöffnung. Ich dachte, dass es aussieht, wie ein Stern mit sechs Punkten. Es stand aber auf zwei Beinen, mit zwei Beinen hoch in der Luft und zwei Beinen zur Seite. So hat Tuin es jedenfalls gezeichnet. Kannst du mir sagen, ob dieser Stern eine tatsächliche Bedeutung hatte, oder war das etwas, das sie nur für die Decke erfunden haben?*

B: Der Stern hatte eine Bedeutung, weil er dort stand, wo er war. Es stellte ein existierendes Objekt auf dem Shuttle-Schiff dar.

D: *In dem Bereich über der Tür?*

B: Nach dem Eintreten durch die Tür, war die Decke direkt über deinem Kopf. Aber da befanden sich noch eine Menge Instrumente und so weiter. Und der zentrale Teil davon, war dieser riesige und sehr komplexe Kristall. Das Sterndesign, das sie in dieser Position zeichneten, war ihre vereinfachte Darstellung dieses Kristalls. Dieser Kristall war sehr kompliziert mit vielen Spitzen und Verästelungen und so. Es war ähnlich wie zum Beispiel ein gigantischer und komplizierter Quarz, bei dem alle Spitzen von Kristallen überall hervorstehen. Aber jedes Stück dieses Kristalls wurde verwendet. Jede Kristallspitze, jede Größe, jeder Winkel und jede Form haben besondere Dinge mit der Art der Energie, die sie verbrauchten, gemacht. Sie wurde als zentrale Stelle zur Kanalisierung der Energie genutzt, um sie insbesondere auf die automatisierten Geräte anzuwenden, so dass sie im Grunde genommen von selbst laufen würden. Es leitete das Shuttle und hielt die Shuttle-Systeme mit den Schiffssystemen in Verbindung.

D: *Als ich ihn zum ersten Mal sah, dachte ich, dass er aussieht, wie ein Davidstern mit sechs Punkten, nur dass er nicht genauso geformt war.*

B: Es gibt eine Ähnlichkeit, besonders wenn der Davidstern so gezeichnet wird, dass die verschiedenen Zweige miteinander verwebt zu sein scheinen, wie beim Siegel Salomos. Das ist eine weitere Darstellung dieses Kristalls, den ich erwähnt habe.

D: *Meinst du, dass das Siegel Salomos und der Davidstern von dort kamen?*

B: Ja.

D: *Ich dachte, es ähnelt sich sehr. Aber wenn es sich um ein Raumschiff handelte, das in Nordamerika landete und zu Tuins Stamm Kontakt hatte, wie kam dann das Wissen rüber nach Asien? Ich könnte mich wahrscheinlich irren, woher das Siegel Salomos stammt.*

B: Du hast Recht, soweit es dich betrifft. Denn diese Gruppe ist in Nordamerika gelandet und hat dort ihre Kolonie gegründet. Aber dies war nicht die einzige Gruppe von Raumfahrern, die auf deinem Planeten landeten. Mehrere Völker waren noch nicht sehr fortschrittlich, und immer wenn eine dieser Gruppen mit ihren Raumschiffen auf anderen Teilen des Planeten landete, würden die Menschen es als ein wunderbares Ereignis betrachten,. Es gab viele Geschichten über diese Art von Besuchen, die in Legenden zusammengefasst und weitergegeben wurden, insbesondere im Nahen Osten. Die Menschen, die damals dort lebten, waren sehr abergläubisch und beachteten alles Außergewöhnliche. Da sie lesen und schreiben konnten, nahmen sie es auf und das Ereignis blieb so erhalten. Infolgedessen habt ihr in mehreren heiligen Schriften rund um die Erde diese Beschreibungen von wundersamen Besuchen und Reisen. Im alten Königreich Mesopotamien haben wir zum Beispiel The Epic of Gilgamesh, das uns die Geschichte von Gilgamesh und seinem Freund Enkidu erzählt (Die Enzyklopädie führt dies als eines der frühesten Epen auf und wurde auf babylonischen Tontafeln in Keilschrift geschrieben. Es bezieht sich auch auf Utnapischtim, ein

Äquivalent zu Noah.) Das Epos beschreibt eine Reise, die Gilgamesh unternimmt, dorthin, wo das Meer, das er ansieht, zu einem Teich und dann zu einer Schlammpfütze wird und dann zu einer Brei-Schale. Was er beschreibt, ist, dass er mit einem dieser Schiffe eine Reise machen konnte. Es gibt noch andere Beschreibungen, die in der so genannten Bibel erhalten geblieben sind. Es gibt mehrere Beschreibungen über die Landung dieses Schiffstyps und die Menschen, die ausstiegen. Zum Beispiel der Mann namens Johannes, der "Die Offenbarung des Johannes" schrieb, sah ein Schiff landen, und sie sendeten ihm Grüße und dergleichen. Die Leute, die das hörten, hatten große Angst vor dem, was geschah. An anderer Stelle beschrieb Hesekiel, wie das Schiff in der Wüste landete. Hesekiel war eine Weile in der Wüste gewesen, und als Teil seiner Meditation schwelgte er in halluzinogenen Substanzen, so dass er an seltsame Dinge gewöhnt war. So hatte er nicht so viel Angst wie andere Chronisten, und so konnte er etwas objektiver sein, was das betrifft, was er schrieb. Aber es war für ihn immer noch sehr wundersam, denn er hatte nicht genug technisches Wissen, um eine so genaue Beschreibung zu geben, wie er es sich gewünscht hätte.

D: *Das wird für mich ein wenig verwirrend. Ich dachte, die einzige Gruppe, die auf der Erde landete, wäre diese kleine Gruppe, die in Tuins Gebiet gewesen. Meinst du, es gab diese eine Gruppe, die dort blieb, und dann noch andere, die vielleicht woanders gelandet sind?*

B: Du denkst zu klein. Du denkst nicht an ein Bild, das weit genug geht. Eine kleine Gruppe landete und lebte dort in Tuins Gebiet, weil sie keine Wahl hatten. Aber sie waren nicht die einzigen Leute, die auf die Erde kamen. Es gibt eine galaktische Zivilisation, und da die Erde nicht auf einem sehr hohen technologischen Niveau war, waren sie nicht sehr vorsichtig, als sie in der Vergangenheit landeten. Sie wussten, dass die Eingeborenen der Erde ihnen nicht schaden konnten, weil sie nicht über Waffen verfügten. Dieses Raumschiff, das bei Tuins Vorfahren landete, war also nicht das einzige Raumschiff, das jemals die Erde besuchte. Als diese Gruppe landete, ließen sie sich im Grunde genommen dort nieder, wo sie waren, und lebten ihr Leben nur in diesem isolierten Gebiet. Die anderen Leute aus derselben galaktischen Zivilisation sind so komplex wie wir. Unterschiedliche Leute haben unterschiedliche Motivationen.

Und andere kamen mit ihren Raumschiffen, und es war ihnen egal, ob das Volk sie sah oder nicht. Sie wollten landen und vielleicht etwas ausbeuten, oder etwas erforschen. Andere Gruppen sind zu unterschiedlichen Zeiten in der Geschichte des Planeten gekommen. Diese Gruppe, von der Tuin sprach, hatte ihre Schiffe so konstruiert, dass sie sie auseinander nehmen und auf der Oberfläche des Planeten einsetzen konnten, also demontierten sie sie und blieben einfach dort.

D: *Die anderen Gruppen, die kamen, waren entweder davor oder danach. Sie landeten an verschiedenen Orten der Erde. Sie alle schienen sich der gleichen Art von Kristallenergie zu bedienen. Und daher kamen die Entwürfe für den Davids-Stern und das Siegel* Salomos.

B: Diese Kristallenergie war eine der häufigsten Formen der Energie in dieser galaktischen Zivilisation. Sie benutzten die Kristalle, um Energie zu bündeln. Zum Beispiel benutzt du in deiner Zivilisation Strom. Um diese Elektrizität in dein Haus zu bekommen, hast du einen Draht, der sie in einen Schalterkasten führt, in dem sie in viele Drähte aufgeteilt wird, die in viele verschiedene Richtungen gehen und als Lichtfassungen für Licht und elektrische Anschlüsse für das Anschließen verschiedener Maschinen und Geräte herauskommen. Diese galaktische Zivilisation benutzte etwas, das dem ähnlich ist, was ihr "kohärente Energie" nennt, anstatt ein Kabel mit Strom und einen Schalterkasten zu haben, um es aufzuteilen und den Strom in seine verschiedenen Richtungen zu senden. Sehr reine, sehr feste Energieformen, die durch Kristalle fokussiert werden. Je nachdem, wie viele verschiedene Formen von Energie benötigt wurden und wo sie benötigt wurden, würde dies die Form des Kristalls beeinflussen. Der Kristall würde die Energie bündeln und sie dann dorthin schicken, wo sie hingehört.

Dies ist genauso wie ich in meinem Buch, Keepers of the Garden beschrieben habe, wie Kristalle von anderen Zivilisationen für verschiedene Arten von Energie verwendet wurden. Ihre Formen beeinflussten auch ihre Funktionen.

B: Sie hatten Kristalle in allen Größen. Die größeren, komplizierteren waren für den Betrieb von Schiffen und Gebäuden und so weiter. Und dann hatten sie kleinere, tragbare, um andere Dinge zu erledigen. Zum Beispiel, wenn das Schiff irgendwo in der Wüste landete und die Crew Wasser brauchte, würden sie einen tragbaren Kristall mit nach draußen nehmen. Sie würden ihn in der Hand halten und die Energie der Sonne entweder auf einen Felsen oder auf den Boden richten. Dies würde dazu führen, dass einer der unterirdischen Wasserströme seinen Verlauf ändert und an die Oberfläche kommt, um eine Quelle zu bilden, wo sie Wasser haben könnten. Sie konnten solche Dinge tun, ohne viel körperliche Arbeit zu leisten. Das Konzept ist ähnlich wie die von Tuin beschriebene Kugel. Die runde Kugel funktionierte nach ähnlichen Prinzipien, aber verschiedene Dinge geschahen, weil es sich um einen perfekt runden Kristall und nicht um einen facettierten Kristall handelte. Er hatte eine andere Funktion, aber es war immer noch die gleiche Art, den Kristall so zu halten, dass er die verschiedenen Energien aufnehmen und auf bestimmte Weise fokussieren konnte.

D: Also war das Decken-Design tatsächlich nur eine vereinfachte Darstellung der Kristalle, die sie sahen, und das wurde so weitergegeben.

B: Ja. Als sie versuchten, den Kristall zu zeichnen, zeichneten sie ihn im stilisierten Design, um die Kraft zu symbolisieren, die die Kristalle verwendeten. Es wurde zu einem heiligen Symbol. Es gibt viele Wege, die all dies miteinander verbindet, sogar mit deiner Gegenwart. Es gibt das Siegel Salomos und den Davidstern, sowie eines der verschiedenen spezialisierten Dreiecke und so weiter. Alle diese gehen auf diese alten Bilder zurück, in denen versucht wurde, zu beschreiben, was die Kristalle getan haben. Zum Beispiel war das Hakenkreuz der Versuch, den Kristall als zentralen Punkt darzustellen, und die Energie, die sich verzweigt, erfüllt diese verschiedenen Funktionen.

Das Hakenkreuz ist ein ebenes Kreuz, dessen Arme im rechten Winkel gebogen sind. Da alle vier Balken in die gleiche Richtung zeigen (entweder im Uhrzeigersinn oder gegen den Uhrzeigersinn), erzeugt die Form den Eindruck einer ewigen Drehung. Der Ursprung des Symbols ist unbekannt. Es wird seit Jahrtausenden als Symbol der Sonne, der Unendlichkeit, der anhaltenden Erholung und als dekoratives Motiv in Amerika, China, Ägypten, Griechenland, Skandinavien und anderswo verwendet. Es wurde in den Katakomben

Roms, auf Textilien der Inkazeit und auf Relikten gefunden, die an der Stelle von Troja gefunden wurden. Es galt schon immer als heiliges Symbol, bis zum Zweiten Weltkrieg. Adolf Hitler verdarb es, als es verwandelt und zu einem Symbol eines schrecklichen Regimes diffamiert wurde.

B: Diese Art von Wissen ist notwendig, und es wird für dich und für diejenigen in deiner Gegenwart nützlich sein. Es wird Ihr Volk an seine Herkunft erinnern.

Kapitel 18

Forschung

ALS ICH DIE REGRESSION ABGESCHLOSSEN HATTE, war der nächste Schritt meine Forschung. Der Zweck meiner Forschung war es, Ähnlichkeiten zwischen dem Glauben und den Geschichten von Tuins Stamm und dem heutigen indianischen Glauben zu finden. Ich musste herausfinden, ob sich einige der Überlieferungen der Alten in die modernen Rituale und Bräuche so eingeschlichen haben, dass die Einheimischen ihre Herkunft nicht kennen würden. Tuin sagte, dass die Blutlinie seines Volkes und das des Sternenvolkes weitergegeben worden sei und in dem Blut der meisten Indianerstämme vorhanden war. Meine Aufgabe war es, zu versuchen, diese Theorie zu verfolgen und zu sehen, ob irgendwelche Überreste seiner Geschichten überlebt hatten. Die logische Konsequenz war, meine Forschung auf die Eskimos und die indianischen Stämme Kanadas zu konzentrieren. Ich begann mit Hilfe der Fernleihe an der University of Arkansas.

Ich beschloss, den Großteil meiner Recherchen auf sehr alte Bücher und Zeitschriftenartikel zu beschränken. In den letzten vier oder fünf Jahrzehnten sind UFO's und Außerirdische zu alltäglichen Wörtern geworden und werden sicherlich jeden modernen Menschen beeinflussen. Aber wenn dies in sehr alten Aufzeichnungen erwähnt wird, dann hätte es besondere Gültigkeit. So entschied ich mich, meine Forschung auf alte Aufzeichnungen zu konzentrieren, bevor die Indianer von der europäischen Kultur und den Überzeugungen der Missionare beeinflusst und verunreinigt wurden. Einige dieser Informationen stammten aus so alten und zerbrechlichen Büchern, dass sie nur auf Mikrofilm erhältlich waren. Irgendwann lieh ich mir ein tragbares Mikrofilmlesegerät von der Bibliothek aus. Ich wurde trübsinnig von stundenlangen Versuchen, archaischen Druck auf verblassten Seiten zu lesen, aber die Ergebnisse rechtfertigen immer die Suche.

Die Aufgabe, die Spuren des Beginn des menschlichen Lebens auf unserem Planeten zu verfolgen, würde den Rahmen dieses Buches sprengen. Es wird wahrscheinlich in einem zukünftigen Buch ausführlich behandelt werden, da ich unsere Wurzeln, die mit unseren außerirdischen Vorfahren zusammenhängen, weiter erforsche. Es wird ausreichen zu sagen, dass die akzeptierte Theorie unserer Anfänge darin besteht, dass humanoide Typen in Afrika entstanden sind und sich von dort aus in alle Ecken der Welt ausbreiteten. Dieses Kapitel wird sich auf meine Forschungen über den Ursprung der nordamerikanischen Indianer und deren Beziehung zu Tuins Geschichte konzentrieren.

Ich habe festgestellt, dass es viele Diskussionen über die Herkunft der indianischen Stämme in Nordamerika gibt, und ich nehme an, dass die Debatte in absehbarer Zeit nicht abgeschlossen sein wird, da es immer noch mehrere Theorien darüber gibt. Eine der ältesten und inzwischen diskreditierten ist, dass der Rote Mann der degenerierte Nachkomme der verlorenen Zehn Stämme Israels ist. Es ist allgemein anerkannt, dass die Indianer ihre Wurzeln nicht auf dem nordamerikanischen Kontinent hatten, sondern von woanders herkamen.

Anthropologen sind sich sicher, dass auf dem nördlichen oder südlichen Kontinent dieser Hemisphäre keine Art von vormenschlichen Überresten gefunden wurde. Der Homo sapiens (oder moderne Mensch) ist nach heutigem Kenntnisstand die einzige humanoide Art, die den amerikanischen Kontinent besetzt hat. Diese Tatsache, dass in der Neuen Welt bisher nur Überreste des biologisch modernen Menschen entdeckt wurden, zeigt, dass die Wanderungen, im letzten oder zumindest einer der letzten Entwicklungsstadien der Menschheit stattgefunden haben. Der Mensch war vor Beginn der Migrationen zu einer biologischen Spezies geworden.

Wissenschaftliche Beobachter haben auffällige Ähnlichkeiten zwischen den Ureinwohnern Amerikas und Nordasiens festgestellt. Der verbreitetste Glaube ist, dass sie in einer Zeit in der Antike, als es in der Gegend eine Landbrücke (die miozäne Brücke) gab, über die Beringstraße wanderten. Die großen Gletscher der Eiszeit fingen und hielten so viel Wasser, dass der Meeresspiegel um Hunderte von Metern sank und Landbrücken freilegte, die Sibirien mit Nordamerika verbanden. An seiner breitesten Stelle erstreckte sich diese Brücke 1.600 Kilometer nördlich von der heutigen Halbinsel Alaska. Es war ein Land, das die Migranten mit den Mammuts, Säbelzahntigern und Riesenbären teilen mussten. In Sibirien wurden Steinwerkzeuge gefunden, die mit denen aus Alaska und Westkanada identisch waren. Wissenschaftler glauben, dass die Einwanderer in drei Wellen kamen. Zwei zogen ins Landesinnere - die Vorfahren der Indianer. Eine dritte Welle, darunter Eskimos und Aleuten, besiedelte die Küste. Perioden der Erwärmung - die letzte Begann vor etwa 13.000 Jahre - brachten die Gletscher zum schmelzen und die Brücke verschwand wieder unter dem Beringsee. Als die Brücke verschwand, waren die Menschen auf die westliche Hemisphäre beschränkt und wurden die ersten Amerikaner. Abgeschnitten vom Rest der Menschheit entwickelten sie ihre eigenen einzigartigen Kulturen. Sie überlebten und gediehten durch Anpassung.

Die geschätzten Daten für die Ankunft der ersten aus einer langen Reihe von Migrationen variierten von 12.000 bis 18.000 Jahren vor unserer Zeit. Einige isolierte Stätten deuten darauf hin, dass vor 30.000 Jahren und früher Menschen hier lebten. Es wird angenommen, dass die menschlichen Migrationen aus Asien wahrscheinlich bis ins 4. Jahrhundert v. Chr. andauerten.

Die gesamte biologische Reise trat mit dem Ende der Eiszeit auf, mit wechselnden Perioden von warm und kalt. Vor etwa 18.000 Jahren erreichte die letzte große Glazialzeit ihr Maximum und schuf ein Klima und eine Vegetation, die sich stark von der heutigen warmen Interglazialzeit unterschied. Dies veranlasst mich zu der Vermutung, dass Tuins Vorfahren vor der Eiszeit fest etabliert gewesen sein mussten. Die Legenden deuten darauf hin, dass während der Zeit der Alten das Klima wärmer und milder war. Damals geschah etwas sehr Dramatisches (es klang wie ein Kometenaufprall), die Erde bewegte sich und verursachte tragische Veränderungen. Die Ureinwohner des Tals, die Ersten, scheinen Nachkommen von Aborigines zu sein, die lange vor den Völkerwanderungen aus Asien dorthin gereist waren. Oder (um der Argumentation willen) von Außerirdischen nach der ursprünglichen Aussaat und Entwicklung des Menschen dort deponiert worden war. Wie in meinen anderen Büchern angedeutet, waren die Menschen auf der ganzen Welt verteilt, damit sie sich in verschiedenen Bereichen vermehren konnten. Archäologische Untersuchungen haben deutlich gemacht, dass der Mensch auf der bewohnbaren Erde zu einem sehr abgeschotteten Zeitpunkt, in der untersten Stufe der menschlichen Kultur, verteilt war. Ein Studium der Sprachen der Welt führt zu dem Schluss, dass sich der Mensch wahrscheinlich vor der Entwicklung von organisierter oder grammatikalischer Sprache verbreitet hatte. Das galt auch für die Ersten, denn sie kommunizierten mit ihrem Verstand.

Die Eskimos nehmen heute den gesamten nördlichen Rand des amerikanischen Kontinents ein. Archäologische Ausgrabungen in Alaska und Kanada zeigten, dass ihre Kultur kein Originalzustand war, sondern das Ergebnis relativ junger Bevölkerungsbewegungen und Kontakte. Die Migration vor etwa 1.000 Jahren trug die Kultur von ihrem Ursprungsort im Norden Alaskas nach Osten durch Nordkanada, bis nach Grönland. Ausgrabungen deuten darauf hin, dass es über einen Zeitraum von mehr als 2.000 Jahren ein kontinuierliches kulturelles Wachstum und einen Wandel gab, insbesondere im Bereich der Beringstraße. Dieses Gebiet war eines der besten Jagdgebiete der Welt, und die Lebensbedingungen waren dort im Allgemeinen besser als in jedem anderen Teil der Arktis. Ausgrabungen zeigen auch, dass die Eskimos, obwohl sie in jeder Hinsicht ein Steinzeitvolk waren, einige Kenntnisse über Metall hatten.

Nach nordischen Sagen, die den Besuch skandinavischer Reisender an der Ostküste Amerikas aus dem 10. Jahrhundert beschreiben, ähnelten die Menschen, denen sie begegneten, nicht den heutigen Bewohnern. Die Wikinger nannten die amerikanischen Ureinwohner "Skraelingr" oder "Chips", wegen ihres mickrigen Aussehens. Sie wurden als kleine und zwergische Exemplare mit Eskimo-Eigenschaften beschrieben. Das Gebiet, in dem sich die Wikinger niederließen, schien weiter südlich zu liegen als das Volk von Tuin. Diese "Chip"-Völker waren ebenfalls extrem gewalttätig und wehrten jeden Versuch einer Einigung ab, so dass sie absolut nicht nach Tuins sanftem Volk klangen. Aber sie mögen Aborigines gewesen sein, ähnlich wie die Ersten, die das Sternenvolk im Tal gefunden hat.

In der Dezemberausgabe 1912 von National Geographic gab es die Geschichte der bemerkenswerten Entdeckung einer Gruppe blonder Eskimos. Sie wurden im arktischen Gebiet der Victoria Island gefunden, das eigentlich weiter nördlich liegt als das Tal von Tuin, aber es könnte angenommen werden, dass einige seiner Vorfahren dorthin ausgewandert sein könnten. Das Gebiet galt als unbewohnt, und die Einheimischen hatten noch nie weiße Männer gesehen. Viele von ihnen hatten blondes Haar, blaue Augen und einige hatten rötliche Bärte. Die erste Erklärung war, dass sie eine Mischung von europäischem und Eskimoblut waren, weil viele solcher Hybriden östlich von Grönland gefunden wurden. Doch die Geschichte dieser Umgebung hat diese Theorie nicht untermauert. Diese Stämme waren so isoliert, dass die meisten von ihnen keinen Kontakt zu weißen Männern hatten.

Es gab Berichte, dass in den 1700er Jahren, als Missionare das Christentum in den östlichen Gebieten gründeten, Eingeborene gesehen wurden, die sich von den Eskimos deutlich unterschieden. Diese Leute waren nur etwa einen Meter groß, ziemlich gutaussehend und weiß. In den 1600er Jahren, als das Gebiet angeblich noch frei von moderneren europäischen Kontakten war, berichtete ein Seekapitän von zwei verschiedenen Arten von Eingeborenen, die friedlich in der Küstenregion zusammenleben. Die einen waren sehr groß, gut gebaut und hatten einen hellen Teint. Die anderen waren viel kleiner, von olivgrünem Teint, gut proportioniert, außer dass ihre Beine kurz und dick waren. 1821 kam Sir Edward Parry in Lyon Inlet an Land und fand Menschen, die indianische Merkmale und Gesichtszüge hatten, die so schön waren wie die Europäer. Sie ähnelten in keiner Weise den Eskimos. Diese Eingeborenen hatten noch nie Indianer oder Europäer gesehen. In Repulse Bay, Point Barrow und Boothia Isthmus wurden im Laufe des 19. Jahrhunderts kleinere isolierte Gruppen gemeldet. Viele ähnliche Berichte aus der Zeit zeigten die Existenz von hybriden Individuen zwischen verschiedenen Eskimo-Stämmen. Ihre Verbreitung erwies sich als ungebrochen anhaltend entlang der gesamten Nordküste Nordamerikas, bevor die Eskimos im vergangenen Jahrhundert durch den Kontakt mit Weißen allgemein korrumpiert wurden.

Es gab Spekulationen und Vermutungen, dass einige dieser Menschen Nachkommen von nordischen Entdeckern in der neuen Welt sein könnten, die sich vom 10. bis zur Mitte des 15. Jahrhunderts erstreckten. Es wurde angenommen, dass sich diese Expeditionen von der grönländische Küste südlich des Polarkreises über die Küsten des amerikanischen Kontinents wahrscheinlich von Baffin Island südlich bis Nova Scotia und wahrscheinlich bis Labrador hin erstreckt haben. Es wird angenommen, dass die Nordmänner nicht von den Eskimos getötet, sondern allmählich von ihnen aufgenommen wurden. Es wird angenommen, dass einige dieser Gruppen, als sie im 15. und 16. Jahrhundert wiederentdeckt wurden, die Lebensweise der Eskimos vollständig übernommen hatten und somit ihre Abstammung nicht kannten.

Es wird spekuliert, dass, wenn die blonden Eskimos Nachkommen der nordgrönländischen Vorfahren von fünf Jahrhunderten zuvor wären, die nordische Rasse durch reine Eskimo-Verheiratungen überwältigend verdünnt worden wäre. Wenn dies der Fall wäre, dann muss man die "Blonden" als ein bemerkenswertes Beispiel für eine gelegentliche Umkehrung der Typen betrachten, bei der eine vorübergehende Rasse allmählich die allgemeine Form ihrer alten Vorfahren wieder annimmt.

Es könnte auch ein Fall von Atavismus-das erneute auftreten von Merkmalen eines entfernten Vorfahren in einem Nachkommen (oder ein "Rückschritt") anstelle von denen eines unmittelbaren oder nahen Vorfahren sein. Diese Erklärung könnte darauf anwendbar sein, herauszufinden, ob diese Vorfahren Europäer, Wikinger oder Außerirdische waren.

Es wurde im National Geographic-Artikel erwähnt, dass diese Entdeckung ein kompliziertes Rassenproblem darstellte, das die Scharfsinnigkeit amerikanischer Ethnologen für einige Zeit herausfordern könnte. Ich denke, wenn sie sich des noch größeren Umfangs der Kreuzung mit Außerirdischen bewusst wären, würde sie das weiter verwirren.

Im Sommer 1991 führte ein zufälliger Fund einer Gruppe von Wanderern in den italienischen Alpen zur Entdeckung des ältesten und am besten erhaltenen intakten menschlichen Körpers, der je gefunden wurde. Die Beschreibung der Kleidung und Werkzeuge des Mannes, die auf 5.300 Jahre alt geschätzt wurde, klang, als ob es unser

Freund Tuin wäre, nur dass der alte Jäger auf dem falschen Kontinent gefunden wurde. Die gefrorene Leiche, die all diese Jahrhunderte im Eis gefangen war, war fast 2000 Jahre älter als König Tut und gab den Wissenschaftlern einen erstaunlichen Einblick in die Zeitspanne, in der ich schätze, dass Tuin lebte. Dies gilt als die wichtigste Entdeckung der modernen Archäologie. Er galt als Jäger und starb in Wildleder und Grasumhang. Sein Bogen und seine Pfeile, eine Kupferaxt und andere Werkzeuge wurden in der Nähe geborgen.

Über die Menschen, die in der späten Jungsteinzeit in den Wäldern Europas gefarmt und gejagt haben, ist nur sehr wenig bekannt. Vor 7.000 Jahren haben sich diese Jäger und Sammler-Gemeinschaften in ganz Europa ausgebreitet. Die Menschen bewirtschafteten die Lichtungen und weideten ihre Schafe und Ochsen im Wald. Es gab auch eine seminomadische Gruppe, die sich mit Jagd, Fischen und Fährtenlesen beschäftigte. Die beiden Kulturen verschmolzen und die wurden in ganz Europa verbreitet.

Die Wissenschaftler waren erstaunt, dass die Kleidung und Werkzeuge des Eis-Mannes eine unerwartete Hochtechnologie aus der späten Steinzeit zeigten. Aus dieser Zeit war noch nie etwas zur Lederverarbeitung gefunden worden. Seine Hirschlederkleidung wurde gegerbt und fachmännisch genäht. Seine Schuhe waren geschickt mit vielen Ösen versehen. Und er trug einen einzigartigen wasserdichten Grasumhang, der viel Geschick beim Weben, Knüpfen und Spleißen des Grases bewies (Tuin genoss das Weben und Knüpfen als Lösung für Langeweile in den Wintermonaten). Die 10 cm-Klinge seiner Kupferaxt wurde aus geschmolzenem Metall gegossen, das in eine Form gegossen und mit einem Hammer bearbeitet wurde. Neben seinen Metallwerkzeugen überraschte die schiere Größe seines Bogens die Archäologen. Sie sagten, dass die Stärke, die benötigt wurde, um die Bogensehne zurück zum Schießen zu ziehen, die gleiche Stärke gewesen sein würde, die benötigt wurde, um 90 Pfund mit einer Hand anzuheben. Als ein ähnlicher Bogen getestet wurde, rammte der Pfeil aus 30 Metern Entfernung ein Loch durch die Brusthöhle eines Hirsches. Er trat auf der anderen Seite aus und flog weiter. Das Erstaunliche an diesem Fund war, dass er nun Wissenschaftlern Einblicke in eine Zeit gibt, in der der Mensch als primitiv galt. Sie stellen fest, dass der Mensch über Technologie schon viel länger verfügte, als bisher angenommen. Ich glaube, die

Ähnlichkeit mit Tuin ist bemerkenswert und zeigt, dass eine solche Entwicklung, wenn sie in Europa stattfand, auch auf dem nordamerikanischen Kontinent im gleichen Zeitraum möglich war.

Tuins Volk entwickelte sich aus der Kreuzung zwischen den Alten und den Ersten. Sie blieben in ihrem Tal bis zum Erscheinen der frühen Eskimos isoliert, wahrscheinlich während oder nach einer der zahlreichen Migrationen auf unserem Kontinent. Im Laufe der Jahrhunderte setzte sich die Absorption und Diversifizierung fort, und all diese Rassen vermischten sich, was zu vielen verschiedenen indianischen Stämmen führte.

In den 1500er Jahren lebten zwei Millionen Menschen auf dem nordamerikanischen Kontinent und sprachen etwa 300 Sprachen. Als Amerika von Europäern "entdeckt" wurde, war es von einer großen Anzahl verschiedener Stämme bewohnt, die in Sprachen, Institutionen und Bräuchen unterschiedlich waren. Diese Tatsache wurde nie vollständig anerkannt, und Schriftsteller haben zu oft nur von den nordamerikanischen Indianern gesprochen, und vorausgesetzt, dass Aussagen über einen Stamm für alle gelten würden.

Mehrere Stämme sprachen verschiedene Sprachen, die sich völlig von allen anderen in irgendeinem anderen Teil der Welt unterschieden. Diese Tatsache führte zu dem Schluss, dass diese Stämme ihr Land über sehr lange Zeiträume bewohnt hatten. Einige waren hochzivilisiert und zeigten Einflüsse aus anderen Kulturen. Die prähistorischen Hügelbaumeister von Kahokia, im Osten Missouris, hatten ihr eigenes Stonehenge, ein astronomisches Observatorium, das aus einem Kreis von aufrechten Stäben bestand. Unter den prähistorischen Ruinen des Chaco Canyon in New Mexico wurde eine große, teilweise unterirdische, runde Zeremonienkammer entdeckt. Sie war so konstruiert, dass am Tag der Sommersonnenwende und nur an diesem Tag ein Lichtstrahl durch einen Schlitz in seiner Steinmauer hindurchstrahlte. Grabhügelbauer wie die Natchez praktizierten einen aufwändigen Totenkult mit Pyramiden für die Toten. Der Herrscher wurde mit materiellen Schätzen begraben, ebenso wie Frauen und Diener, die entsandt wurden, um ihm im Jenseits zu dienen.

Die meisten dieser wunderbaren Kulturen wurden durch ähnliche Methoden wie bei der Zerstörung der alten Maya- und Inkakulturen vernichtet. Die frühen Missionare und Entdecker in den späten 1500er Jahren machten sich daran, die alten Kulturen zu zerstören. Bei der Bekehrung der Einheimischen zur neuen Religion mussten sie die vorherige beseitigen. Einige Mythen und Traditionen wurden absorbiert und christianisiert, während andere verschwunden sind. Ganze Stämme starben aus oder wurden im 16. bis 18. Jahrhundert absorbiert. Die Auswirkungen der europäischen Kultur war für viele Regionen verheerend, da ganze Teile der indianischen Literatur vernichtet oder bis zur Unkenntlichkeit demoliert wurde. Dort, wo Legenden es schafften zu überleben, taten sie es ausgeprägt.

Als Tuin das Bild von den Häusern zeichnete, in denen seine Leute lebten, dachte ich, sie seien den Blockhütten sehr ähnlich wie die, die von frühen Siedlern genutzt wurden. Bei meinen Recherchen entdeckte ich, dass diese Art von Konstruktion vor der Ankunft der Europäer bei einigen indianischen Stämmen weit verbreitet war. Die Engländer ließen sich schließlich 1607 an der Küste Virginias nieder. Sie bewunderten die Zweckmäßigkeit der Holzstrukturen und übernahmen diese Art der Konstruktion. Blockhäuser wurden dann zu den Lieblings-Häusern der Engländer.

Der schnelle Fortschritt bei der Ansiedlung und Besetzung des Landes führte zur allmählichen Vertreibung der indianischen Stämme, so dass sehr viele aus ihren alten Häusern vertrieben wurden. Einige wurden in anderen Stämme aufgenommen, und andere wurden in den Siedlungen zivilisierter Menschen aufgenommen. Viele (die Mehrheit) wurden aus ihrem traditionellen Land entfernt und in ein Gebiet umgesiedelt, das völlig abgelegen von ihrem Heimat-Ort war. Dies hat zu unglaublicher Verwirrung und der Kombination von Stammesnamen und Traditionen geführt. Es ist sehr schwierig, einem Stamm durch postkolumbische Zeiten zu folgen, geschweige denn präkolumbisch. Jahrhunderte des engen Kontaktes mit dem modernen Menschen haben viel Einfluss auf den ursprünglichen Zustand der Stämme gehabt. Es gab schnelle und radikale Veränderungen. (Zum Beispiel hat die Einführung des Pferdes in die indianischen Kulturen einige dramatische Veränderungen in der Art und Weise bewirkt, wie die Stämme der Ebene jagten und ihren Krieg führten.) Migrationen und erzwungene Abschiebungen brachten die Stämme in fremde Umgebungen, wo neue Bräuche und Anpassungen notwendig waren. Es wurde bald schwierig, zwischen dem, was primitiv war und dem, was von der zivilisierten Menschheit erworben wurde, zu unterscheiden.

In den 1700er Jahren kam es zu einem Handel zwischen den Indianern und den Europäern. Der Preis dafür war allerdings sehr teuer, denn neben den neuen Waren kamen auch neue und tödliche Krankheiten wie Masern, Pocken, Cholera und eine Vielzahl von Fieber-Arten, die Hunderte und sogar Tausende von Menschen auf einmal auslöschten. Ganze Stämme, die seit Jahrhunderten in der Region gelebt hatten, wurden ausgelöscht oder in einem so fragmentarischen Zustand zurückgelassen, dass sie sich mit anderen Stämmen zusammenschlossen und das Wissen um ihre frühere Identität verloren.

Die marodierenden Navahos und Apachen, athabaskisch sprechende Stämme, die im 13. Jahrhundert aus dem Nordwesten in den Südwesten gekommen waren, waren zunächst weniger von der spanischen Invasion betroffen. Diese Menschen zogen umher und waren sehr abgelegen. Bei dem was sie in der Wüste und im Bergland besetzten, gab es anscheinend nichts, was damals jeder andere wollte. Die athabaskische Kultur wurde von spanischen Pferden, Eseln und Schafen beeinflusst, aber nicht durch spanische Religion und Kultur. Dies erklärt, warum so viel mehr von ihrer Religion, ihren Ritualen und ihrer Mythologie bis heute überlebt hat. Viele andere Stämme nahmen Elemente des Christentums auf. Ein paar glückliche, isolierte Stämme hatten weniger direkten Kontakt zu den Europäern und konnten ihre heiligen Mythen bis ins 20. Jahrhundert hinein bewahren.

Als die Siedlungen der weißen weiter in die abgelegeneren Gebiete vordrangen (oft angezogen von Gold und anderen "Reichtümern"), wurde die Stämme so zurückgedrängt, was zu Ausbrüchen der Feindseligkeit zwischen den Stämmen führte. (Es gab dabei einige traditionelle Feinde, zum Beispiel die Nation der Dakotas (Sioux) und ihre Nachbarn, aber sie gehörten zur Minderheit. Ein Paradebeispiel für die traditionelle Feindseligkeit zwischen den Kulturen der Ureinwohner Amerikas wären die Navahos und die Hopi-Stämme, die nicht nur von US-Politikern, die nach mehr Land hungerten, angestiftet wurden, sondern die sogar bis heute andauern!) Einige Gruppen wurden dabei ausgerottet, andere fusionierten zum Schutz mit stärkeren Stämmen. Aber es gab immer einige Stämme, die alle

Feinde niederschlugen, die ihre Identität dadurch bis zum heutigen Tage bewahrt haben.

Niemand achtete damals auf die indianische Religion, Kunst, Musik oder Rituale, außer sie als heidnisch und primitiv zu bezeichnen. Die US-Regierung hat ein Bureau of Indian Affairs (BIA) eingerichtet, um die Indianer zu "schützen". Doch gleichzeitig forderten die Weißen die Indianer weiterhin auf, die alten Gewohnheiten beiseite zu schieben und sie durch den Glauben und die Fähigkeiten der Euro-Amerikaner zu ersetzen. Diese kulturellen Merkmale der Eindringlinge, weil sie europäische Wurzeln hatten, müssen denjenigen der Aborigines überlegen gewesen sein. Viele Schamanen wurden wahrscheinlich während dieser Zeit getötet, bevor sie die wertvollen Legenden der Stämme weitergeben konnten. Als sich die Dinge nach der Umsiedlung von Stämmen in Reservate wieder beruhigten, wurden Zeremonien und Rituale und Legenden wieder fester Bestandteil ihres Lebens, und diese Dinge wurden wiederbelebt. Da die Aufzeichnungen nicht schriftlich aufbewahrt, sondern mündlich weitergegeben wurden, fehlten zweifellos viele Details. Während dieser Zeit ging viel indianisches Wissen und Literatur für immer verloren.

Dann passierte eine seltsame Sache. Die Neugierde auf die Indianer wurde bei den Intellektuellen in den Städten und Universitäten im Osten der USA geweckt. Zum ersten Mal, in den 1830er Jahren, erkannten die Gelehrten, dass diese Indianer Menschen waren. Sie waren Menschen. Sicherlich müssen sie Überzeugungen und Wissen haben, wie es z.B. die anderen Völker auch hatten. Einige Wissenschaftler und Frühanthropologen waren besorgt, dass eine einzigartige Lebensweise verschwinden könnte, bevor sie untersucht werden konnte. Diese Menschen - eine kleine Minderheit - gingen unter die Indianer, um etwas über diese verschwindenden Arten zu erfahren, und begannen, ihre Ergebnisse aufzuzeichnen. Das meiste meiner Recherche stammt aus ihren Aufzeichnungen, weil es die gründlichste war. Aber zum Zeitpunkt ihres Studiums in den frühen 1800er und späten 1880er Jahren war der Schaden bereits entstanden. Ihre Arbeit war hochwissenschaftlich und professionell, wurde aber durch die Tatsache erschwert, dass, da die Mehrheit der Indianer nicht schreiben konnte, der größte Teil der Überlieferung verbal war. Diese Männer mussten sich oft mühsam durch den phonetischen Dschungel winden und versuchten, halbvergessene sehr alte Geschichten zu dokumentieren, oft konnten die Stämme sich nicht an die Auswirkungen, die Gesamtheit oder den Kontext des Mythos zu erinnern. Was wir heute über indianische Religionen, Mythen und Legenden wissen, wurde von diesen Männern mit intellektueller Neugierde aufgenommen, weil es seltsam war. Aber es ist bestenfalls fragmentarisch und vieles ist von ihnen gar nicht aufgezeichnet worden. Die Forschungen des späten 19. Jahrhunderts sind für die heutigen Wissenschaftler von unschätzbarem Wert. Doch vieles von dem, was Anfang dieses Jahrhunderts aufgezeichnet wurde, ist immer noch in muffigen Feldnotizbüchern vorhanden, ohne den Weg in ein Buch gefunden zu haben.

Zu meiner Enttäuschung haben die Eskimos wenig Überlieferungen, die als alt angesehen werden könnte oder von irgendetwas aus Tuins Geschichte beeinflusst wurde. Die Bemühungen der Kirche veranlassten die Eskimos, geheimnisvoll zu werden, wenn es darum ging, ihre religiösen Riten in der Nähe von Weißen Männern auszuüben. Dennoch glaubten sie alle implizit an die Macht der Schamanen und an die von den Ältesten überlieferten religiösen Riten.

Ihre Stammesgeschichten und Legenden handeln hauptsächlich von den abenteuerlichen Taten ihrer Vorfahren, die sich mit dem Überleben gegen große Widrigkeiten in einer feindlichen Atmosphäre befassen: d.h. dem Wetter, Tieren, etc. Sie haben einen aktiven Glauben an Monster, böse Geister und solche seltsamen Geschichten, aber diese scheinen aus ihrer extremen Isolation und ihrer Angst vor der Feindseligkeit ihrer Umgebung entstanden zu sein.

Generell lässt sich sagen, dass die Eskimos mehr an irdischen als an himmlischen Dingen interessiert sind. Ein Autor fand es seltsam, dass es nicht mehr Geschichten gab, die die Abwesenheit der Sonne vom Himmel während langer Perioden in der Arktis zu erklären versuchten, oder die erstaunliche Darstellung von Nordlichtern, oder die plötzlichen und wütenden arktischen Stürme. Es gibt eine Reihe von Eskimogeschichten, die sich mit den Sternen und der Sonne und dem Mond befassen, denn die Astronomie war für ein Jagdvolk am wichtigsten. Naturverbundene Menschen sind begeisterte Beobachter der Sterne. Ihre Position am Himmel erzählte ihnen von der Zeit der Wanderung der Karibus oder dem Erscheinen der Fische. Sie erzählte ihnen auch, wann die langen kalten Winternächte nahten und wann das Eis im Frühjahr aufbrechen würde. Der Existenzkampf war nicht immer erfolgreich, und ganze Stämme wurden nach einer erfolglosen Jagdzeit einfach ausradiert.

Die alten Geschichten sind am besten bekannt bei einigen alten Männern, die ihre Mitbürger unterhalten, indem sie sie vor den versammelten Menschen wiederholen. Einige der Geschichten sind lang, nehmen in ihrem Rezital mehrere aufeinanderfolgende Abende in Anspruch und erfordern manchmal zwei Erzähler. Die Geschichten werden immer wieder gerne gehört und bilden die ungeschriebene Überlieferung, die sie an den langen Winterabenden unterhält. Neben den wichtigeren Geschichten, die im Besitz der Männer sind, gibt es viele Kindergeschichten, die die Frauen erzählen. Dies sind kurze, einfache Geschichten, die zur Unterhaltung für sich und die Kinder dienen.

Die Geister der Ahnen, sowie die übernatürlichen Kräfte von Erde und Himmel werden immer noch angefleht, die Tiere zum Jäger zu bringen. Die Schamanen waren immer eine besondere Gruppe unter allen nordamerikanischen Kulturen.

Ich fand viele Ähnlichkeiten bei unserer Geschichte und den Überlieferungen anderer indianischer Stämme. Ich werde versuchen, es zu koordinieren und die Ursprünge ihrer Überzeugungen zu verfolgen. Es ist offensichtlich, dass sich viele indianische Traditionen durch die Evolution mehrerer Generationen verändert haben. Die Mythen und Geschichten wurden über einen so langen Zeitraum hinweg erzählt und ergänzt, dass es schwierig ist zu wissen, was die eigentliche Geschichte war. Aber in einigen von ihnen gibt es das Flüstern von Tuins Volk, und ich bin zuversichtlich, dass ihre lang geschützten Geschichten nicht vollständig verschwunden sind, sondern nur eine große Verzerrung und Eingliederung durchliefen.

Die Verbindungen zwischen der historischen Vergangenheit und der Gegenwart durch Mythen ist stark. Legenden variieren natürlich je nach Lebensweise der Menschen, der Geographie und dem Klima, in dem sie leben, der Nahrung, die sie essen und der Art und Weise, wie sie sie am Leben erhalten. Die nomadischen Büffeljäger des Flachlandes erzählen Geschichten, die sich stark von denen der östlichen Waldbewohner unterscheiden. Für die Farmer des Südwestens sind das Gedeihen von Mais und der Wechsel der Jahreszeiten von größter Bedeutung, während die Geschichten der Menschen des Nordwestens, die vom Meer leben, von Meeresmonstern, schnellen Harpunenwerfern und mächtigen Bootsbauern erfüllt sind. Auch für die Besonderheiten der Landschaften werden von allen Stämmen Geschichten erzählt: Wie dieser Fluss entstand, wie diese Berge entstanden, wie unsere Küste geformt wurde. Anstatt in sich geschlossene Einheiten zu sein, sind die Legenden oft unvollständige Episoden in einer Entwicklung, die tief in die Traditionen eines Stammes zurückreicht.

Legenden und Kulturen überschneiden und beeinflussen sich gegenseitig, nicht nur, wenn Menschen verschiedener Stämme in angrenzenden Gebieten leben, sondern auch, wenn sie sich durch Migration oder Handel über weite Enfernungen begegnen. Artefakte wurden gefunden, die ursprünglich von einem anderen Stamm oder einer anderen Kultur stammten, die viele hundert oder tausend Meilen entfernt waren.

Doch mit all ihren regionalen Bildern und Variationen verbindet ein gemeinsames Thema diese Geschichten mit einem universellen Anliegen und grundlegenden Fragen über die Welt, in der die Menschen leben. In einem fantastischen Spektrum von Formen, Nord und Süd, Ost und West, begegnen wir immer wieder der Geschichte der Kinder der Sonne, der Kulturbringer, der heiligen vier Richtungen, der Welten, die sich übereinander stapeln, des Urwassers, der ewigen Zerstörung und Erholung, der mächtigen Helden und Trickser.

Laut einem Autor stammen alle mythologischen Systeme aus der gleichen fundamentalen Grundlage. Die Götter sind die Kinder der Ehrfurcht und Notwendigkeit, aber ihre Genealogie reicht noch weiter zurück. Die folgenden sind die wichtigsten grundlegenden Glaubensstrukturen:

Animismus: Der wilde Mensch glaubte, dass jedes umgebende Objekt Leben und Bewusstsein besaß. Bäume, der Wind, der Fluss, etc. Er glaubte, dass sie mit ihm sprachen, ihn warnten, ihn bewachten. Auch Dinge wie Licht und Dunkelheit, Hitze und Kälte erhielten

Eigenschaften. Der Himmel wurde als der Allvater gesehen und in Zusammenarbeit mit Mutter Erde entstanden alle Lebewesen.

Totemismus: Ein Schritt höher als der Glaube, dass unbelebte Objekte und Naturphänomene mit den Eigenschaften von Leben und Denken ausgestattet sind (Animismus). Dies betraf die hohe Meinung, die den Tieren wegen ihrer Qualitäten und instinktiven Fähigkeiten entgegengebracht wurde. Verschiedene menschliche Attribute und Eigenschaften wurden bei bestimmten Tieren personifiziert und sogar übertrieben. Wenn der Ureinwohner oder der Stamm eine bestimmte Qualität begehrte, würden sie sich unter den Schutz des Tieres an Land oder des Vogels stellen, das ihn symbolisierte. Ein Stamm erhielt sogar den Spitznamen des Tieres, so dass das Tier als Wächter betrachtet wurde. Im Gegenzug wurde dieses Tier vom Stamm nicht getötet. Nach vielen Generationen konnte der Stamm dieses Tier als seinen direkten Vorfahren und alle Mitglieder der Spezies als Blutsverwandte betrachten. Diese Regeln beeinflussten schließlich die Gesetze und Gebräuche des Stammes, so dass das Tier als mächtiges Wächterwesen galt.

Fetischismus: Der Glaube, dass ein Objekt, ob groß oder klein, natürlich oder künstlich, Bewusstsein, Wille und übernatürliche Qualitäten und insbesondere magische Kräfte (wie Schutz) besitzt. Es scheint, dass unser Glaube an Glücksbringer usw. aus diesem Glauben hervorgegangen ist, und so ist der moderne Mensch nicht ausgenommen. Wie bereits gesagt wurde, betrachtet der Intellekt der Ureinwohner alle Dinge: Tiere, Wasser, die Erde, Bäume, Steine, die Himmelskörper, sogar Nacht und Tag, Licht und Dunkelheit, als wenn sie am Leben sind und Willenskraft besitzen. Es ist auch der Glaube, dass viele von ihnen unter einem Zauber oder einer starken Verzauberung stehen. Die Felsen und Bäume gelten selbstbewusst als die lebenden Gräber von inhaftierten Geistern, so dass es für einen Ureinwohner nicht schwierig ist, sich eine mehr oder weniger starke Intelligenz in jedem Objekt vorzustellen, egal wie ungewöhnlich es scheint, je seltener, desto größer ist die Wahrscheinlichkeit, dass sie der Wohnsitz einer mächtigen Intelligenz ist. Fetische können kleine Gegenstände wie kleine Quarzkristalle oder Federn sein und wurden oft in winzige Beutel gelegt. Dinge, die in irgendeiner Weise ungewöhnlich schienen, wurden als übernatürlich und glücklich für den Finder akzeptiert. Ist das nichts anderes, als der Glaube, dass eine

Hasen-Pfote Glück bringt? Fast alles, was ein Schamane oder Medizinmann besitzt, wird als Fetisch eingestuft. Die Idee im Kopf desjenigen ist in der Regel symbolisch und wird nur jemandem offenbart, der formal als Erbe des magischen Besitzes ausgewählt und seinerseits zu einer ähnlichen Geheimhaltung verpflichtet wird.

Dies könnte Tuins Ehrfurcht vor den Objekten in der Hütte des Weisen erklären. Er nahm an, dass sie Magie besaßen, geheim waren, und vom weisen Mann bewacht wurden. Er fühlte, dass er sie eigentlich nicht anschauen sollte. Die Geheimnisse dieser Objekte, wie auch die Geschichten, wurden nur an den Nachfolger des Weisen weitergegeben und nicht an die breite Öffentlichkeit. Tuin sagte, dies sei darauf zurückzuführen, dass das Wissen aus dem Gedächtnis kommen sollte, um nicht verzerrt werden zu können.

Unter den Algonquinen bestand eine eigentümliche Art von Fetisch aus einem Mantel, der aus der Haut eines Hirsches gefertigt, mit Federn bedeckt, und mit Perlen geschmückt war. Es wurde von den Medizinmännern als Mantel der Unsichtbarkeit oder als bezaubernde Schutzhülle verwendet. Das klang ähnlich wie die Kostüme des Weisen, die er für die verschiedenen Feste trug - vor allem die Haut des seltsamen Tieres, das Tuin getötet hatte. Dies hätte als Fetisch für den weisen Mann angesehen werden können, weil er wusste, dass es ungewöhnlich war und somit eine besondere Kraft besitzen könnte.

Fetische könnten sich leicht zu einem Gott entwickeln, aber das war nicht die ursprüngliche Absicht. Ein Götzenbild ist die Behausung eines Gottes. Ein Fetisch hingegen ist der Ort der Gefangenschaft eines untergeordneten Geistes, der nicht entkommen kann und dem Besitzer dienen muss, indem er Glück, Schutz und gutes Gelingen bringt (die Jagd war darin eingeschlossen). Fetische, die ihren Ruf als Glücksbringer verloren, verfallen meist zu bloßen Amuletten talismanischer Ornamente.

Es besteht Einigkeit darüber, dass bestimmte indianische Stämme seit prähistorischen Zeiten Fetische verwenden, aber das tatsächliche Alter des ältesten Fetischs ist unbekannt. Dennoch ist bekannt, dass zum Beispiel die Zunis vor der Ankunft der spanischen Missionare Fetische herstellten und nutzten. Es besteht der Verdacht, dass Fetische in diesem Zeitraum (1692-1800) wegen der spanischen (christlichen) Intoleranz gegenüber der Götzenverehrung eine Dezimierung erlitten haben. Es ist belegt, dass die ersten Spanier, die versuchten, "heidnische" Rituale auszurotten, die Fetische der Zuni verboten haben. Infolgedessen waren die Zuni gezwungen, sie zu verbergen, mit dem Ergebnis, dass sie die Größe auf kleinere Objekte reduzierten, die leichter versteckt werden konnten.

Es scheint, dass auf Tuins Stamm einige dieser Überzeugungen zutrafen, aber nicht alle. Sie glaubten an den Animismus, weil sie dachten, dass alle unbelebten Objekte einen Geist besäßen, und dass dieser Geist mit ihnen sprechen und sie leiten könnte. Sie achteten auch darauf, diese Geister nicht zu beleidigen oder sie aus leichtfertigen Gründen anzurufen, da sie glaubten, sie seien sehr mächtig. Er selber war sehr ehrfürchtig gegenüber Mutter Erde und dem Mond. Er hatte selber auch einen Fetisch, nämlich den Stein, den er in einem kleinen Behältnis um den Hals trug. Ihm war vom Weisen gesagt worden, dass er einen Geist enthielt, weil er einen Funken in dem Stein sehen konnte.

Sein Stamm hatte nicht den Glauben an Totemismus. Bei anderen Regressionen in diese indianischen Lebenszeiten, die ich mit anderen Subjekten durchgeführt habe, bin ich diesem Glauben begegnet. Die Person, die unter dem Einfluss von Drogen stand, verbrachte mehrere Nächte alleine in der Wildnis, bis sie ihrem schützenden Bruder begegnete: einem Tier an Land oder einem Vogel. Dieser Glaube scheint sich später als zu Tuins Zeit entwickelt zu haben, oder er wurde aus dem Glauben der Menschen übernommen, die später kamen und sich mit seinem Stamm vermischten. Zu dieser Zeit wurden die Überzeugungen der Neuankömmlinge übernommen und die Legenden der Alten begannen zu verschwimmen und verzerrt zu werden. Es scheint, dass der Glaube an Animismus und Fetischismus grundlegend war, und der Totemismus später hinzugefügt wurde, obwohl Tuin glaubte, sich bei dem Tier entschuldigen zu müssen, bevor es getötet wurde. Es mag eine Eingliederung dieses Glaubens in denjenigen über Totemtiere gegeben haben.

Ich fand heraus, dass die Indianer keine klare Vorstellung von einer höchsten Gottheit hatten. Der Große Geist, oder der Große Weiße Geist, auf den sich die heutigen Geschichtenerzähler gelegentlich beziehen, scheint eine Mischung aus ursprünglichen Konzepten und der christlichen Vorstellung von Gott zu sein. Jeder Stamm besaß ein eigenes Wort, um "Geist" zu bezeichnen. Dieses ursprüngliche indianische Konzept war praktisch das gleiche wie bei den primitiven Völkern Europas und Asiens. Der Indianer hatte eine andere Sichtweise auf "gut" und "schlecht"." Das, was "gut" war, war alles, was zu ihrem Vorteil war. "Böse" war das, was sie verletzte oder beunruhigte. So hatten ihre Götter die gleichen Funktionen; es gab keine "guten" oder "schlechten" Götter. Es war, als ob die Ureinwohner nicht glaubten, dass göttliche Wesen durch solche Gesetze gefesselt werden könnten, die sie selbst zu gehorchen pflegten. Dies galt für die Gottheiten aller primitiven Rassen; sie besaßen keine Vorstellungen von Gut und Böse. Die Götter waren für ihre Gläubigen nur insofern "gut", als sie ihnen reichlich Ernte oder Wild bescherten, und nur dann "schlecht", wenn sie damit aufhörten. Die Idee des "Teufels" ist allen primitiven Religionen fremd. Frühe Bibelübersetzer fanden heraus, dass es unmöglich war, ein Ursprungswort zu finden, um die Idee eines bösen Geistes zu vermitteln.

Die Mythologien der Indianer enthalten auch keinen Ort der Bestrafung, ebenso wenig wie sie irgendwelche Gottheiten besitzen, die eindeutig bösartig gegenüber der Menschheit sind. Sollte in der heutigen indianischen Mythologie ein Ort der Qualen erkennbar sein, kann er ohne Zögern als Produkt missionarischen Einflusses angesehen werden.

Als diese Mythen aufgezeichnet wurden, waren die meisten der amerikanischen Indianerstämme bereits aufgelöst. Nur unter den Eskimos, Pueblos und Navajos stellte die Mythologie einen lebendigen religiösen Kult dar. Ein paar Jahrhunderte des Wandels hatten die religiösen Handlungen der anderen Stämme weitgehend in soziale oder folkloristische Handlungen umgewandelt. Insbesondere die Traditionen der Ureinwohner der südöstlichen Bundesstaaten waren nur das Erbe für wenige alte Menschen geworden. Am heutigen Tag hat sich der Prozess viel weiter fortgesetzt, und viele Indianer haben festgestellt, dass die Traditionen nur durch die Arbeit der weißen Ethnologen um die Jahrhundertwende erhalten wurden, die Aufzeichnungen über das Überleben machten. Das bedeutet nicht, dass die Mythen ihre Macht völlig verloren haben; aber sie nehmen immer mehr die Natur der Volksmärchen an. Einige Stämme singen noch immer einige der alten Gesänge und die religiösen Tänze werden öffentlich aufgeführt, wenn auch wahrscheinlich weitgehend zum Wohle der Touristen. Im Großen und Ganzen betrachtet der moderne Ureinwohner Amerikas die alten Überlieferungen als Echo auf eine Vergangenheit, die nicht mehr wichtig ist. Aber die Auswirkungen der neuen Kultur haben die Vergangenheit nicht völlig zerstört.

Es scheint ein merkwürdiges Ereignis zu sein, dass in den frühen Tagen des Christentums, wenn die Christen oder Missionare auf ihren Reisen und ihren frühen Eroberungen anderen Überzeugungen begegneten, verspürten sie ein zwingendes Bedürfnis, die vorherrschende Kultur mitsamt dem religiösen Glauben zu zerstören und durch ihre eigenen zu ersetzen. Dies geschah im Laufe der Geschichte viele Male. Vor allem die Zerstörung der riesigen Bibliothek von Alexandria und die totale Zerstörung der Maya- und Aztekengeschichte und der geschriebenen Sprachen. Es mag durch den Glauben an das Christentum als einzige wahre Religion und Wissensquelle angetrieben worden sein. Aber war es Angst oder die Annahme, dass es in alten oder primitiven Kulturen auch etwas ähnliches oder größeres geben könnte? Als die ersten Missionare nach Amerika kamen, waren sie erschrocken, Geschichten über die Schöpfung und die Sintflut zu finden, die den biblischen Berichten zu ähnlich waren, um Zufall zu sein. Anstatt dies als Bestätigung dafür zu akzeptieren, dass die Geschichten eine weitreichende historische Grundlage haben könnten, betrachteten sie sie als Bedrohung und bezeichneten sie als heidnisch. Wenn andere ein ähnliches Glaubenssystem hätten, dann könnte ihres nicht einzigartig sein. Ihre Lösung war, alles zu zerstören, was sie als widersprüchlich ansahen. Der größte Teil dieses alten Wissens wurde dann im Namen der Religion zerstört oder verdorben. So gingen im Laufe der Jahrhunderte riesige Mengen unersetzlicher Informationen unter dem falschen Deckmantel der Bekehrung zum Christentum von (sogenannten) primitiven Kulturen für immer verloren.

Ich war erstaunt, eine Fülle von Schöpfungsmythen in der indianischen Folklore zu finden. Die Mythologien des Roten Mannes sind unendlich reich an kreativen und überschwemmenden Mythen, mehr als bei jeder anderen Rasse in beiden Hemisphären. Viele von ihnen ähneln den europäischen und asiatischen Mythen des gleichen Genres, während andere eine große Originalität aufweisen. Die

Schöpfungsmythen der verschiedenen Indianerstämme Amerikas unterscheiden sich ebenso stark voneinander wie die von Europa und Asien. In einigen finden wir die großen Götter, die das Universum formen, in anderen finden wir sie, die es nur entdecken. Wieder andere führen ihr Volk aus unterirdischen Tiefen zur oberen Erde. In vielen Mythen finden wir die Welt, die von der Allvater-Sonne produziert wird, die die Wolken zu Wasser verdichtet welches dann zum Meer wird. In vielen anderen indianischen Mythen finden wir den Wind in Form eines Vogels über dem Urmeer brütend. In anderen Geschichten tauchen amphibische Tiere in das Wasser und bringen genügend Schlamm herauf, um einen Anfang der neuen Erde zu bilden. Dies ist ein Thema, das einen gemeinsamen Bezug zu den hinduistischen Mythen hat.

Das Thema des urzeitlichen Wassers, das eine noch nicht geschaffene Erde bedeckt, ist vielleicht das am weitesten verbreitete, das in allen Gebieten außer dem der Eskimos vorkommt.

In allen Schöpfungsmythen ist die Ordnung der Schöpfung immer die gleiche: die mit Wasser bedeckte Welt existiert, dann das Land, die Pflanzen, die Tiere und schließlich die Menschen. Ein Schöpfungsmythos kann die bloße Aussage beinhalten, dass der Schöpfer "alle Tiere gemacht hat". Immer wieder sagen die Legenden, dass der Mensch aus dem Boden der Erde erschaffen wurde. In einer Yuma-Schöpfungslegende gibt es sogar eine Episode, in der ein Trickser der ersten Frau erscheint und versucht, sie dazu zu bringen, dem Schöpfer nicht zu gehorchen. Diese Mythen ähneln stark der Geschichte in "Genesis".

Viele der indianischen Legenden zur Flut konzentrieren sich auf einen Mann und seine Frau, die ein Floß bauen und Tiere an Bord nehmen. Ein weiteres Beispiel ist die Flucht einer Reihe von Tieren in einem Kanu. In einigen Stämmen entkommen die Menschen der Flut, indem sie auf den Rücken einer Riesenschildkröte und nicht auf ein Boot klettern. Einige dieser Geschichten berichten, dass es 40 Tage lang geregnet hat, und gegen Ende der Zeit flog ein Vogel (üblicherweise ein Rabe) hinaus, um zu sehen, ob er Land finden konnte. Mehrere Stämme haben ihre eigene Version des Ararat (mit unterschiedlichen Namen), wo die Menschen und Tiere landeten. In mehreren Traditionen kam die Flut wegen der Sündhaftigkeit der Menschen.

Das sind die Arten von Legenden, die die frühen Missionare stark gestört haben, weil sie die Ähnlichkeit mit biblischen Berichten nicht logisch erklären konnten. Es scheint, dass die komplizierteren Schöpfungsgeschichten aus Tuins Zeit zugunsten der einfacheren und unterhaltsameren Kindergeschichten beiseite gefegt wurden - offensichtlich, weil sie leichter zu erklären und zu verstehen waren.

Wenn man diese Überlieferungen der nordamerikanischen Indianer mit denen Mittel- und Südamerikas sowie mit den Überlieferungen und Aufzeichnungen der östlichen Hemisphäre vergleicht, bildet dies ein sehr starkes Argument sowohl für die Wahrheit des biblischen Berichts als auch für die Einheit der Rasse.

Einige Wissenschaftler haben eingewandt, dass diese Überlieferungen vielleicht nicht von früheren Vorfahren weitergegeben wurden, sondern von frühen Händlern und Lehrern. Aber viele Stämme werden auch jetzt noch zwischen den Überlieferungen ihrer Vorfahren und den Lehren der ersten Europäer, die hierher kamen, unterscheiden. Obwohl die Azteken (Cousins der Navajos und Nachzügler des mexikanischen Mitteltals), Olmeken und Mayas kein Schreibsystem hatten, so wie wir es kannten, als Cortez in Zentralmexiko eingedrang, hatten sie eine Möglichkeit, Ereignisse durch Piktogramme (ähnlich der ägyptischen Hieroglyphen) darzustellen, und dieses Flutereignis wurde dokumentiert.

Daher müssen wir entweder zu dem Schluss kommen, dass alle Überlieferungen wenig oder gar keine Grundlage hatten, was absurd wäre, oder dass es eine große Zahl von Überschwemmungen gab, die fast ebenso absurd wären. Denn dann hätte die Flut nicht so deutlich von jedem Stamm dokumentiert werden können, besonders wenn eine Art Vogel und der Ast eines Baumes so oft im Zusammenhang damit erwähnt werden. Die andere Schlussfolgerung ist, dass es eine große Flut gab, eine so dermaßen große, dass die meisten Nachkommen der Geretteten eine Dokumentation davon aufbewahrten. Wenn dies der Fall ist, müssen alle von den wenigen, die gerettet wurden, abstammen.

Ein weiterer gängiger Glaube an die Legenden ist, dass am Anfang die Tiere, Fische, Insekten, Bäume und Felsen sprechen konnten. Die

Menschen konnten sie verstehen und mit ihnen sprechen. Sie konnten sich gegenseitig verstehen, weil sie eine gemeinsame Sprache hatten und in Freundschaft lebten. Einige der heutigen Medizinmänner behaupten immer noch, die Sprache bestimmter Tiere zu verstehen.

So wie Bäume, Teiche, Wolken und Felsen als Lebewesen betrachtet werden, so werden Sonne, Mond und Sterne in ihrem Firmament in der indianischen Mythologie als lebendig dargestellt und mit menschlichen Leidenschaften und Sehnsüchten nach Anthropomorphisierung ausgestattet. Die Sonne, der Vater des Lichts, der alle Lebewesen auf Mutter Erde bezeugt, der Illuminator der ursprünglichen Dunkelheit, ist sowohl Lebensspender als auch Zerstörer. Das große Konzept der Erdmutter ist allen Mythologien gemeinsam.

Es gibt viele Legenden über das Bringen von Licht und Feuer. Eine weitere Version davon betrifft das Erscheinen der Sonne. Die Menschen hatten anscheinend in der Dunkelheit gelebt, und als sie zum ersten Mal die Sonne sahen, hatten sie Angst und kauerten vor dem Licht, sie wandten sich davon ab. Dies ist auch ähnlich wie die Geschichte aus Lost Books of the Bible, als Adam und Eva zum ersten Mal die Sonne erblickten. Sie waren verängstigt und dachten, dass sie sie sicherlich verbrennen würde, und sie konnten nicht in ihrem Licht leben. Diese Geschichten erwecken den Eindruck, dass die ersten Menschen von dort kamen, wo die Sonne nicht existierte, oder vielleicht nicht so heftig existierte wie hier. Könnten diese Legenden eine Verbindung mit dem Raumschiff der Alten und den Außerirdischen haben, die in das Licht der Sonne hinaustreten, nachdem sie seit Generationen im Schiff waren?

Die indianischen Stämme hatten verschiedene Möglichkeiten, die Zeit zu berechnen. Einige von ihnen vertrauten auf die Veränderungen in der Jahreszeit und den Anbau von Nutzpflanzen, um sich darüber zu informieren, wann ihre jährlichen Feste und saisonalen Feierlichkeiten stattfinden sollten. Andere haben ihre Festivitäten auf die Veränderungen des Mondes und den Gewohnheiten von Tieren und Vögeln ausgerichtet. Es war jedoch der Mond, auf den die meisten von ihnen angewiesen waren, um Informationen über den Lauf der Zeit zu erhalten. Die meisten von ihnen ordneten dem Jahr 12 Monate zu, während andere 13 für eine korrektere Zahl hielten. Die Kiowa rechneten damit, dass das Jahr aus 12 1/2 Monden bestand, die andere Hälfte wurde auf das folgende Jahr übertragen. Einige der Dakota-Stämme veranschlagten ihre Jahre mit 12 Mondmonaten und beobachteten, wann 30 Monde abgenommen hatten, um einen überzähligen hinzuzufügen, den sie den "verlorenen Mond" nannten. Es gab keine Aufteilung in Wochen. Die Tage wurden nach "Schlaf" gezählt, und die Tageszeiten wurden durch die Bewegung der Sonne bestimmt.

Der Hauptgrund für die Zeitberechnung war die korrekte Einhaltung religiöser Feste. Diese waren oft von sehr aufwendiger Natur und nahmen viele Tage in Anspruch. Sie bestanden größtenteils aus einem Vorfasten, gefolgt von symbolischen Tänzen oder magischen Zeremonien und schlossen mit einer gefräßigen Orgie ab. Die meisten dieser Beobachtungen sind sehr ähnlich, und sichtbare Unterschiede können durch Umwelteinflüsse oder saisonale Schwankungen verursacht werden.

Als die Europäer zum ersten Mal mit der algonquischen Rasse in Berührung kamen, wurde beobachtet, dass sie regelmäßig wiederkehrende Feste abhielten, um das Reifen von Früchten und Getreide zu feiern, und unregelmäßigere Feste, um die Rückkehr von Wildgeflügel und die Jagdsaison im Allgemeinen zu feiern.

Der Winter war, als die alten Leute wieder alle Geschichten der Herrlichkeit und Glorifizierung erzählten, die wunderbaren Traditionen der Vergangenheit, die von Generation zu Generation weitergegeben wurden. Im Winter vertrieben sie sich während der langen, dunklen Nächte die Zeit durch Gesang und Geschichten. Der Medizinmann wurde in seiner Jugend trainiert, sich an Dinge zu erinnern und tagelang zu fasten, um seine Visionen zu beschwören. Sein Gedächtnis war sehr bewahrend, und von diesen Männern und Frauen wurden alte Legenden über Generationen hinweg überliefert.

Es gibt viele indianische Legenden, die sich mit den Sternen beschäftigen. In der Regel waren es Menschen, die in den Himmel reisten und sich in Sterne verwandelten. Dies ist ein roter Faden, der sich durch viele Legenden zieht. Gelegentlich sprechen die Legenden davon, dass die Sternenmenschen zur Erde zurückkehren, um ihre Familien zu sehen, oder aus verschiedenen anderen Gründen. Dies mag parallel zu den griechischen Geschichten der Götter sein, die aus den höheren Regionen herabkamen, um den armen Hirten zu Beginn ihrer Lebens-Erfahrung zu helfen, eine Überlieferung, die später an die Römer weitergegeben wurde. Irgendwann sahen die Götter, aus dem einen oder anderen Grund, ihre Arbeit als "erledigt" an und gingen woanders hin. Normalerweise kommen sie in den indianischen Legenden auf die Erde, weil sie Heimweh haben, besonders wenn sie gegen ihren Willen in den Himmelswelten wohnen.

Das Sternbild der Plejaden schien mehrere Stämme zu faszinieren, vielleicht weil es eine Besonderheit am Nachthimmel ist. Vielleicht war das der Grund, warum sie eine Legende oder einen Mythos dafür hatten, um es zu erklären, wie sie es bei anderen Sternen-Formationen hatten. Oder vielleicht lag es daran, dass tief in ihrem Unterbewusstsein das Wissen verankert war, dass ihre Vorfahren von diesem fernen Ort kamen. Die Plejaden waren ihre Lieblingskonstellation und sie nahmen die anderen außer dem Großen Bären wenig zur Kenntnis. Die Mythen sind vielfältig und handeln oft von sieben Mädchen, die mit verschiedenen Mitteln in den Himmel gebracht wurden. Weil die Indianer die Gruppe der Sterne schimmern sahen, beschreiben sie es als das Tanzen der Mädchen (oder Kinder). Unter den Stämmen entlang der Atlantikküste wurden die Plejaden die "Sieben Sterne" genannt, oder wörtlich "Sie sitzen getrennt von anderen", oder "sind zusammengeschlossen". Onondagas (Indianer-Stamm): "Dort wohnen sie in Frieden." Der Schwarzfuß nennt die Plejaden "Die Sieben Vollkommenen".

In Südamerika war der Plejaden-Kult am weitesten entwickelt. Hier wurde diese wunderbare Gruppe von Sternen mit ständiger Aufmerksamkeit und Huldigung beobachtet. Sie kennzeichneten die Jahreszeiten, die Zeit zum Säen und Ernten sowie die wichtigsten Feste und Zeremonien. Die alten Mexikaner entzündeten in einem nationalen Fest das heilige Feuer, als sich die Plejaden dem Zenit näherten. Das taten auch die Toskaner der südwestlichen Ebenen. Die Arapahoes, Kiowas, Yuncas und Inkas betrachteten diese Konstellation mit Ehrfurcht. Die Adipones aus Brasilien und einige andere Nationen behaupten, dass sie von den Plejaden stammen. In einigen kalifornischen Stämmen galt es als unheilvoll, sie achtlos anzusehen.

Der Polstern oder Nordstern (auch Polarstern genannt) war immer der Führer der Indianer (genannt "der Stern, der sich nie bewegt"), und die Nordlichter (Aurora borealis) waren ein Hinweis auf kommende Ereignisse. Wenn sie weiß wären, würde frostiges Wetter folgen, wenn sie gelb wären, Krankheit und Seuche, während rot Krieg und Blutvergießen voraussagte; und ein gefleckter Himmel im Frühjahr war immer der Vorbote einer guten Maissaison.

Viele der Sternenlegenden behaupten, dass die Sonne, der Mond oder ein anderer Großstern die Eltern verschiedener Helden sind und beanspruchen damit himmlische Abstammung oder Ursprung. Anstatt ihren Ursprung als Menschen von den Sternen zu definieren, wurde verbreitet, die Eltern oder den Kulturbringer als das größere Himmelsobjekt selbst zu beschreiben. Dies könnte auf eine Verschlechterung der Geschichten über viele Generationen hinweg hinweisen, auf eine Vereinfachung einer komplizierteren Geschichte. Ein Wegfall von Elementen in der Erzählung, die in der Nacherzählung als verwirrend empfunden wurden.

Aus mehreren Gründen ist viel der nordamerikanischen Sternenkunde verloren gegangen: Erstens war die Bestimmung der Zeremonien vom geheimen Wissen abhängig, das nur den Priestern offenbart wurde, und von ihnen nur denjenigen, die sie ausgebildet hatten, um sie zu ersetzen. Zweitens hatten viele den Indianern bekannte Konstellationen keine europäischen Entsprechungen. Drittens, viele der frühesten Geschichten-Aufzeichner, die mit Indianern arbeiteten, waren Stadtbewohner, die mit der Astronomie ihrer eigenen Kultur nicht vertraut waren.

Seltsame, unheimliche Gestalten werden oft in den Geschichten erwähnt. Einer der Mythen der Onondagas betrifft einen sehr alten Mann, der mehrmals zu ihnen kam. Sie hatten noch nie jemanden wie ihn gesehen. Er wurde beschrieben, dass er mit weißen Federn bekleidet war und weiße Haare hatte, die wie Silber glänzten. In dieser Geschichte stiegen mehrere Kinder in die Luft, und als sie den Himmel erreichten, wurden sie zu den Plejaden.

Eine seltsame Erwähnung eines magischen Steins, tauchte in einem Buch aus dem 18. Jahrhundert auf. Der Stamm hatte angeblich einen magischen transparenten Stein, den der Medizinmann konsultieren würde. Er wurde eifersüchtig bewacht und selbst das Volk des Stammes durfte ihn nicht sehen. Der Schriftsteller konnte ihn nicht weiter beschreiben, und er sagte nicht, welcher Stamm ihn hatte. (Die Migration aus Shinar, von Captain G. Palmer [London], 1879.)

Es gibt in mehreren Stämmen Geschichten über ein übernatürliches Kanu, das fliegt und während der Reise gefüttert werden muss. Tsimshian: Eine Legende über ein selbstfahrendes Kanu mit einem Monsterkopf an jedem Ende. Diese Köpfe essen alles, was immer den Weg des Kanus kreuzt. Es gibt viele Verbindungen, wo diese Idee der Fütterung eines selbstfahrenden Kanus vorkommt, und die Last zur Fütterung des Kanus verwendet wird. In einer Geschichte hatte das Kanu große magische Kräfte und wurde von einem bestimmten Lied angetrieben. Wenn es geflogen wurde, stieg es schnell sehr hoch in den Himmel. Es wurde beschrieben, dass es wie ein Pfeil nach oben schoss. Das magische Lied könnte auch dazu führen, dass das Kanu absteigt und anhält. In einer anderen Geschichte wurde es in Stein verwandelt, als das Kanu an Land gebracht wurde. Könnten diese Legenden Erinnerungen an das ursprüngliche Raumschiff sein, das durch die Zuführung des an Bord mitgeführten Materials angetrieben wurde? Könnte das Zauberlied, das es antreibt, auch die Erinnerung an das Antriebssystem sein? Als es zur Erde kam, war es transformiert und konnte nicht weiter fliegen.

In einigen Fällen gibt es einen Glauben, der für sich allein steht und nicht in die Volksmärchen aufgenommen wurde, wie z.B.: der Donnervogel, dessen gewaltige Kraft den Blitz entzündet hat. Könnten die Donnervogel-Legenden von den Indianern stammen, die Raumschiffe sahen?

Eine beliebte Art des Mythos in Amerika ist der, in dem ein Kulturheld kommt und den Menschen Dinge beibringt, zum Beispiel Körbe zu basteln, eine bis dahin unbekannte Kunst. Oder er bringt ihnen bei, wie man Pflanzen anbaut. Der Kulturheld steht für die Stärke, Weisheit und Wahrnehmung der Menschen. Er ist nicht die Macht über uns allen, aber er ist der Vermittler zwischen dieser Macht und der Menschheit.

Verschiedene Stämme haben eine Legende von Glooscap (oder Gluskap) als Kulturbringer. Der Überlieferung nach kam er er weit von Osten her über das große Meer in dieses Land; und dass er ein göttliches Wesen war, wenn auch in Form eines Menschen. Glooscap war der Freund und Lehrer der Indianer; alles, was sie über Künste wussten, brachte er ihnen bei. Er lehrte sie die Namen der Sternbilder und Sterne. Er lehrte sie, wie man jagt, fischt und das heilt, was sie genommen haben; wie man den Boden kultiviert, wie man pflanzt und er hat sie in allen Formen der Landwirtschaft ausbildet. Alles, was die Indianer wussten, was weise und gut war, lehrte er sie. Sein Kanu war ein Granitfelsen, das sich in eine Insel verwandelte. Auf einer seiner Reisen fand er einen anderen Stamm von Menschen mit einer anderen Sprache. Er blieb fünf oder sechs Jahre bei ihnen, um ihnen Regeln beizubringen. Als Glooscap wegging, ging er in Richtung Westen, weil seine Arbeit beendet war. Es wird angenommen, dass er eines Tages zurückkehren wird. Er wird nie alt, also wird es ihn so lange geben wie die Welt. Der Ort, an dem er lebt, liegt in einem schönen Land im Westen. Der Weg in diese schöne Region ist lang, schwierig und gefährlich. Der Rückweg ist kurz und einfach. Es gibt viele Geschichten und Legenden von mutigen jungen Männern, die die Reise versucht haben. Es gibt andere Persönlichkeiten in den Legenden mit Glooscap, die mächtig sind, aber Glooscap überragt sie.

Viele Kulturheldinnen werden in den Legenden erwähnt. Sie sind unter vielen Namen bekannt, und sie brachten den Menschen wichtige Dinge wie: Büffel, Salz, Mais und das Wissen über das Anpflanzen, Keramik und Korbwaren, sowie Feuersteine, um das erste Kochfeuer zu entzünden.

In einer Legende gab Mutter Getreide den Indianern Mais zum Pflanzen und lehrte sie viele Dinge, bevor sie zum Himmel zurückkehrte. Eines Tages wurde ein wunderbarer Mann am See gesehen, der ihnen mehr beibrachte. Dann stand Mutter Getreide neben ihm, um ihnen beizubringen, wie man Mais anbaut. Sie erzählte ihnen von den Sternen, von den Planeten, von Sonne und Mond und den Göttern am Himmel. Dann wurde ein Hund mit Medikamenten von der Sonne geschickt und erzählte den Menschen von den Krankheiten des Menschen und wie man sie heilen kann. Danach verließen der Mann und Mutter Getreide das Volk.

Keiner dieser bedeutenden kulturellen Fortschritte trat spontan in der Geschichte auf. Sie wurden immer zu den Menschen gebracht oder ihnen von jemandem gegeben. Zum Beispiel kann der Mythos, der die Abenteuer und die Karriere eines Kulturhelden erzählt, die Aussage beinhalten, dass "er die Menschen alle Künste gelehrt hat".

Die Legende vom Bahana, dem weißen Bruder oder weißen Retter der Hopi, ist in allen Dörfern fest etabliert. Er kam hoch mit Menschen aus der Unterwelt und wurde mit großer Weisheit anerkannt. Er machte sich auf den Weg zur aufgehenden Sonne und versprach, mit vielen Vorteilen für die Menschen zurückzukehren. Seitdem wird sein Kommen erwartet. Es wird gesagt, dass es nach seiner Rückkehr keinen Kampf und keine Schwierigkeiten mehr geben wird, und er wird viel Wissen und Weisheit mitbringen. Aufgrund dieser Legende durften die spanischen Priester ihre Missionen im Hopi-Land gründen, denn das Volk dachte, dass endlich die Bahana gekommen seien. Seitdem haben sie viele ähnliche Enttäuschungen erlitten, aber sie erwarten immer noch die Ankunft der "wahren Bahana".

Der Ursprung des Wortes Bahana ist unbekannt, obwohl es mehrere Theorien gibt. Heute ist dieses Wort ein Begriff, der für die Ankunft der Spanier verwendet wird.

Die Hauptmerkmale dieser Geschichte haben eine starke Ähnlichkeit mit der alten Legende von Quetzalcoatl, dem mexikanischen Kulturgott der Mayas, Tolteken und später von den Azteken übernommen. Er ist auch mit der Sonne verbunden und da er ursprünglich ein Mayagott war, brauchte er kein Menschenopfer. Quetzalcoatl war der Gott des Kunsthandwerks, des Kalenders und der Kultur im Allgemeinen.

Es gab eine alte Legende, dass der Große Kulturgott Quetzalcoatl, nachdem er die Menschen in den nützlichen Künsten unterrichtet hatte, nach Osten über das Meer aufbrach und versprach, zu einem bestimmten Zeitpunkt in der Zukunft zurückzukehren. Der Überlieferung nach hatte er weiße Haut und war bärtig. Die Ankunft der Spanier im entsprechenden Jahr führte dazu, dass Montezuma II., der zum Priester ausgebildet und sorgfältig vor der Außenwelt geschützt worden war, sie willkommen hieß. Es war eine Politik, die sich für die Einheimischen als tödlich erwies. Die Erfahrung der Inkas in Südamerika mit Pizzaro war sehr ähnlich mit den gleichen verheerenden Ergebnissen.

BEZOGEN AUF DIE MYTHEN in indianischen Kulturen, haben viele von ihnen erklärende Elemente. Das bedeutet, dass die Geschichte auf geniale Weise bestimmte Phänomene erklärt. Viele werden als "erklärende Geschichten" bezeichnet, die dazu dienen, Dinge des täglichen Lebens zu erklären (Identifizierungszeichen an Land-Tieren, Vögeln usw.). Diese haben eine deutliche Ähnlichkeit mit den Geschichten von Tuins Kindern. Einige Forscher sind zu dem Schluss gekommen, dass es eine beträchtliche Anzahl von Fällen gibt, in denen eine bestimmte Geschichte nachweislich älter ist als das, was sie jetzt "erklären" soll. Als ob die Geschichte das Original wäre und die Erklärung ein nachträglicher Gedanke. Dies kann zu dem Schluss führen, dass in Nordamerika Geschichten nicht als Erklärung entstanden.

Forscher fanden heraus, dass ein beträchtlicher Teil der einem Stamm bekannten Geschichten auch allen benachbarten Stämmen bekannt war, manchmal in leicht unterschiedlichen Formen. Sie fanden heraus, dass eine Geschichte über enorme Entfernungen verbreitet werden kann. In einigen Fällen wanderten die Geschichten Tausende von Kilometern von dem entfernt, was als ihre "ursprüngliche" Heimat galt.

Dies gilt insbesondere für einige Stämme im Flachland, von denen angenommen wurde, dass sie ihre Wurzeln in den östlichen Wäldern der Indianer haben. Sie wanderten aus ihrem alten Zuhause im Osten aus, mit der Unterstützung ihrer kulturell verwandten Nachbarstämme, bevor die europäische Invasion im 17. Jahrhundert begann.

Ein weiteres Beispiel sind bestimmte Geschichten, die bei den Ureinwohnern von Ostgrönland und West-Alaska in den frühen 1800er Jahren übereinstimmend waren und auch den Stämmen bis zum Arkansas River bekannt waren. Eine bestimmte Geschichte strahlte normalerweise von einem zentralen Punkt aus und verlor ihren Charakter nach und nach in direktem Verhältnis zur Entfernung von diesem Zentrum. Dies half den Ermittlern, das Problem des "Herausnehmens" der erklärenden Bedeutung von Geschichten zu beleuchten. Es zeigte sich, dass in den Erklärungen, die bestimmten Geschichten von verschiedenen Völkern beigefügt waren, sehr große

Unterschiede bestanden. Einige erklärten eine Sache, andere eine andere und wieder andere überhaupt nichts. Während sich die verschiedenen Geschichten umgehend bei verschiedenen Menschen veränderten, änderten sich die Erklärungen viel schneller und radikaler. Das Fehlen von Erklärungen wurde mit der Begründung berücksichtigt, dass sie herausgenommen wurden. Als sie die Geschichten in ihren verschiedenen Formen untersuchten, kamen sie zu dem Schluss, dass es unmöglich war, zu bestimmen, welches das Original war. Sie waren der Meinung, dass die gleiche komplizierte Geschichte nicht jedes Mal, wenn eine Erklärung erforderlich war, unabhängig erfunden werden konnte, so dass viele der Geschichten eine Korruption oder Neuinterpretation des Originals waren.

Spätere Mythen können als europäische Elemente erkannt werden, und einige wurden von Missionaren beeinflusst. Diese Elemente waren in der ursprünglichen Form nicht vorhanden. In einigen Fällen wurde den Einheimischen verboten, die alten Geschichten zu rezitieren, weil sie als heidnisch und frevelhaft galten. In vielen dieser Fälle wurden die ursprünglichen Geschichten langsam vergessen oder geändert, um den missionarischen Anforderungen gerecht zu werden. Die Originale wären sehr schwer zu finden, vor allem in der Form, die vor der Ankunft und dem Einfluss der Europäer verwendet wurde.

Angesichts dieser Schwierigkeiten finde ich es bemerkenswert, dass ich eine Geschichte finden konnte, die in unbeeinflusster Form überliefert wurde und genau so ist, wie Tuin sie den Kindern seiner Zeit erzählt hat. Nach langem Suchen fand ich das Folgende in einem alten Buch: Es wurde dem Autor und Entdecker im Six Nations Reserve in Kanada in den späten 1800er Jahren vorgetragen. Es ist Teil einer längeren Erzählung, die sich um einen Fuchs dreht.

Wie der Bär seinen Schwanz verlor

Der gerissene Fuchs traf als nächstes auf einen Bären, der auch darauf bedacht war, etwas Fisch zu besorgen. "Nun," antwortete der Fuchs, "unten am Fluss findest du ein Luftloch im Eis; leg deinen Schwanz einfach so ab, wie ich es tat, und du kannst die Fische so schnell herausziehen, wie du willst." Der Bär folgte vorsichtig den Anweisungen, aber das Wetter war kalt, anstatt einen Fisch zu sichern, wurde sein Schwanz abgefroren. Dies erklärt den schwanzlosen Zustand des Bären.

Es scheint, dass ein Teil dieses alten Wissens nur durch diese ungewöhnliche Methode der hypnotischen Regression wiederhergestellt werden kann. Das Wissen ist immer noch in den unterbewussten Gedächtnisbanken der Menschen vorhanden, die heute auf der Erde leben. Es geht nur darum, ein ausgezeichnetes Thema durch die Korridore der Zeit zu einem Leben zurückzubringen, in dem die Informationen allgemein bekannt waren. Nichts kann jemals völlig verloren oder vergessen werden, solange der menschliche Verstand überlebt. Was im Unterbewusstsein geschrieben steht, kann nicht gelöscht werden.

UM EINEN STREIT BEIZULEGEN, zumindest innerlich, fragte der Verfasser eines Artikels aus dem Jahr 1900: "Was, und wo sind denn die Wurzeln der Indianer? Der Indianer, was ist er überhaupt und wo kommt er her? Ich weiß es nicht, sie? Was ich selbst denke? Da alle Theorien wahr zu sein scheinen, zumindest teilweise, warum sagen wir nicht, dass sie alle wahr sind und sind damit fertig? Könnte etwas Auffälligeres darauf hinweisen, dass der Indianer zur ganzen universellen Rasse der Menschheit gehört, dass das gemeinsame Blut der Bruderschaft in unseren Adern fließt, dass er der Bruder der ganzen weiten Welt ist? Alle Zeichen deuten darauf hin, dass er das Kind aller Zeiten ist, einer der zahlreichen Nachkommen der alten Erdenmutter, und dass das Geheimnis seiner primitiven Wurzeln jenseits unseres Wissens, zusammen mit dem großen Geheimnis des Ursprungs des Lebens, eingeschlossen ist. Woher er kam, wissen wir nicht. Aber es ist sicher, dass er diesen Kontinent seit sehr langer Zeit bewohnt hat, lange genug, um hier ein Volk, eine gut differenzierte Rasse zu etablieren, über deren Reinheit und Altertümlichkeit es keine Zweifel geben kann. Es kann sein, dass die Einheit der menschlichen Rasse eine so tiefgreifende Tatsache ist, dass alle Versuche einer grundlegenden Klassifizierung, die in allen Abteilungen der Anthropologie verwendet werden soll, scheitern werden und dass die menschliche Familie als eine Rasse betrachtet wird. Viele Aborigineund Mischblut-Individuen sind verschwunden, aber sie sind nicht durch Aussterben, sondern durch Absorption verschwunden.

Es ist sehr offensichtlich, dass das indische Blut nicht tot ist, es ist nicht ausgestorben; nein, es ist zerstreut, absorbiert, assimiliert - nennen sie es, wie sie wollen, außer gestorben. Seine Rasse mag verschwinden, aber das Blut wird nicht verschwinden.

Kapitel 19

Das Ende des Abenteuers

ICH HABE NICHT DADURCH RECHERCHIERT, indem ich zu den Stämmen reiste und mit deren Ältesten sprach, weil ich glaubte, dass mir dieses Vorgehen nicht die Informationen liefern würde, nach denen ich suchte. Ich bin mir bewusst, dass viele Bücher in den letzten Jahren von Menschen geschrieben wurden, die behaupten, alte Legenden und Prophezeiungen über kommende Ereignisse weiterzugeben. Es wird berichtet, dass diese von älteren Mitgliedern der Stämme kommen, die das heilige Wissen bewahrt haben. In einigen Fällen wurden diese Indianer von ihrem Volk geächtet, weil sie dieses Wissen dem weißen Mann offenbarten, der als ihr traditioneller Feind galt. Es ist möglich, dass diese Legenden echt sind, aber sie hätten mündlich durch viele Jahre der Verfolgung, Vernichtung, Vorurteile, Trennung und Umsiedlung überleben müssen. Ich konnte in den Annalen der frühen Forscher keine Aufzeichnungen darüber finden.

Mir wurde klar, dass ich die Legenden von Tuins Volk nie finden würde. Diese edle Rasse war vor unglaublich vielen Jahren verschwunden und nur ihre Gene wurden an unsere Zeit weitergegeben. Die Stücke, die ich sammeln konnte, waren wie kleine Krümel eines einst schönen und ganzen Laibs. Ein Laib, der zerfallen, verschlungen und verschwunden ist. Aber laut Tuin enthält das Blut, das durch viele indianische Stämme fließt, ein wenig von den Alten. Das gespeicherte Wissen ist dort noch in der DNA sichtbar. Vielleicht muss das reichen, nur um zu wissen, dass die Indianer edle Wurzeln hatten, die von der Welt nicht vollständig anerkannt sind. Dass einige ihrer Vorfahren von den Sternen kamen und entgegen großer Widerstände überlebten. Wie Tuin sagte, wir haben die wunderbare

Geschichte -zumindest für diese Generation zurückerhalten. Bedeutet das, dass sie wieder im Sand der Zeit verschwindet? Wenn dies der Fall ist, werden vielleicht auch die Aufzeichnungen unserer eigenen Zivilisation vom Erdboden verschwunden sein, und niemand wird jemals erfahren, dass wir existierten. Es fängt an, als Tatsache akzeptiert zu werden, dass dies in der Vergangenheit viele, viele Male geschehen ist. Andere Zivilisationen sind auferstanden, blühten auf und starben wieder und haben nichts hinterlassen, was ihren Tod kennzeichnet. Außer dem Menschen. Wenn wir an die Realität der Reinkarnation glauben, dann ist dies nicht unser einziges Leben. Dann wäre es vernünftig anzunehmen, dass wir in jenen anderen vergangenen Zivilisationen gelebt haben könnten, die in Kataklysmen vom Erdboden verschwunden sind. Wir wissen, dass unser eigener Tod nicht zum Fürchten ist, weil wir ihn unzählige Male zuvor überlebt haben. So wissen wir auch, dass wir den Tod einer Zivilisation, einer Nation oder einer Welt überleben können. Diese Dinge werden durch Zyklen motiviert, genau wie unser eigenes Leben. Die unsterbliche menschliche Seele kann über jede Katastrophe siegen und immer wieder zurückkehren, um das Zerstörte ständig wieder aufzubauen und zu verbessern. So wie die Menschen wieder auferstehen sollen, kann sich der Kreislauf drehen und Zivilisationen und Welten können wieder auferstehen. Das ist der unbezwingbare Geist des Lebens. Keine Zerstörung ist dauerhaft.

Menschen waren schon immer Überlebende und werden es auch weiterhin sein. Sie werden ihr Leben wieder aufbauen und umgestalten, aber sie werden immer bleiben. Wir entdecken jetzt, dass die Erinnerungen an diese verlorenen Zivilisationen im Unterbewusstsein der heute lebenden Menschen enthalten sind. Diese Erinnerungen beginnen aufzutauchen und so werden die Geschichten dieser Menschen nie sterben. Dies könnte der unerforschte Raum sein, den Wissenschaftler der Zukunft erforschen können. Es kann sein, dass hier die verlorene Geschichte aufgedeckt werden soll, durch den Einsatz von regressiver Hypnose anstelle der Schaufel des Archäologen.

NACHDEM ICH MEINE FORSCHUNG ABGESCHLOSSEN HATTE, war die Geschichte von Tuin und seinen Vorfahren noch immer nur eine Geschichte, die fast unmöglich zu beweisen war. Aber ich glaube gerne, dass es so hätte passieren können, dass es ein vergessener Teil unserer Geschichte ist. Die Geschichte der Alten ist eine Geschichte des Abenteuers, des unbezwingbaren Entdeckungsgeistes, der unser Land begründet hat, der Beharrlichkeit angesichts von Gefahr und Unbekanntem, und der unauslöschliche Flamme der Hoffnung. Gibt es ein besseres Vermächtnis, um es der menschlichen Rasse zu vererben, egal wo sie ihren Ursprung hat?

Ich kann mir das Gefühl der Endgültigkeit vorstellen, das diese Menschen empfunden haben müssen, als sie gezwungen wurden, ihren Heimatplaneten zu verlassen. Aufgrund der politischen Bedingungen konnten sie dort nicht bleiben. Sie wussten, als sie sich auf den Weg durch die Leere machten, dass sie ihren Planeten nie wieder sehen würden; sie würden nie mehr in der Lage sein, nach Hause zurückzukehren. Es war ein endgültiges Schließen dieser Tür, ein Abschied von allem, was ihnen vertraut war. Aber ich nehme an, das Erstaunen, die Neugier auf das Unbekannte war auch ein Antrieb. Sie würden neue Grenzen überschreiten und dorthin gehen, wo noch nie jemand von ihnen gewesen war. Sie wären auch nicht in der Lage, das, was sie gefunden haben, mit ihrer Heimat zu teilen, weil sie zu Menschen ohne Land werden würden. Der Heimatplanet wollte keinen weiteren Kontakt mit ihnen haben. Für sie würden die Pioniere aufhören zu existieren. Das war vielleicht drastisch, aber in ihren Augen war es besser als der Tod.

Also machten sie sich auf den Weg, ihre Augen auf einen weit entfernten Stern gerichtet. Sie mussten nach vorne schauen, es konnte keinen Rückblick geben. Das Leben an Bord der Schiffe könnte langweilig gewesen sein. Sie hatten alles, was sie zum Überleben brauchten. Sie hatten gut geplant, wahrscheinlich Jahre im Voraus. Aber sie wussten, dass Generationen innerhalb der Grenzen des Raumschiffes aufwachsen würden, bevor sie wieder festen Boden berühren würden. Viele Jahre unserer Zeit vergingen, bevor sie sich der Schwerkraft unseres Planeten näherten, während sie durch unser Sonnensystem reisten. Die Erde war nicht ihr Ziel. Sie hätten hier nie angehalten, wenn es keine Fehlfunktion ihres Raumschiffes gegeben hätte. Ob es Sabotage war, die verzögert an die Oberfläche kam oder nicht, sie wurden in eine Krisensituation gebracht. Sie wussten, dass sie nicht mit den anderen weiterreisen konnten, und die anderen konnten nicht warten und ihnen helfen. Sie mussten irgendwo landen, um die Reparaturen durchzuführen, um hoffentlich später die anderen einzuholen. Sie waren verwirrt, als sie den Mond sahen. Nach ihren wissenschaftlichen Theorien war er zu groß für einen Solarkörper, um ein Satellit zu sein. Zuerst waren sie unsicher, ob sie auf dem Mond oder auf dem Planeten landen sollten. Ihre Technologie muss ihnen gezeigt haben, dass die Erde eine kompatible Atmosphäre hatte, und so entschieden sie sich, hier zu landen. Das war ein Glücksfall, denn sie hatten keine Möglichkeit zu Wissen, dass die Reparatur unmöglich wäre und sie für immer gestrandet wären. Auf dem Mond zu landen, hätte vermutlich den sicheren Tod bedeutet.

Ich kann mir das Erstaunen, die Ehrfurcht und vielleicht den Schrecken vorstellen, als sie aus dem Schiff ins Freie kamen. Generationen waren vollständig innerhalb der Mauern des Schiffes aufgewachsen; sie hatten die offenen Räume nie gesehen. Der Anblick solcher riesigen Luft- und Landflächen muss von Anfang an überwältigend gewesen sein. Aber es gab mehr unmittelbare Gefahren. Sie fanden heraus, dass die Sonne zu stark für sie war. Ihre Körper waren nicht kompatibel mit der konzentrierten und für sie schädlichen Strahlung. Sie blieben in der Sicherheit des Raumschiffes und gingen nur nachts heraus, um zu versuchen, die Reparaturen durchzuführen. Als sich herausstellte, dass sie nie in der Lage sein würden, wieder vom Planeten zu fliehen, begannen sie sich darauf einzustellen, dass dies ihre neue Heimat sein würde. Schließlich wollten sie sowieso einen Planeten kolonisieren, auch wenn dies nicht ihre erste Wahl war. Sie müssten lernen, sich anzupassen. Ihr Leben hing davon ab.

Sie entdeckten, dass es eine kleine Gruppe von Aborigines gab, die im bergigen Tal lebten. Das gab ihnen Hoffnung für ihr eigenes Überleben. Wenn eine humanoide Spezies überleben konnte, dann könnten sie es auch. Die Aborigines bewunderten die Raumfahrer am Anfang und betrachteten sie als Götter, die auf die Erde gekommen waren. Aber mit der Zeit erkannten sie, dass dies nur Menschen wie sie selbst waren. Die Anpassungen waren nicht einfach. Sowohl die Alten als auch die Ersten verließen sich auf telepathische Kommunikation, und weil sie so unterschiedlich waren, war es körperlich schmerzhaft, in unmittelbarer Nähe zueinander zu sein. Aber im Laufe der Zeit erkannten die Alten, dass die Strahlung der Sonne schreckliche genetische Probleme für sie verursachte. Ihre einzige Hoffnung auf Überleben war, sich mit den Ersten zu vermischen. Wenn es um die Alternative zu Leben oder zu Sterben geht, findet der menschliche Geist einen Weg. Dies könnte ein weiteres Vermächtnis sein, das an uns weitergegeben wurde.

Im Laufe der Zeit sahen sie, dass die Kreuzung lebensfähige Nachkommen hervorbrachte, und ihre Zukunft hier war gesichert. Sie passten sich allmählich an und zerlegten das kaputte Raumschiff, um Häuser damit zu bauen. Ich vermute, eine der schmerzhaftesten Erfahrungen für sie muss der Verlust des Wissens gewesen sein, das in ihren Computern enthalten war. Sie versuchten, das zu retten, was sie retten konnten, indem sie es aufschrieben. Aber es gab so viel, so viel. Der Computer muss über mehr Informationen als mehrere unserer Bibliotheken verfügt haben. Wie entscheidet man, was zu erhalten ist und was geopfert werden soll? Sie beschlossen, dass das Wissen, welches ihr Überleben betraf, am wichtigsten sein würde. Anleitungen, die benötigt wurden, um ein Leben in einer fremden Umgebung zu führen. Die Informationen, die sich mit dem Anbau von Lebensmitteln, der Herstellung von Kleidung, Medizin und Heilkunst beschäftigten waren unverzichtbar für sie. Das Wissen, das nur auf ihrem Heimatplaneten wichtig gewesen wäre, war vielleicht das erste, das geopfert wurde. Es war ein finaler Schritt, da sie damit die Geschichte ihrer Herkunft verloren. Mathematik, andere Naturwissenschaften, Lesen und Schreiben wurden ein Zeit lang weitergegeben, aber dann allmählich in die Obhut einer Person übertragen, da der Druck des Überlebens immer größer wurde. Mit der Zeit verschwanden immer mehr ihrer mitgebrachten Artefakte und waren nur in den von den Legenden beschriebenen Erinnerungen zu finden. Es muss schwierig für sie gewesen sein, sich vom Raumschiff zu lösen. Sie behielten einige der Objekte vom Schiff und gaben sie weiter, da sie zumindest an einigen der Erinnerungen festhalten wollten. Die späteren Nachkommen verstanden den Zweck dieser Artefakte nicht mehr und sie wurden dann religiös verehrt. Es waren Dinge, die den Alten gehörten und so geschützt waren.

Es ist bemerkenswert, dass das Erbe dieser Raumfahrer hätte überhaupt irgendwie überleben können, alleine die Komplikationen der vermutlich Jahrtausenden zwischen der Bruchlandung und Tuins Zeit zu überstehen. Wenn seine Gruppe nicht so isoliert gewesen wäre, wäre das Wissen wahrscheinlich schon viele Generationen vor seiner Zeit absorbiert, verwässert und verändert worden. Aber sie waren völlig von jeglichem kontaminierenden Einfluss abgeschnitten. Sie waren die einzigen Menschen dort. Für ihr Überleben war es unerlässlich, dass alles Wissen erhalten bleibt. Jeder Mensch hatte ein Talent, das an die Nachkommen weitergegeben werden musste. Der Verlust der Fähigkeiten jedes Menschen war undenkbar, weil er für das Wohlergehen des Dorfes als Ganzes unerlässlich war. So war die Weitergabe des jeweiligen Handwerks Teil ihres Lebensstils und wurde sehr geschätzt. Das Gleiche galt für die Legenden. Sie hielten es für notwendig, sie zu erhalten, und zwar so genau wie möglich. Dies hatte beinahe eine Art von religiöser Qualität. Es wurde extrem darauf geachtet, dass die Legenden ihre wahre Form behalten. Nichts konnte hinzugefügt und nichts herausgenommen werden. Es wurde zu einer heiligen Pflicht der Gruppe, die Reinheit der Legenden zu bewahren und zu schützen, auch wenn sie einen großen Teil von ihnen nicht verstanden. Es war nur die Hingabe und Isolation der Gruppe, die die Geschichten so lange intakt hielt. Unsere außerirdischen Vorfahren überlieferten auch die wahre Liebe und den Respekt für Mutter Erde, ihre neue Heimat. Dies ist in den Kulturen der nordamerikanischen Indianer tief verankert.

Aber schließlich geschah das Unvermeidliche, wie es immer war und immer sein wird. Äußere Einflüsse kamen in ihr Tal. Die Gruppe muss absolute Ehrfurcht und schreckliche Angst gehabt haben, als sie feststellte, dass sie nicht die einzigen waren, die es auf der Welt gab. Menschen wie sie selbst waren in ihre Heimat gekommen und das Leben würde nie wieder dasselbe sein. Tuin war nicht am Leben, um es zu sehen, aber er war einer der wenigen, die wussten, dass es stimmte, weil er während seiner Wanderungen außerhalb der Gegend andere Menschen gesehen hatte. Aber das Dorf hatte ihm nicht geglaubt; seine Geschichten wurden Teil ihrer Legenden. Sie glaubten es nicht, bis sie es selbst sahen. Danach war es nur noch eine Frage der Zeit, bis diejenigen von außerhalb zu einer Verschlechterung der Lebensweise der Menschen im Tal, und zu einer Korrumpierung der Legenden beitragen würden.

Tuins Leben an sich war nicht wirklich bemerkenswert. Er lebte ein einfaches Leben ohne scheinbare Sorgen. Er hatte große psychische Fähigkeiten und benutzte sie, um bei seiner Jagd geführt zu werden. Er hatte starke religiöse und spirituelle Überzeugungen, obwohl er sie nicht als solche betrachtete. Er lebte sein ganzes Leben im Dienste der anderen in seinem Dorf. Indem er Fleisch lieferte, erledigte er die Arbeit, für die er bestimmt war, und half dem Dorf zu überleben. Er hielt dies nicht für bemerkenswert. Es war das, was von ihm erwartet wurde, und er tat es ohne zu Fragen. Er liebte die Natur und die Freiheit in der Natur, und er respektierte alles Leben. Er lebte in einem Volk, das gelernt hatte, ohne Angst und in voller Fürsorge für seine Mitgeschöpfe zu leben. Er lachte und liebte, und obwohl er gewöhnlich war, glaube ich, dass er ein bemerkenswerter, unbefleckter Mensch war. Das sind wunderbare Eigenschaften, die jeder in seinem Leben auf dieser Erde entwickeln kann. Aber ich glaube, der bemerkenswerteste Dienst, den er geleistet hat, war einer, den er nicht bewusst gewollt hat. Ein Dienst, der Tausende von Jahren nach seinem Tod durch regressive Hypnose geleistet wurde, lange nachdem alle Spuren seines Dorfes und der Artefakte in Staub verwandelt wurden. Ich denke, sein größter Dienst war seine Fähigkeit, seine geliebten Legenden durch die Barrieren von Zeit und Raum zu übertragen und sie unserer Welt wieder zu präsentieren. Die Alten wären sehr stolz gewesen. Sie wurden nicht vergessen. Ihre Geschichte ist durch die unerklärlichen Gedankengänge der Menschen zurückgekehrt. Unsere Ursprünge wurden uns als ein Geschenk aus der Vergangenheit zurückgegeben. Wir werden daran erinnert, dass unser Vermächtnis von den Sternen kommt. Lasst es uns nicht noch einmal vergessen.

Autorenseite

Dolores Cannon, eine regressive Hypnotherapeutin und psychische Forscherin, die "verlorenes" Wissen erfasst, wurde 1931 in St. Louis, Missouri, geboren. Sie wurde ausgebildet und lebte in St. Louis bis zu ihrer Heirat 1951 mit einem Mann der in der Navy Karriere machte. Die nächsten 20 Jahre verbrachte sie damit, als typische Navy-Frau durch die ganze Welt zu reisen und ihre Familie zu erziehen. 1970 wurde ihr Mann als behinderter Veteran entlassen, und sie zogen sich in die Hügel von Arkansas zurück. Dann begann sie ihre Schreibkarriere und begann, ihre Artikel an verschiedene Zeitschriften und Zeitungen zu verkaufen. Seit 1968 beschäftigt sie sich mit Hypnose, seit 1979 ausschließlich mit Therapie und Regressionsarbeit. Sie hat die verschiedenen Hypnosemethoden studiert und so ihre eigene, einzigartige Technik entwickelt, die es ihr ermöglichte, die effizienteste Freigabe von Informationen von ihren Klienten zu erhalten. Dolores unterrichtete ihre einzigartige Hypnose-Technik auf der ganzen Welt.

1986 erweiterte sie ihre Untersuchungen auf das Ufo-Feld. Sie hat vor Ort Studien über vermutete Ufo-Landungen durchgeführt und die Kornkreise in England untersucht. Der Hauptteil ihrer Arbeit auf diesem Gebiet war die Ansammlung von Beweisen von verdächtigen Entführten durch Hypnose.

Dolores war eine internationale Rednerin, die auf allen Kontinenten der Welt Vorträge gehalten hat. Ihre fünfzehn Bücher werden in zwanzig Sprachen übersetzt. Sie hat mit Radio- und Fernsehzuschauern weltweit gesprochen. Und Artikel über/von Dolores sind in mehreren US-amerikanischen und internationalen Zeitschriften und Zeitungen erschienen. Dolores war die erste Amerikanerin und die erste Ausländerin, die in Bulgarien den "Orpheus Award" für den höchsten Fortschritt in der Erforschung psychischer Phänomene erhielt.

Sie hat von mehreren Hypnose-Organisationen Auszeichnungen für herausragende Beiträge und Leistungen im Leben erhalten.

Dolores sehr große Familie, hielt sie in einem festen Gleichgewicht zwischen der "realen" Welt ihrer Familie und der "unsichtbaren" Welt ihrer Arbeit.

Dolores Cannon, die am 18. Oktober 2014 von dieser Welt überging, hinterließ unglaubliche Errungenschaften in den Bereichen alternative Heilung, Hypnose, Metaphysik und Vergangenheitsrückführung, aber am beeindruckendsten war ihr angeborenes Verständnis, dass das Wichtigste, was sie tun konnte, Informationen zu teilen war. Um verstecktes oder unentdecktes Wissen zu enthüllen, das für die Erleuchtung der Menschheit und unsere Lektionen hier auf der Erde von entscheidender Bedeutung ist. Der Austausch von Informationen und Wissen war für Dolores das Wichtigste. Deshalb erstaunen, leiten und informieren ihre Bücher, Vorträge und die einzigartige QHHT®-Methode der Hypnose weiterhin so viele Menschen auf der ganzen Welt. Dolores erkundete all diese Möglichkeiten und mehr, während sie uns auf die Reise durch unser Leben mitnahm. Sie wollte, dass Mitreisende ihre Reisen ins Unbekannte teilen.

Wenn Sie mit Dolores Tochter Julia über ihre Arbeit, private Sitzungen oder ihre Trainingskurse korrespondieren möchten, senden Sie diese bitte an die folgende Adresse. (Bitte fügen Sie einen selbstadressierten frankierten Umschlag für ihre Antwort bei.) Julia Cannon, P.O. Box 754, Huntsville, AR, 72740, USA

Oder senden Sie ihr eine E-Mail an decannon@msn.com oder über unsere Website: www.ozarkmt.com

Other Books by Ozark Mountain Publishing, Inc.

Dolores Cannon
A Soul Remembers Hiroshima
Between Death and Life
Conversations with Nostradamus,
 Volume I, II, III
The Convoluted Universe -Book One,
 Two, Three, Four, Five
The Custodians
Five Lives Remembered
Jesus and the Essenes
Keepers of the Garden
Legacy from the Stars
The Legend of Starcrash
The Search for Hidden Sacred Knowledge
They Walked with Jesus
The Three Waves of Volunteers and the
 New Earth
Aron Abrahamsen
Holiday in Heaven
Out of the Archives – Earth Changes
James Ream Adams
Little Steps
Justine Alessi & M. E. McMillan
Rebirth of the Oracle
Kathryn/Patrick Andries
Naked in Public
Kathryn Andries
The Big Desire
Dream Doctor
Soul Choices: Six Paths to Find Your Life
 Purpose
Soul Choices: Six Paths to Fulfilling
 Relationships
Patrick Andries
Owners Manual for the Mind
Cat Baldwin
Divine Gifts of Healing
Dan Bird
Finding Your Way in the Spiritual Age
Waking Up in the Spiritual Age
Julia Cannon
Soul Speak – The Language of Your Body
Ronald Chapman
Seeing True
Albert Cheung
The Emperor's Stargate
Jack Churchward
Lifting the Veil on the Lost Continent of
 Mu
The Stone Tablets of Mu
Sherri Cortland
Guide Group Fridays
Raising Our Vibrations for the New Age
Spiritual Tool Box
Windows of Opportunity
Patrick De Haan
The Alien Handbook
Paulinne Delcour-Min
Spiritual Gold
Holly Ice
Divine Fire
Joanne DiMaggio
Edgar Cayce and the Unfulfilled Destiny
 of Thomas Jefferson Reborn
Anthony DeNino
The Power of Giving and Gratitude
Michael Dennis
Morning Coffee with God
God's Many Mansions
Carolyn Greer Daly
Opening to Fullness of Spirit
Anita Holmes
Twidders
Aaron Hoopes
Reconnecting to the Earth
Victoria Hunt
Kiss the Wind
Patricia Irvine
In Light and In Shade
Kevin Killen
Ghosts and Me
Diane Lewis
From Psychic to Soul
Donna Lynn
From Fear to Love
Maureen McGill
Baby It's You
Maureen McGill & Nola Davis
Live from the Other Side
Curt Melliger
Heaven Here on Earth
Henry Michaelson
And Jesus Said – A Conversation
Dennis Milner
Kosmos
Andy Myers
Not Your Average Angel Book
Guy Needler
Avoiding Karma
Beyond the Source – Book 1, Book 2
The Anne Dialogues

For more information about any of the above titles, soon to be released titles,
or other items in our catalog, write, phone or visit our website:
PO Box 754, Huntsville, AR 72740
479-738-2348/800-935-0045
www.ozarkmt.com

Other Books by Ozark Mountain Publishing, Inc.

The Curators
The History of God
The Origin Speaks
James Nussbaumer
And Then I Knew My Abundance
The Master of Everything
Mastering Your Own Spiritual Freedom
Living Your Dram, Not Someone Else's
Sherry O'Brian
Peaks and Valleys
Riet Okken
The Liberating Power of Emotions
Gabrielle Orr
Akashic Records: One True Love
Let Miracles Happen
Victor Parachin
Sit a Bit
Nikki Pattillo
A Spiritual Evolution
Children of the Stars
Rev. Grant H. Pealer
A Funny Thing Happened on the
    Way to Heaven
Worlds Beyond Death
Victoria Pendragon
Born Healers
Feng Shui from the Inside, Out
Sleep Magic
The Sleeping Phoenix
Being In A Body
Michael Perlin
Fantastic Adventures in Metaphysics
Walter Pullen
Evolution of the Spirit
Debra Rayburn
Let's Get Natural with Herbs
Charmian Redwood
A New Earth Rising
Coming Home to Lemuria
David Rivinus
Always Dreaming
Richard Rowe
Imagining the Unimaginable
Exploring the Divine Library
M. Don Schorn
Elder Gods of Antiquity
Legacy of the Elder Gods
Gardens of the Elder Gods
Reincarnation...Stepping Stones of Life
Garnet Schulhauser

Dance of Eternal Rapture
Dance of Heavenly Bliss
Dancing Forever with Spirit
Dancing on a Stamp
Manuella Stoerzer
Headless Chicken
Annie Stillwater Gray
Education of a Guardian Angel
The Dawn Book
Work of a Guardian Angel
Joys of a Guardian Angel
Blair Styra
Don't Change the Channel
Who Catharted
Natalie Sudman
Application of Impossible Things
L.R. Sumpter
Judy's Story
The Old is New
We Are the Creators
Artur Tradevosyan
Croton
Jim Thomas
Tales from the Trance
Jolene and Jason Tierney
A Quest of Transcendence
Nicholas Vesey
Living the Life-Force
Janie Wells
Embracing the Human Journey
Payment for Passage
Dennis Wheatley/ Maria Wheatley
The Essential Dowsing Guide
Maria Wheatley
Druidic Soul Star Astrology
Jacquelyn Wiersma
The Zodiac Recipe
Sherry Wilde
The Forgotten Promise
Lyn Willmoth
A Small Book of Comfort
Stuart Wilson & Joanna Prentis
Atlantis and the New Consciousness
Beyond Limitations
The Essenes -Children of the Light
The Magdalene Version
Power of the Magdalene
Robert Winterhalter
The Healing Christ

For more information about any of the above titles, soon to be released titles,
or other items in our catalog, write, phone or visit our website:
PO Box 754, Huntsville, AR 72740
479-738-2348/800-935-0045
www.ozarkmt.com

www.ingramcontent.com/pod-product-compliance
Lightning Source LLC
Chambersburg PA
CBHW060500090426
42735CB00011B/2059